U0781763

北京文化书系
京味文化丛书

北京节日文化

中共北京市委宣传部
北京市社会科学界联合会　　组织编写

张勃　郑艳　著

北 京 出 版 集 团
北 京 出 版 社

图书在版编目（CIP）数据

北京节日文化 / 中共北京市委宣传部，北京市社会科学界联合会组织编写 ；张勃，郑艳著. — 北京 ：北京出版社，2023.3
（北京文化书系. 京味文化丛书）
ISBN 978-7-200-15506-8

Ⅰ. ①北… Ⅱ. ①中… ②北… ③张… ④郑… Ⅲ. ①节日—风俗习惯—北京 Ⅳ. ①K892.1

中国版本图书馆CIP数据核字（2020）第051562号

北京文化书系　京味文化丛书

北京节日文化
BEIJING JIERI WENHUA

中共北京市委宣传部
北京市社会科学界联合会　组织编写

张勃　郑艳　著

*

北 京 出 版 集 团
北 京 出 版 社　出版

（北京北三环中路6号）
邮政编码：100120

网　　址：www.bph.com.cn

北 京 出 版 集 团 总 发 行
新 华 书 店 经 销
北京华联印刷有限公司印刷

*

787毫米×1092毫米　16开本　18印张　250千字
2023年3月第1版　2023年3月第1次印刷
ISBN 978-7-200-15506-8
定价：220.00元
如有印装质量问题，由本社负责调换
质量监督电话：010-58572393；发行部电话：010-58572371

"北京文化书系"编委会

主　　　任　莫高义　杜飞进

副　主　任　赵卫东

顾　　　问　（按姓氏笔画排序）

于　丹　刘铁梁　李忠杰　张妙弟　张颐武
陈平原　陈先达　赵　书　宫辉力　阎崇年
熊澄宇

委　　　员　（按姓氏笔画排序）

王杰群　王学勤　刘军胜　午　强　李　良
李春良　杨　烁　余俊生　宋　宇　张　际
张　维　张　淼　张劲林　张爱军　陈　冬
陈　宁　陈名杰　赵靖云　钟百利　唐立军
康　伟　韩　昱　程　勇　舒小峰　谢　辉
翟立新　翟德罡　穆　鹏

"京味文化丛书"编委会

主　　　编　刘铁梁

副　主　编　刘　勇　万建中　张　淼

执 行 主 编　李翠玲

执行副主编　陈　玲　刘亦文

编　　　委　王一川　萧　放　谭烈飞　李建平　马建农
　　　　　　张宝秀　石振怀

统　　　筹　王　玮　孔　莉　李海荣　李晓华

"北京文化书系"
序言

　　文化是一个国家、一个民族的灵魂。中华民族生生不息绵延发展、饱受挫折又不断浴火重生，都离不开中华文化的有力支撑。北京有着三千多年建城史、八百多年建都史，历史悠久、底蕴深厚，是中华文明源远流长的伟大见证。数千年风雨的洗礼，北京城市依旧辉煌；数千年历史的沉淀，北京文化历久弥新。研究北京文化、挖掘北京文化、传承北京文化、弘扬北京文化，让全市人民对博大精深的中华文化有高度的文化自信，从中华文化宝库中萃取精华、汲取能量，保持对文化理想、文化价值的高度信心，保持对文化生命力、创造力的高度信心，是历史交给我们的光荣职责，是新时代赋予我们的崇高使命。

　　党的十八大以来，以习近平同志为核心的党中央十分关心北京文化建设。习近平总书记作出重要指示，明确把全国文化中心建设作为首都城市战略定位之一，强调要抓实抓好文化中心建设，精心保护好历史文化金名片，提升文化软实力和国际影响力，凸显北京历史文化的整体价值，强化"首都风范、古都风韵、时代风貌"的城市特色。习近平总书记的重要论述和重要指示精神，深刻阐明了文化在首都的重要地位和作用，为建设全国文化中心、弘扬中华文化指明了方向。

　　2017年9月，党中央、国务院正式批复了《北京城市总体规划（2016年—2035年）》。新版北京城市总体规划明确了全国文化中心建设的时间表、路线图。这就是：到2035年成为彰显文化自信与多元包容魅力的世界文化名城；到2050年成为弘扬中华文明和引领时代

1

潮流的世界文脉标志。这既需要修缮保护好故宫、长城、颐和园等享誉中外的名胜古迹，也需要传承利用好四合院、胡同、京腔京韵等具有老北京地域特色的文化遗产，还需要深入挖掘文物、遗迹、设施、景点、语言等背后蕴含的文化价值。

组织编撰"北京文化书系"，是贯彻落实中央关于全国文化中心建设决策部署的重要体现，是对北京文化进行深层次整理和内涵式挖掘的必然要求，恰逢其时、意义重大。在形式上，"北京文化书系"表现为"一个书系、四套丛书"，分别从古都、红色、京味和创新四个不同的角度全方位诠释北京文化这个内核。丛书共计47部。其中，"古都文化丛书"由20部书组成，着重系统梳理北京悠久灿烂的古都文脉，阐释古都文化的深刻内涵，整理皇城坛庙、历史街区等众多物质文化遗产，传承丰富的非物质文化遗产，彰显北京历史文化名城的独特韵味。"红色文化丛书"由12部书组成，主要以标志性的地理、人物、建筑、事件等为载体，提炼红色文化内涵，梳理北京波澜壮阔的革命历史，讲述京华大地的革命故事，阐释本地红色文化的历史内涵和政治意义，发扬无产阶级革命精神。"京味文化丛书"由10部书组成，内容涉及语言、戏剧、礼俗、工艺、节庆、服饰、饮食等百姓生活各个方面，以百姓生活为载体，从百姓日常生活习俗和衣食住行中提炼老北京文化的独特内涵，整理老北京文化的历史记忆，着重系统梳理具有地域特色的风土习俗文化。"创新文化丛书"由5部书组成，内容涉及科技、文化、教育、城市规划建设等领域，着重记述新中国成立以来特别是改革开放以来北京日新月异的社会变化，描写北京新时期科技创新和文化创新成就，展现北京人民勇于创新、开拓进取的时代风貌。

为加强对"北京文化书系"编撰工作的统筹协调，成立了以"北京文化书系"编委会为领导、四个子丛书编委会具体负责的运行架构。"北京文化书系"编委会由中共北京市委常委、宣传部部长莫高义同志和市人大常委会党组副书记、副主任杜飞进同志担任主任，市委宣传部分管日常工作的副部长赵卫东同志担任副主任，由相关文化领域权威专家担任顾问，相关单位主要领导担任编委会委员。原中共中央党史研究室副主任李忠杰、北京市社会科学院研究员阎崇年、北京师范大学教授刘铁梁、北京市社会科学院原副院长赵弘分别担任"红色文化""古都文化""京味文化""创新文化"丛书编委会主编。

在组织编撰出版过程中，我们始终坚持最高要求、最严标准，突出精品意识，把"非精品不出版"的理念贯穿在作者邀请、书稿创作、编辑出版各个方面各个环节，确保编撰成涵盖全面、内容权威的书系，体现首善标准、首都水准和首都贡献。

我们希望，"北京文化书系"能够为读者展示北京文化的根和魂，温润读者心灵，展现城市魅力，也希望能吸引更多北京文化的研究者、参与者、支持者，为共同推动全国文化中心建设贡献力量。

"北京文化书系"编委会

2021 年 12 月

"京味文化丛书"
序言

京味文化，一般是指与北京城市的地域和历史相联系，由世世代代的北京居民大众所创造、传承，具有独特风范、韵味的生活文化传统。京味文化表现于北京人日常的生活环境中与行为的各个方面，比如街巷格局、民居建筑、衣食住行、劳作交易、礼仪交往、语言谈吐、娱乐情趣等，能够显露出北京人的集体性格，折射出北京这座城市的历史进程和发展轨迹。

京味文化的整体风貌受到北京的地理位置、自然环境和历史地位等条件的制约和影响。北京地处华北平原北端和燕山南麓，西东两侧有永定河和潮白河等，是农耕与游牧两种生产生活方式交会的地带，这里的风光、气候、资源、物产等都形成了京味文化地域性的底色和基调。

北京曾是古代中国最后几个朝代的国都，是当代中国的伟大首都，是中国最著名的教育与文化中心城市。因此，从古代的宫廷势力、贵族阶层、士人阶层到现代和当代的文化精英群体，都较多地介入了京城生活文化的建构，而且影响了一般市民的日常交往、休闲娱乐等行为模式。

北京居民大众在历史上与来自全国各地、各民族的人员有频密的交流，接受了各地区、各民族的一些生活习惯和文化形式，使得京味文化具有了比较明显的包容性特征。尤其是在北京的一些文化人、艺术家将各地区的文化、艺术精华加以荟萃，取得了一些具有文化中心城市地标式的创作成就——例如京戏这样的巅峰艺术。

近代以来，北京得风气之先，在与外来思想、文化的碰撞与交流中，现代的交通、邮政、教育、体育、医疗、卫生、报业、娱乐等领域的公共制度、市政设施和文化产业等相继进入北京市民的日常生活，京味文化中加入了许多工业文明的元素。与此同时，乡村的一些文艺表演、手工制作等也大量出现在北京城里，充实了京味文化中的乡土传统成分。

当今时代，北京成为凝聚国人和吸引全世界目光的现代化大都市，人们的生产生活方式发生了彻底性变革，京味文化传统由此而进入一个重新建构的过程。其中，城市建设中对老城风貌的保护、老北京人在各种媒体上讲述过往生活的故事等，都成为北京人自觉的文化行动，使得京味文化绵延不绝，历久弥新。

对于每一个北京人，包括在北京居住过一段岁月的人来说，京味文化都是伴随着生命历程，融入了身体记忆，具有强烈家乡感的文化。生活变化越快，人们越愿意交流和共享自己的北京故事，这是京味文化传统得以传承的根本动力。一些作家、艺术家所创作的京味文学和京味艺术，深刻影响了北京乃至全国人民对京味文化的关注与体悟，成为京味文化传统中不可缺少的组成部分。

我们相信，京味文化在向前发展的路上将保持其大众生活实践的本性，在北京全面发展的进程中发挥出加强城市记忆、凝聚城市精神和展现城市形象的重要而独特的功能。全面深入地整理、研究和弘扬京味文化，是摆在我们面前的一项迫切任务。"京味文化丛书"现在共有10部得以出版，分别是《文人笔下的北京》《绘画中的北京》《京味文学揽胜》《北京方言中的历史文化》《北京戏曲文化》《北京传统工艺》《北京礼俗文化》《北京节日文化》《北京服饰文化》《北京人的饮食生活》。这10部书，虽然还不能涵盖京味文化的所有内容，但是以一种整体书写的形式推出，对于京味文化的整理、记述和研究来说，应该具有一定工程性建设的意义。

"京味文化丛书"是在中共北京市委宣传部和北京市社会科学界联合会的有力领导和精心主持下完成的。有关负责同志在组织丛书编委会和作者队伍、召开会议、开展内部讨论、落实项目进行计划等方面都付出巨大心力。北京出版集团对本丛书的顺利编写提出了很多建议,许多专家学者都为本丛书的编写提供了宝贵的意见,特别是对书稿的修改和完善做出了无私奉献。我们希望"京味文化丛书"的出版能够在加强京味文化研究、促进城市文化建设上发挥出积极的作用,并由衷地期待能够得到专家和广大读者的批评、帮助。

刘铁梁

2021 年 9 月

目　录

绪论：时间的驿站，生活的华章　　　　　　　　　　　1

春季节日篇　　　　　　　　　　　1
　　一元复始报春回：春节　　　　　　　　3
　　雅集何人约咬春：立春节　　　　　　　22
　　燕京女儿踏月行：元宵节　　　　　　　32
　　白云观里耍神仙：燕九节　　　　　　　48
　　青龙今日定抬头：二月二　　　　　　　60
　　杏花丛里酒烟飘：清明节　　　　　　　66

夏季节日篇　　　　　　　　　　　79
　　西山香罢又东山：妙峰山庙会　　　　　81
　　酒蒲角黍榴花辰：端午节　　　　　　　99

秋季节日篇　　　　　　　　　　　121
　　燕京风俗斗穿针：七夕节　　　　　　　123
　　水陆盂兰作道场：中元节　　　　　　　139
　　庆赏中秋结彩棚：中秋节　　　　　　　146
　　薏酒添来菊叶新：重阳节　　　　　　　168
　　全国人民齐祝兴：国庆节　　　　　　　191

冬季节日篇　　　　　　　　　　　　　　　　　**203**

　　寒衣好向孟冬烧：十月一　　　　　　　　　205

　　阴伏阳升淑气回：冬至日　　　　　　　　　210

　　旧去新来气象兴：元旦　　　　　　　　　　224

　　今朝佛粥交相馈：腊八节　　　　　　　　　231

　　爆竹千声岁又终：除夕　　　　　　　　　　236

后　记　　　　　　　　　　　　　　　　　　**250**

绪论：时间的驿站，生活的华章

日复一日，年复一年，芝开花谢，草枯草荣，鸟去鸟来，虫振虫伏，人们在时间的周而复始中生产生活。一张一弛，文武之道。庸常的生活是如此单调乏味平淡无奇，只有跳出庸常，跳出平淡，才能格外感受生活的意义和生存的价值，于是便有了岁时节日的形成和设置。

岁时节日作为以历年为循环基础，在社会生活中约定俗成的、具有特定习俗活动的特定时日，是由特殊名称、特殊时间、特殊空间、特殊活动、特殊内涵等诸多要素共同构成的文化时空，构成了中国人时间生活的核心内容。每个岁时节日都有自己特定的过法，一般都有专门的饮食、服饰、信仰活动、娱乐活动、社会交往活动等。这些物象与活动的存在，使岁时节日成为生活之树上的鲜艳花朵，生命之河中的美丽浪花，往往也是天下太平的象征。夏仁溥在为夏仁虎《岁华忆语》所作序言中说："承平本无象也。岁时点缀，则承平有象矣。小言之，不过地方土俗；大言之，关乎国家气运盛衰。"①

北京是历史悠久的都城，人文荟萃之地，拥有多彩的节日生活和节日文化，也形成了丰富的节日民俗文献。不同历史时期的地方志记，如元代熊梦祥《析津志》，明代《（万历）顺天府志》，沈榜《宛署杂记》，刘侗、于奕正《帝京景物略》，刘若愚《酌中志》，清代《（康熙）顺天府志》《（康熙）宛平县志》，民国时期《北京市志稿》

① 潘宗鼎、夏仁虎撰，卢海鸣点校：《金陵岁时记·岁华忆语》，南京出版社2006年版，第11页。

等等，都有对岁时节日民俗的集中记述。至于明末陆启浤《北京岁华记》，清代潘荣陛《帝京岁时纪胜》、富察敦崇《燕京岁时记》，让廉《京都风俗志》《春明岁时琐记》、蔡绳格《北京岁时记》《一岁货声》，以及近人张次溪《北平岁时志》等，更是记述北京岁时生活的专书。于敏中《日下旧闻考》、李家瑞《北平风俗类征》中"岁时"则将历代与节日有关的文献记载分门别类地汇集在一起，提供了丰富的资料。此外，还有大量文献见于史书、政书、笔记、散文、小说、戏曲、诗词歌赋、碑刻之中。尤其明清以来，北京产生了大量以吟咏风土为主要内容的竹枝词，其中涉及节日者众多。所有这些都是我们当下了解和理解历史时期北京居民节日生活的重要凭借。然而北京节日不是死去的文化，而是活着的传统。生活在当下的北京居民传承着过去，也创造着新的节日生活和文化。用历时的和共时的双重维度观察它、呈现它，才能更好地理解它。

一、北京节日发展史

关于近代以前北京节日的源流，《北京市志稿》有一简短而中肯的概括，所谓："岁时节令，农作所本。礼征律历，古昔邈远。闾里流传，故实綦繁。辽金迄元，畿辅循行其俗。明代汰革，胥返汉习。虽清益满风，而增损相因，参综可见。"[1]北京历史悠久，自周武王封燕起，算来已有3000余年的建城史。我国节日体系也早在先秦时期就已萌芽，但由于早期北京文献散佚者多，辽代以前北京节日的基本状况竟难知其详。迨契丹入居燕京，情况就发生了改变。

契丹原无历法，也谈不上固定的岁时节日，但"以幽、营立国"后，"礼乐制度，规模日完，授历颁朔二百余年"[2]。《辽史·礼志》《契丹国志》中记录了多种岁时节日及相关礼仪风俗，如正旦朝贺仪、冬至朝贺仪、立春仪、重午仪、重九仪以及正旦、立春、人日、二月初

---

① 《北京市志稿·礼俗志》，北京燕山出版社1998年版，第259页。
② 《辽史》卷四十二《历象志上》，中华书局1974年版。

一、二月八日、三月三日、五月五日、夏至日、六月十八日、七月十三日、七月十五日、八月八日、八月十五日、九月九日、十月十五日、冬至日、腊辰日等岁时杂仪，应该反映了辽代北京节日的基本状况。

建立金朝的女真人与契丹人的情况相仿，早期也无历法，后来也接受了汉族的历法与节日系统，并延续了唐宋时期普遍给节日放假的做法。根据《大金集礼》记载，元旦、上元、中和、立春、春分、寒食、清明、立夏、四月八、端午、三伏、立秋、七夕、中元、中秋、重阳、下元、立冬、冬至、除夕等都是重要的岁时节日。国家公务人员可以享受一至三天的休假。作为金中都，北京理应是这一规定的首要践行之地。

元朝是蒙古族建立的政权，元世祖忽必烈即位后，"诏建太庙于燕京"，"城大都"，北京再次成为少数民族政权的都城，而且是大一统王朝的都城。在节日体系方面，元朝与它推翻的金朝在很大程度上保持了一致，早在至元元年（1264）颁布的官员休假办法中就规定："若遇天寿、冬至，各给假二日，元正、寒食，各三日；七月十五日、十月一日、立春、重午、立秋、重九、每旬，各给假一日。"[1]其中给予假期的节日都是汉族的传统节日，它们构成了元大都节日体系的主干部分。

明清时期，北京的岁时节日体系没有发生大的改变，根据《帝京景物略》的记载，明末北京居民的节日主要有立春、元旦、灯节、正月十九日、正月廿五日（填仓）、龙抬头、清明、立夏日、四月八日、四月十八日、女儿节（端午）、五月十三日、六月六日、三伏日、七月七日、七月十五日、立秋、中秋、重阳、十月朔、冬至、腊月八日、腊月廿四日、腊月廿五日、除夕等等。

当我们不厌其详地一一列举辽金以来的节日名称后，会惊讶地

---

① 黄时鉴点校：《通制条格》卷22《假宁·给假》，浙江古籍出版社1986年版，第269—270页。

发现，虽然北京几经政权更迭、王朝易代，而且是多个民族建立的不同政权，虽然不同朝代的节日生活也打上了鲜明的时代烙印，但北京的岁时节日体系以及它所赖以存在的历法基础，却实现了千年时光的穿越，顽强地保持着强大的稳定性。也因此，节日和历法在将不同民族熔铸成多元一体的中华民族的过程中，具有不可忽视的巨大力量。

毋庸置疑，由近代史揭开的是一幅空前复杂的社会文化图景。传统的与现代的并置，本土的与外来的共存。而在这种并置共存中，本土的传统文化一度被视为封建落后和现代化的障碍而受到批判。北京节日文化的生态环境由此发生剧烈变化，从而呈现出与先前颇不相同的样态。体现在节日体系上，则是基于阳历的新兴节日纪念日和基于夏历的传统节日的结合，尽管二者在发展态势上具有明显的强弱差别。

中华民国的成立是中国历史上具有重要历史意义的事件，它宣布了长达2000余年封建帝制的灭亡，并在政治、经济、文化、社会、历法等诸多领域进行了变革。1912年1月1日，孙中山就任中华民国临时大总统后，正式通电各省：中华民国改用阳历，以黄帝纪元四千六百○九年十一月十三日为中华民国元年元旦。这一决定既反映了新政权与封建王朝决裂的决心，又表明了新政权渴望融入世界的诉求，其直接结果是确立了阳历的官方地位，弱化了传统历法夏历的地位，动摇了传统节日的历法基础。随后，出于新的理念和需求，中华民国政府以新历法为基础，以创建、引进、重构等方式，确立了诸多通行全国的新节日，如阳历新年（1月1日，始于1912年）、植树节（时在清明节，始于1915年，1928年改为3月12日）、国际妇女节（3月8日，始于1924年）、儿童节（4月4日，始于1931年）、农民节（立春日，始于1941年）、教师节（6月6日，始于1931年，1939年改为孔子诞辰日）、父亲节（8月8日，始于1945年）、国庆节（10月10日，始于1912年）等，它们往往用颁布政令的方式在全国推行，也构成了北京节日文化中的新现象。[①]

中华人民共和国成立后，同样确立阳历的官方地位，以公元纪年，在个别沿用中华民国的新节日如妇女节之外，又确定了新的节日、纪念日。根据1949年12月23日政务院发布的《全国年节及纪念日放假办法》，当时国家认定的新节日（纪念日）包括新年、劳动节、妇女节、青年节、儿童节、护士节、教师节、记者节、国庆纪念日、人民解放军建军纪念日、二七纪念日、五卅纪念日、七七抗战纪念日、八一五抗战胜利纪念日、九一八纪念日等。作为中华人民共和国的首都，北京也首先成为这些新节日的践行之地。而在重要节日举行盛大的庆典活动，既彰显了北京的首都地位，也营造了其他地方难以比拟的节日氛围，进一步塑造了北京城市的地域性格。范有生在《少先队参加首都五一、十一游行纪事》的回忆文章中不无自豪地说："新中国成立以来，在天安门前举行五一、十一庄严庆典，是共和国历史上一段辉煌的史诗，也是首都人民难以忘怀、引为骄傲和令人振奋的大喜事。"[②]直到今天，每到国庆节，天安门广场上仍然人头攒动，自发前来看升国旗已成为牵动亿万人心灵的庄严仪式。

与新节日蓬勃兴起形成鲜明对比的是传统节日的迅速变化乃至式微。早在袁世凯政府时期，即通过重新命名的方式对传统节日进行整饬，比如将元旦（正月初一）改称春节，将端午改称夏节，将中秋改称秋节，将冬至改称冬节，其影响及于现在。20世纪20—30年代，又出现了全面推行阳历、取消夏历的历法变革和将基于夏历的传统节日移至阳历时间来过的倡议。虽然这一变革后来以失败告终，但它对传统节日存在正当性的质疑和否定，深刻地影响了传统节日的传承和发展。

不过，我国传统节日历史悠久，在民众生活中根深蒂固，在他

---

① 关于民国时期新兴节日纪念日，参见简涛：《立春风俗考》，上海文艺出版社1998年版，第225—226页。

② 范有生：《少先队参加首都五一、十一游行纪事》，见《北京文史资料（第76辑）》，北京出版社2010年版，第84页。

们看来,"只有照着自己的文化方式——像端阳节必须吃粽子、樱桃与桑葚——生活着才有乐趣",所以在历法和节日变革过程中出现了"新旧参用、官民各分""你过你的年,我过我的年"的复杂局面,也因此虽有种种压抑,虽有种种式微,但传统节日终不至于消失。就是在社会上层,也依然在很大程度上保持着对传统节日的兴趣和热情。当然也赖其根深蒂固,传统节日得以在新的时代环境中发新枝,抽新芽,焕发新活力,长出新精神。

不过,说北京节日文化,若不谈及庙会便很不完整。庙会,顾名思义,因庙而会,是特定时间在庙观等宗教信仰场所及其附近区域展开的集会活动,往往兼具信仰、经济、社会等多种功能,同样属于节日的范畴。著名哲学家、散文家张中行先生在其《北平的庙会》里写道:

> 常听离开北平的人说:"在北平时不觉得怎么样,才一离开,便想得要命。"我自与北平别,便觉得此话千真万确。闲时想了想,北平的事物几乎样样值得怀念,而庙会就是其一。[①]

他说:"庙会使人们亲密,结合,系住每一个人的心。"

北京地区宗教文化发达,早在北魏时期,幽州即是佛教兴盛的地区之一。辽金以降,都城北京日益成为国家宗教文化中心,史载其"坊市、廨舍、寺观,盖不胜书"。1929年,北京城内有文献档案记载或建筑基址的宗教活动场所尚有1631所,这是宗教在民国初年遭受重创后的数字。众多的庙宇为庙会的形成提供了可能。

北京的庙会有附属于岁时节日的,也有独立存在的。

附属于岁时节日的,无论是庙会时间还是庙会活动都受岁时节日

[①] 张中行:《北平的庙会》,见姜德明编:《梦回北京:现代作家笔下的北京(1919—1949)》,生活·读书·新知三联书店2009年版,第199页。

习俗规则的制约和引导。寺庙往往举行专门的活动，在迎合居民需求的同时，也借此扩大自己的影响力。比如正月初二京城居民有祭财神之习俗，很多人会到广安门外的五显财神庙焚香借元宝，据说"借之则财旺"，财神庙则预先备好元宝，于是，"倾城男妇，均于半夜，候城趋出，借元宝而归"。大钟寺（觉生寺）从正月初一到初十有庙会，"游人坌集，士女如云。长安少年多驰骤车马以为乐，超尘逐电，劳瘁不辞。一骑之费，有贵至数百金者"①。逛庙看会，成为京城居民节日生活的重要内容和重要方式，并为其带来感官和精神上的双重满足。

不附属于岁时节日、独立存在的北京庙会，一般认为出现于元代。当时白云观、西镇国寺以及东岳庙都有庙会。明代庙会普遍兴起，清代更加兴盛。根据《帝京岁时纪胜》和《燕京岁时记》的记载，清代这样的庙会达数十个之多。从活动内容上看，有信仰色彩重的，以进香拜庙敬神活动为主；有娱乐色彩重的，所谓"借佛游春"；有商贸色彩重的，商业活动丰富，如都城隍庙、大隆福寺、护国寺、花市、都土地庙等。从开放时间上看，既有一年一度的，也有每月开放数次的，互相补充。从地点上看，有城内的，也有郊外的，这就为北京居民的普遍参与提供了可能性。

北京人爱逛庙会，也可以说逛庙会是北京人的生活方式。清末有位叫穆齐贤的镶蓝旗人，在日记《闲窗录梦》里记载了自己和亲友的衣食住行等生活细节，从中可见他家境一般，甚至可以说比较贫困，但仅道光八年（1828）正月至七月间，穆齐贤自己或与家人朋友一起去寺庙（庙会）就达29天之多，其中还有一天逛了3个寺庙的情况，涉及觉生寺、曹公观、护国寺、隆福寺、关帝庙等城内外寺庙10余个。在那里，他或者买盆花，买件要货；或者喝杯酒，吃碗面；再或者看看西洋景，听听什不闲，随意所之，尽兴则返，悠哉乐哉。

---

① ［清］富察敦崇：《燕京岁时记》，见王碧滢、张勃标点：《燕京岁时记（外六种）》，北京出版社2018年版，第72页。

《燕京岁时记》记录的北京庙会情况一览表

月份	地点（日期）
正月	大钟寺（初一至初十）、白云观（初一至十九）、黄寺（十五）、黑寺（二十三）、雍和宫（三十）、曹老公观（初一至十五）、厂甸儿（初一至十五）
三月	蟠桃宫（初一至初三）、东岳庙（十五至三十）、潭柘寺（初一至十五）、天台山（十八）
四月	万寿寺（初一至十五）、西顶（初一至十五）、妙峰山（初一至十五）、丫髻山（初一至十五）、北顶、东顶
五月	都城隍庙（初一至初十）、南顶（初一至初十）、十里河关帝庙（十一至十三）
六月	戒台寺（初六）、中顶（初一）
七月	盂兰盆会（十五，各寺院均设）
八月	灶君庙（初一至初三）
九月	财神庙（十五至十七）
十二月	雍和宫（初八）
每月庙会	护国寺（逢七、八）、隆福寺（逢九、十）、土地庙（逢三）、花儿市（逢四）、小药王庙（逢一、十五）、北药王庙（逢一、十五）
其他	江南城隍庙（清明、中元节、十月初一）

注：根据（清）富察敦崇《燕京岁时记》制作。[1]

民国时期，北京的庙会依然不少，根据王秉成等人的调查，20世纪40年代，每月开3次的寺庙有5个，每月开2次的寺庙有11个，每年开2次的庙会有3个，每年开1次的寺庙有16个。[2]如此算下来，开

① ［清］富察敦崇：《燕京岁时记》，见王碧滢、张勃标点：《燕京岁时记（外六种）》，北京出版社2018年版，第67—119页。
② 王秉成：《从经济方面分析北京的庙会》，见北京市东城区园林局汇纂：《北京庙会史料通考》，北京燕山出版社2002年版，第391—399页。

庙会的寺庙共36所，庙会约470次。

不过，庙会还是明显衰落了，这与战乱有密切关系。北京许多庙会的衰落始于20世纪30年代日军大规模的侵华战争。后来则更多因为庙会传统被当作封建迷信的缘故。然而，只要有合适的土壤，衰落的能够重振，枯萎的也可以再生！1984年，第一届龙潭庙会热闹开场，拉开了当代北京庙会的大幕，此后北京迅速掀起举办新庙会或恢复老庙会的热潮。1986年，东城区园林局举办首届地坛文化庙会。同年，丫髻山恢复每年夏历四月的庙会。1987年，白云观恢复春节庙会，更名为"白云观民俗迎春会"。20世纪90年代以后，兴办庙会的热潮持续升温。一方面，一度中断的传统庙会陆续恢复，如妙峰山和东岳庙分别于1993年和1999年举办了庙会活动；另一方面，新的庙会大量出现，如玉渊潭西部大庙会、石景山迎春庙会、大观园红楼庙会等等。这些新兴的庙会虽然大多并无寺庙作为依托，但仍然以庙会命名，反映了庙会文化传统对北京居民的巨大影响力。

当然，和过去相比，当代庙会也发生了很多变化。首先，从庙会举办时间上看，传统庙会在全年基本都有分布，其中春节和神诞日是重要的时间节点。当代庙会则主要集中在春节期间，有些复兴的庙会也将时间调整至春节期间，其中最有代表性的是东岳庙庙会。东岳庙主祀东岳大帝，神诞日为三月廿八日。明清以及民国时期，虽然夏历每月初一和十五也有许多人敬神烧香，但最重要的庙会无疑时在三月，正如《帝京景物略》所载："三月廿八日帝诞辰，都人陈鼓乐、旌帜、楼阁、亭彩，导仁圣帝游。帝之游所经，妇女满楼，士商满坊肆，行者满路，骈观之。帝游聿归，导者取醉松林，晚乃归。"①但当下东岳庙庙会通常在除夕至正月初七之间举办，与国家春节放假办法基本一致。对神诞日的忽视和向传统大节春节的主动靠近，鲜明反映出庙会宗教信仰色彩的淡化和传统的增强。

---

① ［明］刘侗、于奕正著，孙小力校注：《帝京景物略》，上海古籍出版社2001年版，第98页。

其次，从庙会管理上看，当前更加重视对庙会的经营，建构性色彩浓厚，庙会举办者总是提前设计方案，并据以开展活动。以2012年举办的第23届丫髻山传统文化庙会为例，官方公布的《北京平谷第23届丫髻山传统文化庙会活动方案》中明确说，这次庙会的活动方案是"在综合区里总体要求、以往举办经验以及当地实际情况的基础上，广泛征求意见，研究制订"的。其宗旨是"平安、养生、幸福、祥和"，主题是"和谐乐谷　幸福丫髻"，其目的之一是充分发挥庙会的窗口作用，通过打造亮点活动，让更多的人了解丫髻山，进而带动整个景区旅游业的发展，促进产业链有效衔接，实现一、三产业深度融合。主题活动包括论道丫髻、特色展卖、民俗活动以及创建优美环境、做文明有礼北京人专场宣传活动等。这与传统庙会更多是处于自发自在的状态颇不相同。也正因此，当代庙会能够更好地反映时代的价值取向与多重诉求。

再次，从活动内容上看，当代庙会更加注重对内容丰富与特色鲜明的追求。一方面，庙会主办者总是尽量让活动丰富多彩；另一方面，又力求与其他庙会不同。为了活动丰富和特色鲜明，强调对传统文化尤其是传统民俗文化的挖掘运用，延续和营造场所精神，成为各大庙会颇具共性的做法，以至"庙会活动成为当代京城民俗文化的旗帜"①。

此外，当代庙会在内容方面还具有以下特点：①重视非物质文化遗产的保护与传承，相当数量的庙会延请非物质文化遗产传承人带着技艺和相关作品到现场参与，庙会成为非物质文化遗产项目展览、展示、展销的重要场所；②重视对北京以外其他地方民俗文化的采借与展演，庙会成为多元文化荟萃之地，一些庙会还特意将外国文化引进来，如北京石景山游乐园春节洋庙会、北京朝阳国际风情节都具有鲜明的国际范儿；③重视科技创新和文化创意，重视针对少年儿童开展

---

① 习五一：《京都寺庙与当代庙会文化的兴盛》，见北京市科学技术协会等：《面向2049年北京的文物保护及其现代化管理学术论文集》，2000年，第115页。

相关活动。

最后，从庙会功能上看，当代庙会的功能更加多样，除了或多或少地延续传统庙会的信仰、商贸、娱乐、社会功能之外，当代庙会还具有教育和文化保护与传承的重要功能。它业已成为当代北京不容忽视的文化经济现象。庙会是北京的标志文化，对于北京人地方认同感的形成具有积极意义。

庙会的复兴不是孤立的现象。1978年以来，在全球化深入发展、现代化势不可逆的情况下，中国走上自觉的改革开放之路，历史车轮驶进新的时期。这一时期，社会转型明显加快，城市化迅速推进，国际交流日益深入，人们的生活自主性显著增强，经济建设、社会发展成为社会生活的核心工作，各种思想文化交流、交融、交锋日益频繁，传统与现代的关系得到深刻反思，传统文化的价值重新得到肯定。尤其是进入21世纪后，中华优秀传统文化开始全面重振和复兴。在这样的历史情境中，北京的节日文化再次迎来自己的春天。此时，它成为一个更加多元的存在。

其中，有传统节日。它们是中华优秀传统文化的典型代表，比如春节、元宵节、龙抬头、清明、端午节、七月十五、中秋、重阳、十月一、冬至、腊八、除夕等等。近年来，每届春节、元宵、清明、端午、七夕、中秋和重阳7个重要传统节日，北京市都会制订工作方案，开展丰富多彩的节日系列文化活动。以《北京市2018—2019年传统节日文化活动工作方案》为例，方案为各大节日设定了活动主题和活动品类，如中秋节的主题为"月圆京城　情系中华"，活动包括游中秋——赏月、诵中秋——吟月、舞中秋——伴月、绘中秋——品月、秀中秋——展月等"五大品类"；重阳节的主题为"孝满京城　德润人心"，活动包括登山祈福、游园赏菊、暖心助老、文化孝老、重阳诗诵、重阳记忆、夕阳风采、敬老孝亲、重阳礼物等"九大品类"，为各区开展活动提供了方向和框架。各区则以之为依据，纷纷举办主题鲜明突出、内容丰富多彩的习俗活动。比如春节和元宵节，多以庙会、灯会、花会、游园为主，突出辞旧迎新、团圆平安、欢乐祥和的喜庆氛围，举办了地坛庙会、龙潭庙会、厂甸庙会、圆明园新春皇家巡游、京西古道冰雪嘉年华灯会、房山元宵节花会走街活动、顺义赵全营民间花会、密云元宵节九曲黄河阵灯俗活动、延庆元宵节花会展演及凤凰岭新春游园会、京西文化游园会、红螺寺祈福游园会等节日文化活动。这些传统节日历久弥新，呈现出传统和现代相融合的特点，继续深刻地影响着北京居民的日常生活。

其中，有庙会，它们彰显着地域文化的特色。与过去相比，如今的庙会发生了诸多变化，如庙会时间由原来较为分散变为向春节期间集中，庙会的宗教色彩淡化，世俗色彩增强，教育和文化传承功能得到有意强调等等。但它们仍然不失北京地域文化的载体，更成为北京地域文化的表征。

其中，有现代节日纪念日，主要包括《全国年节及纪念日放假办法》中规定的节日纪念日。近年来针对特殊人群设定或具有专门主题的节日，如国际爱牙日、国际博物馆日、国家奥林匹克日、国际合作节等也属于此类。这类节日表达着民族国家在全球化、现代化过程中谋求自身合法性乃至合作共赢的良好诉求。

其中，有近年来蓬勃兴起、蔚为大观的新兴地方节会。据不完全统计，当前在北京16区举办的这类节庆大约有200个，如大兴采育葡萄节、香山红叶节、延庆冰雪欢乐节、平谷金秋采摘节、昌平草莓节、朝阳春分文化节等，这是地方政府和广大民众或社会组织等为发展本地经济、进行地方文化传统建设而做出的积极努力。

这些来源不同的众多节日是传统文化与现代文化、本土文化与外来文化的内容和表征，它们在不同历法时间中占据一定的位置，共同为北京居民提供各有内涵和意义的特殊时间段落。更为重要的是，有着不同性别、不同职业、不同爱好、不同诉求、不同文化背景的人们在这样的节日体系中总会做出自己的选择，节日生活过得因人而异，各有滋味……

二、北京节日文化的特点

北京节日文化是历史上不同时期寓居于北京的人们共同创造、传承和享用的生活文化。辽金以来，除了短暂的时期，在长约千年的时间里，北京都是国家的都城，这种性质使其成为典型的五方杂处，风俗不纯之地。"八方人口汇京师"，来自不同地域的人们以不同的身份，云集于此，带来不同的文化。官民文化、礼俗文化、南北文化、城乡文化、不同民族的文化甚至其他国家的文化都在这里汇聚交融，对北京节日文化产生了深刻的影响，呈现出鲜明的特点。

（一）民族性与地域性汇聚融合

北京节日文化无疑是以汉族节日为主体的，且不说明代"胥返汉习"，就是辽、金、元、清这些少数民族建立的政权也是如此。但民族文化不同，人情有异，自然会体现在节日文化之中，甚至连节日的称谓都发生变化。比如契丹人将"正旦"（相当于我们现在的春节）叫作"乃捏咿呢"，其中"乃"是正的意思，"捏咿呢"是旦的意思。节日食品乃是拳头大小的糯饭和白羊髓丸子。契丹人有夜间从帐内向外扔刀的习俗，如果刀的数量为偶数，就"动乐，饮宴"，如果数量为奇数，就"令巫十有二人鸣铃，执箭，绕帐歌呼，帐内爆盐垆中，烧地拍鼠，谓之惊鬼，居七日乃出"[①]。又如三月三日上巳节，汉族习俗多水边祓禊，文人喜欢曲水流觞，契丹人则"刻木为兔，分朋走马射之"，先中的一队胜出，"负朋下马列跪进酒，胜朋马上饮之"，颇显游牧民族之风。[②] 又女真人，正月十六有放偷习俗，"妻女、车马、宝货，为人所窃，皆不加刑。是日，人皆严备，遇偷至则笑遣之。既无所获，虽畚镵微物亦携去。妇人至显入人家，信主者出接客，则纵其婢妾盗饮器"[③]，令人忍俊不禁。这些少数民族的习俗都在北京流传

---

① 《辽史》卷五十三《礼志六·嘉仪下》，中华书局1974年版。
② 《辽史》卷五十三《礼志六·嘉仪下》，中华书局1974年版。
③ ［宋］洪皓：《松漠纪闻》，见李家瑞编：《北平风俗类征》，商务印书馆1937年版，第32页。

了很长时间，与汉族习俗交相辉映。今天，北京会聚了全国56个民族的人口，一方面，每个民族都有自己的传统节日；另一方面，不同民族在过同一个节日时也有自己的民族特性，进一步彰显了北京节日文化多民族融汇的特征。

北京是移民城市，一方面，每一次政权更迭都会引发大规模的移民；另一方面，政治中心、文化中心、商业中心的地位，也具有强大的凝聚力量，吸引着五湖四海的人们来此谋生计、谋发展。人是文化的载体，人的相遇即文化的相遇，因此在北京，也有不少南方文化的色彩。比如冬至日，《燕京杂记》载，燕俗不重冬祭，但是在北京当官的南方人却不然，他们会十分隆重地"设筵祀其先人，邀乡亲饮之"①。

（二）官方庆典与民间习俗共存互动

节日当然是普通民众的特殊时间，每届节日均有相应的民俗活动。不仅如此，节日也是官方的特殊时间，在北京尤其如此。作为首都，北京经常在节日里举行盛大的礼仪庆典活动，传统社会有正旦大朝会、冬至日祭天、立春日迎春，现代则有国庆节庆典、烈士纪念日公祭等等。官方庆典与民间习俗共存互动，共同构成北京的节日图景。以清代立春日为例，在官方，"立春先一日，顺天府官员至东直门外一里春场迎春。立春日，礼部呈进春山宝座，顺天府呈进春牛图。礼毕回署，引春牛而击之，曰打春"②。在民间，"是日富家多食春饼，妇女等多买萝蔔而食之，曰咬春，谓可以却春困也"③。不仅如此，有时官方庆典与民间习俗还交织在一起，没有清晰的边界。仍以立春为例，根据《帝京景物略》的记载，明代也到东直门外的春场迎春，时间也在立春前一天，"大京兆迎春，旗帜前导，次田家乐，次勾芒神亭，次春牛台，次县正佐、耆老、学师儒，府上下衙皆骑，

---

① 《燕京杂记》，见李家瑞编：《北平风俗类征》，商务印书馆1937年版，第105页。
②③ ［清］富察敦崇：《燕京岁时记》，见王碧滢、张勃标点：《燕京岁时记（外六种）》，北京出版社2018年版，第69页。

丞尹舆"，形成了一支浩浩荡荡的游行队伍，"官皆衣朱簪花迎春，自场入于府"①。这样的仪式是不避百姓参与和观看的，毋宁说游行队伍穿过长长的街衢，目的正在于吸引民众的参与和观看。礼与俗就是在这样的场域中互动交流，难分彼此。

（三）群体差别、城乡差别显著

节日是大家共同的日子，因此，拥有不同身份、地位的社会成员总是共享着同一种节日文化和节日生活框架，但这并不意味着共享同一种节日生活。在北京，过节有着明显的群体差异性，既体现在基于性别、年龄的划分方面，也体现在基于社会地位、财富状况、职业、身份等的划分方面。

"男不拜月，女不祭灶"，这句流传于北京的俗语再鲜明不过地揭示了传统社会性别对于节日生活的深刻影响。除了拜月祭灶，还有许多习俗体现了男女之别，譬如男子大年初一一早即可出门拜年，女子则要等到"破五"之后。"至初六日，则王妃贵主以及各宦室等，冠帔往来，互相道贺。新嫁女子，亦于是日归宁。"②至于元宵节期间走桥摸钉，则又是女子的专享。明人周用有诗云："都城灯市春头盛，大家小家同节令。姨姨老老领小姑，撺掇梳妆走百病。"③事实上，北京节日中有很多专属于女性群体的娱乐性活动，比如正月的游戏、端午节的簪榴花、七夕节的丢巧针、重阳节的迎女儿等等。这似乎可以说明平时被大大压缩了活动空间的京城女子，在节日里得到了更多的补偿。

社会身份是节俗群体差异性的表现，当然也是造成这一特征的原

---

① ［明］刘侗、于奕正著，孙小力校注：《帝京景物略》，上海古籍出版社2001年版，第99页。

② ［清］富察敦崇：《燕京岁时记》，见王碧滢、张勃标点：《燕京岁时记（外六种）》，北京出版社2018年版，第68页。

③ ［明］周用：《走百病行》，见［明］刘侗、于奕正：《帝京景物略》卷二，《北京古籍集成》，北京出版社2015年版，第75页。

因。辽金以迄明清，大概很少再有城市像北京这样拥有如此复杂的人群构成，有皇室贵族、官僚士绅，有文人墨客、巨商大贾，有宦官宫女、贩夫走卒，还有医卜相巫、三姑六婆、乞丐光棍、游方僧道等。等级与职业相互交织，在很大程度上决定了不同群体的节日风俗，刘若愚《酌中志·饮食好尚纪略》中的相关记载清晰揭示了皇宫内岁时生活的独特性。比如宫眷内臣在年中尤其重要节日期间都要更换新衣以应时节，如祭灶后穿葫芦景补子及蟒衣、三月初四日换穿罗衣、四月四日换穿纱衣、五月一日至十三日穿五毒艾虎补子蟒衣、七月七日穿鹊桥补子、九月自初四日换穿罗重阳景菊花补子蟒衣、十月初四日换穿纻丝、冬至节穿阳生补子蟒衣等，至于节日饮食、节日装饰同样格外讲究，均非一般群体所能享有。财富占有状况对节日生活的影响也十分明显。《帝京景物略》记载正月十三日有散灯之俗，"家以小盏一百八枚，夜灯之，遍散井灶门户砧石，曰散灯也……富者灯四夕，贫者灯一夕止，又甚贫者无灯"①，可见富有者与贫穷者的差别。

北京又是城乡地域综合体，既有城市，也有乡村，故而不仅同一个节日在城在乡有不同的习俗，而且城乡之间甚至不能完全共享同一个节日体系。明代元宵节期间，在城，"八日至十八日，集东华门外，曰灯市"，又有妇女走桥摸钉，击太平鼓，跳百索，戴面具耍大头和尚，猜灯谜诸种习俗；在乡，则"十一日至十六日，乡村人缚秫秸作棚，周悬杂灯，地广二亩，门径曲黯，藏三四里，入者误不得径，即久迷不出，曰黄河九曲灯也"②。

（四）节日消费和节日娱乐活动突出

"帝都所在，万国梯航，鳞次毕集"，"市肆贸迁，皆四远之货；奔走射利皆五方之民"③，形成了商业的繁荣。北京城内外有多处店铺密集的市肆繁华之处。商业发展为节日消费提供了便利条件，节日

---

①② ［明］刘侗、于奕正著，孙小力校注：《帝京景物略》，上海古籍出版社2001年版，第101页。

③ ［明］谢肇淛：《五杂俎》卷3地部一，中华书局1959年版。

期间的消费则进一步促进了商业和市场的繁荣。过年期间的厂甸庙会、元宵节期间的灯市，都是最典型的例证。据《帝京景物略》，明代灯市在东华门东，"亘二里。市之日，省直之商旅，夷蛮闽貊之珍异，三代八朝之骨董，五等四民之服用物，皆集。衢三行，市四列，所称九市开场，货隧队分，人不得顾，车不能旋，阛城溢郭，旁流百廛也"①，生意十分兴隆。又清代厂甸一带，自正月初一起，"列市半月"，"儿童玩好在厂甸，红货在火神庙，珠宝晶莹，鼎彝罗列"②。白铁铮在《嘉年忆往话民俗》中提到民国时期这里的热闹：

> 马路两旁，以及大街小巷的货摊头，也都把应节的年货摆了出来，各种店铺，像蒸锅铺（卖馒头蒸食的）大量蒸年糕、馒头，蒸好了晒晾在门口的苇帘上，茶叶店和毡帘铺摆出各式花炮（这两种铺子，都代卖花炮），饽饽铺忙着给人家送蜜供月饼，南货店（新年叫姜店）摆出各式糖果、桂圆、杂拌儿（"杂拌儿"是过年应时特别食品，把各种干果，如花生、焦枣、桂圆、栗子、榛仁儿、柿饼丝等等拌在一起，细"杂拌儿"里，加上些蜜饯之类）、炒红果，西瓜子儿、白瓜子儿以及大腿风鸡等等。善于写字的人，也在显眼合适的地方，用红纸写上"书春""涂鸦""点染年华"等等样字，高高贴在墙上，占个地方准备摆对子（春联）摊儿。③

节日市场不仅是贸易之所，更是娱乐空间。在灯市，傍晚时分即点燃各种花灯，又有乐舞杂耍，烟火施放，"于斯时也，丝竹肉声，

① ［明］刘侗、于奕正著，孙小力校注：《帝京景物略》，上海古籍出版社2001年版，第88页。

② ［清］富察敦崇：《燕京岁时记》，见王碧滢、张勃标点：《燕京岁时记（外六种）》，北京出版社2018年版，第75页。

③ 白铁铮：《嘉年忆往话民俗》，见白铁铮：《老北平的故古典儿》，百花文艺出版社2010年版，第202—203页。

不辨拍煞，光影五色，照人无妍媸，烟胃尘笼，月不得明，露不得下"①。其实节日在任何时代、任何地方都是不乏娱乐性的，但在北京似乎更加明显，这固然与北京有钱人、有闲人多相关，也离不开北京人对享乐（或者也可以说对美好生活）的追求。所以北京节日饮食丰富，春节的饺子、二月二的春饼、清明的新茶、端午的粽子、七夕的巧果、中秋的月饼、重阳的花糕、腊八的粥蒜、冬至的馄饨等等，不一而足。游戏盛行：一月抓子，二月打板枇、抽陀螺、放空钟，三月玩泥钱，八月斗鸡、斗蟋蟀，九月斗鹌鹑，十一月击羯鼓、玩羊骨，十二月踢毽，丰富多彩。游戏之外，又偏好游赏。不在家中而是走到户外，去寺观庙坛，去街衢园林，去风景胜地，甚至形成特定节日与特定空间相对固定的结合。比如清明踏青要到高梁桥，四月八日要耍戒坛，五月五日游耍则至金鱼池、高梁桥、松林和满井，九月九日登高要到香山诸山、法藏寺、显灵宫、报国寺等处，以至《燕京岁时记》的作者富察敦崇不得不专门对书中多记游览做出如下说明："岁时而记游览，似属于例不合。然各处游览多有定期，亦与岁时相表里。"②至于庙会，也多有"借佛游春"的性质，如白云观庙会时，"车马喧阗，游人络绎。或轻裘缓带簇雕鞍，较射锦城濠畔；或凤管鸾箫敲玉版，高歌紫陌村头。已而夕阳在山，人影散乱，归许多烂醉之神仙矣"③。蟠桃宫庙会时，"都人治酌呼从，联镳飞鞚，游览于此。长堤纵马，飞花箭洒绿杨坡；夹岸联舻，醉酒人眠芳草地"④。四月初八日，"耍西湖景、玉泉山，游碧云、香山。十二日耍戒坛，冠盖相望，绮丽夺目，以故经行之处，一遇山坳水曲，必有茶篷酒肆，杂以妓乐，绿树红裙，人声笙歌，如装如应，从远望之，盖宛然图画

———————

① ［明］刘侗、于奕正著，孙小力校注：《帝京景物略》，上海古籍出版社2001年版，第88页。

② ［清］富察敦崇：《燕京岁时记》，见王碧滢、张勃标点：《燕京岁时记（外六种）》，北京出版社2018年版，第120页。

③④ ［清］潘荣陛：《帝京岁时纪胜》，见王碧滢、张勃标点：《燕京岁时记（外六种）》，北京出版社2018年版，第35页；第39页。

云"①。人们醉心于游戏乐舞、走马射箭，放歌纵酒，是娱乐的典型表现。其实这种对游赏的偏好依然传承在现代北京人的节日生活之中，并且有过之而无不及。比如2013年春节，全市近200家公园推出了近30个春节民俗文化活动，接待市民游客600万人次，同年五一节期间，自4月30日至5月2日，北京市公园共接待游人564.6万人次，均可为证。

除上述之外，北京节日还有鲜明的宗教文化特征，这在前面谈庙会时已经提及，此处不再赘述。

三、北京节日文化的多重价值

1640年（庚辰年），此时的北京正处于山雨欲来风满楼的王朝易代之际，生活在这里长达20年的浙江平湖人陆启浤，"度天下将变，遂归隐"乡里。4年之后，他写成《北京岁华记》一书。这是明代唯一一本专门的岁时记。关于这本书的写作缘起，陆启浤说明如下："客燕二十年，略识岁时俗尚。甲申之秋，有过而问焉者，为忆所知，录之于笔。今天子方建恢复大计，异时仍鼎故都，则游辙仕履且复亲见之，何用此呫呫为？"②在这里，我们看到了北京节日如何为那些处于痛苦中的人们提供了精神上的莫大慰藉。而这不过是关于北京节日的回忆。对于"陆启浤们"而言，更重要的是，在那些客居京华的年月里，元宵节到灯市看"百货骈集""悬灯楼上"，清明节到高粱桥踏青，端午节挈酒游天坛，中元节到积水湖、泡子湖看水灯，重阳节西山登高等，构成了他们充满诗意和节奏感的真实生活。

节日是北京居民的时间驿站，是北京居民的生活华章。综观北京节日的历史与现状，其中大多数的内容不过"吃喝玩乐""礼尚往来"而已。"吃喝玩乐""礼尚往来"似乎谈不上多高尚的境界，但细思起来，由奋斗而来的美好，落在生活层面正是如节日这般衣食富

---

① ［明］沈榜：《宛署杂记》，北京古籍出版社1980年版，第191页。
② ［明］陆启浤：《北京岁华记》，见王碧滢、张勃标点：《燕京岁时记（外六种）》，北京出版社2018年版，第3页。

足，生命自由，人情和美！

节日文化的价值无疑是多重的。被誉为中国民俗学之父的钟敬文先生曾经说："民间节日，是民族传统文化中不可缺少的部分。它是我们历代祖先在长期社会活动过程中，适应生活的、生产的各种需要和欲求而创制出来、修增过来和传承下来的。它凭借着现实的各种条件，发挥着众人的智慧、能力和想象，为人们的生存、安宁、健康等要求服务。由于随着人们的能力、智力等的发达和经历时间的长久，这种传统文化，越来越显得丰富多彩。它不仅满足了人们一定的生活要求，也推进和巩固了社会秩序。它独特地尽着一种文化功能。"[①]这一对节日功能的高度概括，自然也适用于北京节日。

不过，在北京，节日的功能似乎更为复杂些。尤其那些在节日里举行的国家盛大庆典所具有的重大政治价值，是其他城市所无法比拟的。这也突出了北京的特殊性质。对于北京，很多人都有一种朝圣般的心情，谁能说这里没有节日文化的作用呢？对于北京，很多人都会产生一种来了就不想离开、离开了还想回来的特殊情感，谁又能说这里没有节日的作用呢？北京节日与北京城、北京人的关系比别处更密切些。北京的地理环境、人文基础、首都性质造就了北京节日的鲜明特色，北京节日则体现了北京城、北京人的精神与品格，如北京城的包容大气就突出体现在节日文化的多元共存融汇里，北京人的"有里有面"也体现在节日文化的种种讲究里。

四、关于本书的说明

北京节日文化是流动的传统，伴随时光流逝、社会变迁，既连续不断，又自我更新，从而每一个时代都呈现出那个时代的节日样态。本书是立足当下的写作，因此选择当下北京人正浸染于其中的重要节日作为书写对象，着重表现当下北京人如何通过自己的节日实践满足对美好生活的追求，并在这个过程中，实现了节日节俗的传承、

---

① 钟敬文：《民间节日的情趣》，载《光明日报》1988年2月21日。

更新、转化和发展。但本书又不仅仅关注当下，我们对每一个节日的历史传承都予以一定的关注，这并非出于怀旧的心理，而是因为任何当下都离不开历史的积淀，只有放在历史的脉络中才能更好地认识当下，也只有将那些失落的优秀文化传统作为当代节日文化建设的重要资源，才能使其在饱满充盈中生长发育，别开生面。

当下的北京节日来源多样，主要基于两种历法：一种是中国传统的夏历，另一种是世界流行的公历。鉴于传统节日具有时令转换意义且仍然在北京节日中占据主体地位，我们以春、夏、秋、冬四季统领各节，以标志新年开始的春节作为发端，基本按照节日出现时间的先后来置阵布局。所涉节日除了传统节日之外，还有庙会和现代节日纪念日。为了在立体呈现节日个案的基础上比较全面系统地呈现当代北京节日的整体样貌，我们安排了4个概说。在为各节命名时，除个别之外，均选用清代竹枝词的诗句，它们大多能够精确地反映节日习俗或内涵，我们也希望借此为本书增加更多北京味道。

春季节日篇

一年之计在于春。在老百姓的生活中，春天是一年的开始，总要忙忙碌碌的才会踏实。旧时，北京的春季节日也是多彩斑斓的：人们在春节的时候辞旧迎新、欢度新年；在立春的时候贴春、咬春、报春；在元宵节的时候逛灯会、走百病、吃元宵；在燕九节的时候前往白云观打金钱眼或是观看赛马；在二月二的时候剃个头；在清明节的时候告慰祖先并且野外郊游，度过山花烂漫的大好时光。如今，人们依然享受春天带来的崭新气象，依然按照很多旧时的传统过着节日的生活。当然，社会总在发展，节俗也在更新，我们都过得更加舒适与幸福。

一元复始报春回：春节

男人们在午前就出动，到亲戚家、朋友家去拜年。女人们在家中接待客人。同时，城内城外有许多寺院开放，任人游览，小贩们在庙外摆摊，卖茶、食品和各种玩具。北城外的大钟寺、西城外的白云观、南城的火神庙（厂甸）是最有名的。可是，开庙最初的两三天，并不十分热闹，因为人们还正忙着彼此贺年，无暇及此。到了初五六，庙会开始风光起来，小孩们特别热心去逛，为的是到城外看看野景，可以骑毛驴，还能买到那些新年特有的玩具。

这段文字出自作家老舍写的《北京的春节》，文章用充满京味的语言描绘了一幅老北京春节的民俗画卷，尤其是正月的高潮部分，男人们外出互相拜年、女人们留在家中招待客人，小孩子们则最喜欢到各种庙会上去玩耍。

春节期间是中华大地最热闹的日子，每个地区都呈现欢天喜地的样子，北京亦是如此。而且，北京在很长一段时间内作为政治、文化、经济中心的地位也在整个春节的民俗活动中若隐若现，这里的春节又有着自己独特的文化品格。

一、正月初一拜大年

按照旧俗，进入子时要接神。北京民俗作家常人春回忆了旧时老北京接神的过程：

接神前，用香菇、木耳、黄花、炸货、胡萝卜、白菜等拌成素馅，包成饺子。接神时，供桌上只供三碗，每碗五个。饺子端上来以后，与上燃点香烛，宣告接神仪式开始。

接神仪式一般多由长辈主持。首先查好《宪书》元旦之日的喜神、财神、福神，以及阳贵、阴贵诸神的方位，然后，主祭人才正式举着高香到院里向各个方位依次叩首，表示接请，礼毕，举香回到堂上，插入香炉，再三叩首，全家依尊卑长幼次序三叩首，肃立十余分钟后，香烛欲尽，于是主祭人领全家依次再三叩首，礼毕，即请香根，将神像及黄钱、千张、元宝一并请下，拿到院中早已设好的钱粮盆里与松木枝、芝麻秸一起焚化，同时燃放鞭炮。礼成后，全家在焚化现场互道："新禧。"

随后，将芝麻秸铺满甬路，从屋门，直铺到门道，家里人踏上谓之"踩岁"。凡放芝麻秸之家表示初一至初五"忌门"，不接待女客。[1]

房山地区有迎喜神的习俗。正月初一早晨，吃完饺子后，人们按照皇历记载的喜神方位确定迎接喜神的地点，如皇历上写道"吉凶方位：喜神正南，贵神正东"，人们就会不约而同地到正南方的场地去迎喜神。地点一般选在离人们居住地不远的宽阔场地。届时，人们前呼后拥，从不同的方向拥向接喜神的场地。据说迎喜神越早到越好，早来就可早迎到喜神。到达场地后，有的人鸣放鞭炮，有的人焚香磕头。看热闹的小孩们互相追逐嬉戏，充满着喜气洋洋的景象，场面非常壮观。[2]

怀柔地区也有迎喜神的习俗。据说在早些时候，每年的大年初一早晨，人们也会查看皇历确定喜神降临的方向，然后带着香火、黄钱、鞭炮，赶着骡、马、牛、羊到村外空旷地带朝着喜神降临的方向祭拜。祭拜之后，燃放鞭炮。之后带着喜气相互拜年，祝愿所有的人一年顺顺当当。这个习俗在小黑柳沟门流传至今，但是有些环节简化了。每年的初一早晨吃完饺子，全村的男女老幼都会带上鞭炮来到村口的大

① 常人春：《老北京的风俗》，燕山出版社1990年版，第130页。
② 关于北京房山"迎喜神"的描述，参见王红利撰：《北京房山地区岁时节日调查研究报告》，萧放著：《春节》，生活·读书·新知三联书店2009年版，第118页。

桥处进行燃放，迎接喜神的到来。因为现在皇历少了，所以村民无从查看喜神到来的方向。到大桥处迎喜神，是因为大桥四通八达。无论喜神从哪个方向降临，都能迎到。如今人们迎喜神不再上香磕头，也不再发黄钱，而是把他们的所有心愿都融在了轰鸣的鞭炮声中。[1]

旧时的正月初一，身着亮丽衣装的人们在北京的街道上穿梭往来，多是奔波在互相拜年的路途中。凡是相识的人，无论亲疏，这天见面也都会喜气洋洋地相互作揖并道声："您过年好啊！"这就是人们常说的拜大年。

拜年是人们辞旧迎新、互相祝福的习俗活动。传说拜年活动源于年兽的袭击。每逢腊月三十晚上，年兽会出来叨扰人们的生活，为了躲避年兽，人们关好门窗，躲在家中，直到大年初一早上才开门互相恭贺新春。旧时的北京，正月初一这一天，无论是长者还是晚辈都要整理衣冠，按一定规矩拜年：首先拜天地神祇，然后拜祖宗牌位，再以长幼次序互相拜年。举行完家中的拜年仪式后，长辈一般在家中等待外面来访的宾客，除长辈外的男子则要外出拜年。

元日贺年

明代的北京，元日拜年盛行朝野上下。明代陆容《菽园杂记》中载："京师元日后，上自朝官，下至市人，往来交错道路者连日，谓之拜年。'[2]清代，北京人贺年、拜年之俗沿袭明制。

① 关于北京怀柔"迎喜神"的描述，参见怀柔区非物质文化遗产保护工作办公室编：《北京市非物质文化遗产普查项目汇编（怀柔卷）下》，2006年版，第507页。

② ［明］陆容：《菽园杂记》，见《钦定四库全书·子部　菽园杂记》（影印本）。

清晨，士民之家穿着新衣冠，祭神祀祖、焚烧纸钱，全家拜年后，出门拜年贺节。

据满族民间文艺家金受申回忆，老北京人拜年只要是长辈或者是平辈年长的都要行叩头礼。具体地说，旗人叩头前后不作揖，汉人叩头前后还要作揖。在北京城内拜年，如果遇到主人在家，此人必须坐下接受叩头礼，如果遇到主人不在家，则"朝上磕"，也就是向这家客堂布置为上首的地方虚叩3个头。而在北京四乡，如果主人在家，也是朝向佛堂叩头（但据金受申解释，这里的叩头与城里关外进门拜佛不同，此为拜人，彼为拜神），口里呼道："×伯、×叔、×兄，给您叩头啦！"而接受叩头的人也要在旁边还礼。[①]

拜年是人们辞旧迎新、相互表达祝福的一种方式。但是，京畿重地会聚的官吏如若密集地进行一些拜年活动会出现比较复杂的局面。所以受到礼法的约束，监察官员春节期间不得按照传统习俗进行拜年活动，甚至家中的门庭装饰也多以国恩家庆为主题，从而彰显其作为朝臣的身份与职责。

> 每做京员势必添，两条四块甚威严。
> 喧哗禁止偏难止，多半门前壮仰瞻。
> ——（清）杨静亭编撰、李静山增补《都门竹枝词》[②]

这首竹枝词中所记的"两条四块"以及以国恩家庆为主题的对联，《官场现形记》中曾有过描写：

> 一霎时到了吴赞善（注：京官）门前，赵温下车，举眼观看，只见大门之外，一双裹脚条，四块包脚布，高高贴起，上面写着甚么"詹事府示：不准喧哗，如违送究"等话

① 金受申：《老北京的生活》，北京出版社1989年版，第148—149页。
② 潘超、丘良任、孙忠铨等主编：《中华竹枝词全编（一）》，北京出版社2007年版，第247页。

头。原来为时尚早，吴家未曾开得大门。门上一副对子，写着"皇恩春浩荡，文治日光华"十个大字。[①]

北京官宅多贴标有官衔和禁止喧哗的封条，以壮观瞻、以警行人。而为了避免春节期间的社交活动，相关官员更是不得不采取闭门谢客的举动，以维持官场的礼仪与威望。

朝野之上自然便不受此限制了，因为臣子们必然要向皇帝祝贺新春的，这里也有一套规矩需要遵循。以清宫为例，天刚黎明时午门之外便已聚满王公大臣和文武百官。待规定的时间一到，他们便进入太和殿广场，按品级立于丹墀下的御道两侧。午门鸣钟鼓后，皇帝乘车舆出乾清门，由保和殿御中和殿，执事官员在殿前行三跪九拜礼。礼毕，皇帝升舆。太和殿奏中和韶乐，皇帝至太和殿升座，乐止，文武百官跪下，鸿胪寺官宣读新年贺表。接着，奏丹陛大乐，文武百官行三跪九拜礼。礼毕，皇帝于殿内赐王公、大学士和外国贺年专使茶。之后，皇帝乘车舆回宫，还要再到乾清宫接受后妃、皇子们朝觐。后妃们事先等候在乾清宫东西暖阁，皇帝升座后，内监放下大门上的帘子，后妃出暖阁行礼。礼毕，后妃退，升帝，皇子们在殿门外行礼，后皇帝回养心殿。此外，皇后还要御交泰殿，接受妃嫔、公主、福晋们行礼。皇后回本宫，皇子又至皇后宫去行礼。这一天的行礼多得很，可以说是清宫中一年里最忙的一天。

当然，也有可以不需见面的拜年方式，比如投刺。投刺是古代士大夫之间进行的社交拜年活动。投刺，即是投递名帖，清代陈康祺在《郎潜纪闻》提到："明季士大夫投刺，率称某某拜，开国犹然。近人多易以'顿首'二字。"[②]早期的贺年名帖，制作比较简单，一般用梅花笺纸裁切而成，上端写接受名帖人的姓名，下端署贺者姓名，中间书"恭贺新禧""岁岁平安""万事如意"之类的贺词。清康熙年

---

① ［清］李伯元：《官场现形记》，岳麓书社2014年版，第17页。

② ［清］陈康祺：《郎潜纪闻·名刺不用拜字》，见晋石点校：《郎潜纪闻初笔二笔三笔》，中华书局1984年版，第94页。

间，开始用红色硬纸制成贺年名帖，以示喜庆。后来，又时兴将贺年名帖装在锦匣里，称为拜匣，以示庄重。据说，具有民国文人范儿的邓云乡，贺年便以毛笔亲书贺年片，署名"晚邓云骧"，钤"水流云在之室"印。

旧时，北京店铺之间也多以贺年片的方式互相拜年。每到新春，各个店铺都会备下贺年片或普通名片，待子时一到便从门缝里塞进邻店的屋内，有时候要塞一条街的店铺。如果在塞片时撞见，便先互相作揖拜年，然后再各塞各的贺年片。[1]如今，通信技术越来越发达，不需见面的拜年方式也愈加丰富，语音也好，视频也罢，比起见面行礼、寄送贺年片这样的方式，都方便了许多。

二、文墨消遣贺新春

旧时，京畿重地会聚各色人物，尤其文人、官吏众多，使得这里的年节别有一番味道。比如，刚刚说到的邓云乡在回忆老北京的春节时，曾提到读书人的一种特殊的节日习俗：

　　老一辈的读书人，也要讨个吉庆，用红纸写个小条儿，年初一贴在书桌前面，叫作"元日书红"，都是四字句、四句押韵的吉庆话。如"元日开笔，笔端清妍。文思泉涌，吉庆绵绵"。写时一定要工楷，这又叫"元旦开笔"，祝愿今年高中。这是封建科举时代读书人梦寐以求的。中了以后，做了大官，这个元日书红，还是要写的。或叫"元日试笔"……近五十年前，亲见一位举人出身的舅父，年年大年初一恭恭敬敬地写元日书红的帖子，写好后，亲自认认真真地贴在书桌前，其虔诚的态度决不下于一个虔诚的释子合掌礼佛，或一个虔诚的天主徒，跪在圣母玛利亚像前画十字忏悔，但这不是宗教，是什么呢？大概是在传统的古老文化熏

---

① 韩忆萍、崔墨卿：《新风旧俗话北京》，光明日报出版社2007年版，第27页。

陶下所形成的一点痴心吧。[①]

　　旧日读书人的这种虔诚与今天网络疯传考神似乎有异曲同工之妙。可见，无论何时，人们在面对事关前程的关卡，还是秉承着"宁可信其有，不可信其无"的态度。这种元日开笔习俗，清宫里的皇帝举行起来更为正式或说烦琐一些。正月初一正子时（即夜里12点），皇帝在养心殿东暖阁（即明窗）举行开笔仪式，也称明窗开笔之典，始自雍正皇帝。此后的历朝皇帝均沿袭此典，遂成清代定制。养心殿东暖阁室内的案头陈设包括装有屠苏酒的金瓯永固杯、手引发光的玉烛、盛有8个古铜吉祥炉的朱漆雕云龙盘，还有两个古铜香盘。皇帝亲手点燃案上蜡烛，打开笔，笔端有"万年青"三字，笔管有"万年枝"三字，将笔在古铜吉祥炉上熏一下，然后先用朱墨、后用黑墨，分别写吉语数字，以祈一岁之福。比如，乾隆三十五年（1770）的元旦开笔，中间一行朱笔为"三十五年元旦宜入新年万事如意"，左边一行书为"和气致祥丰年为瑞"，右边一行书为"三阳开泰万象更新"。这些心愿与祈求，必须密封起来，任何人不能拆阅。然后，皇帝浏览新历书，以寓授时之意。开笔仪式结束后，所用万年青笔、玉烛长灯和金瓯永固杯等均收藏起来，以备来年再用。开笔之后，一年的朝中事务又开始了。皇帝先到东西佛堂祖先神位前行礼，再到御花园天一门天地神位前行礼，清晨再到奉先殿、寿皇殿，在列祖列宗神位神像前上香、行礼。

三、年以食为大

　　饮食也是年节习俗重要的方面。北京拜年贺节的节日食品十分讲究，据清代潘荣陛《帝京岁时纪胜》载：

　　　　至于酬酢之具，则镂花绘果为茶，十锦火锅供馔。汤点

　　① 邓云乡：《燕京乡土记（上册）》，河北教育出版社2004年版，第7页。

则鹅油方补，猪肉馒首，江米糕，黄黍饦；酒肴则腌鸡腊肉，糟鹜凤鱼，野鸡爪，鹿兔脯；果品则松榛莲庆，桃杏瓜仁，栗枣枝圆，楂糕耿饼，青枝葡萄，白子岗榴，秋波梨，苹婆果，狮柑凤橘，橙片杨梅。杂以海错山珍，家肴市点。纵非亲厚，亦必奉节酒三杯。①

　　酒菜兼备、瓜果皆有，即使不是近亲密友，也要举酒三杯，表达新春到来的欢乐与祝福。当然，过年时最具代表意义的还是饺子。老北京人管饺子也叫饽饽，饽饽是满语词汇，满人通常把饽饽视为面食的统称，因而也称煮饺子为煮饽饽。

　　说起来，中国人吃饺子的历史相当久远。饺子，古有牢丸、角子、扁食、水包子、水煮饽饽等名称，有时候也与馄饨混在一起。唐宋时代，饺子就是美食之一。明代出现专用的饺子名称，沈德符《万历野获编》记载了流传于京城中的俗对"细皮薄脆对多肉馄饨，椿树饺儿对桃花烧卖"②，对馄饨、饺子、烧卖做出了明确的区分。椿树饺儿是北京的名食，以椿芽做馅，据说不淡不腻，味道十分好。

　　很早以前，饺子就与春节民俗联系在一起。明代沈榜《宛署杂记》记载："作扁食，奉长上为寿。"③这里的扁食也就是饺子。据《明宫史》记载，正月初一"饮椒柏酒，吃水点心，即'扁食'也。或暗包银钱一二于内，得之者以卜一岁之吉"④，饺子不仅作为大年初一的必备美食，而且还有在饺子中包物的游戏内容。这样的习俗，清代也有沿袭。据富察敦崇《燕京岁时记》载："京师谓元旦为大年初一。……是日，无论贫富贵贱，皆以白面作角而食之，谓之煮饽饽。举国皆然，无不同也。富贵之家，暗以金银小锞及宝石等藏之饽饽

　　① ［清］潘荣陛：《帝京岁时纪胜》，见王碧滢、张勃标点：《燕京岁时记（外六种）》，北京出版社2018年版，第30—31页。
　　② ［明］沈德符：《万历野获编》，中华书局1959年版，第898页。
　　③ ［明］沈榜：《宛署杂记》，北京古籍出版社1980年版，第190页。
　　④ ［明］刘若愚：《明宫史》，北京古籍出版社1980年版，第83页。

中，以卜顺利。家人食得者，则终岁大吉。"① 由此可见，清代煮饽饽的习俗在京师十分流行。

接前所说，清代皇帝在养心殿的东暖阁举行完开笔仪式后，大约在大年初一的凌晨3点左右，会到乾清宫左侧的昭仁殿东小屋吃第一顿饺子，寓"岁更交子"之意。对此，戏曲理论家齐如山在《北平杂记》中评述：

> 北平也讲吃饺子，惟最多者吃六天。皇帝在元旦，也必须吃饺子！饺子之中，一定有一个里头包着一个小金饼（民间则包一文钱，后来包一角钱，谁吃得谁有福），上镌"万寿无疆，天子万年"字样。要看皇帝吃第几个时才吃到，但总是第一个就吃到，于是太监、宫女等，都叩头庆祝。他为什么第一个就可以吃到呢？因为这一枚饺子，永远放在碗面之中间。故宫中从前元旦有四句歌：风从艮地起，主人寿年丰。独得无疆寿，谷花漏地红。②

据故宫博物院研究馆员苑洪琪研究，清代皇帝讲究吃素馅饺子。清太祖努尔哈赤连年浴血奋战，死者无数。为表忏悔，努尔哈赤每年除夕包素馅饺子祭奠死者。从此，清宫里就留下了一条不成文的规定：除夕吃素馅饺子。不过，这样的规定到后来逐渐被打破。《清宫膳食档》曾载：光绪十一年（1885）正月初一子时开笔仪式后，万岁爷开始吃饺子。第一次进猪肉长寿菜馅十二只。第二次进猪肉菠菜馅十二只。除了馅料之外，为了保证皇帝能够吃到刚出锅的饺子，从腊月底到正月间，皇帝每过一座门槛，随侍太监就要放一挂鞭炮。御膳房里的厨役通过听鞭炮声的远近来掌握煮饺子的时间。皇帝吃饺子时，太监会端来剔彩漆大吉宝案，然后将一盘饺子放在大吉宝案中

---

① ［清］富察敦崇：《燕京岁时记》，见王碧滢、张勃标点：《燕京岁时记（外六种）》，北京出版社2018年版，第67页。

② 齐如山：《饺子》，见《北平杂记》，当代中国出版社1995年版，第162页。

间的"吉"字上，进献给皇帝的四个饺子中，两个包着"通宝"，如嘉庆年间就会各放一枚"乾隆通宝"和"嘉庆通宝"。[①]2019年年初，为了迎接春节，故宫博物院从腊月初一至三月初三（1月6日至4月7日）举行了"贺岁迎祥——紫禁城里过大年"展览，其中详细地展示了清宫皇帝吃饺子的细节。

在北京怀柔长哨营满族乡，满族人民也有大年初一不吃荤的习俗，但与清宫的原因不同。据当地人说他们初一吃素是为了纪念宣祖——清朝名将彭启宣。其父是清廷的骠骑大将军彭商，曾带兵驱除入侵台湾的侵略者，受到朝廷奖赏。彭商膝下有三子，唯次子彭启宣武艺超群、胆识过人。彭商年事已高时，朝廷又接到台湾急报，外夷再次入侵。彭启宣替父出征，不辱使命，胜利而归。额娘吩咐厨房为儿子庆功，但却忘记了启宣从小不吃荤的习惯。启宣吃后呕吐不止，一直吐到第七天正好是大年初一，然后一命归天。为纪念宣祖，此地的满族人从此大年初一不吃荤，成为尊崇奉行的一种风俗代代相传。[②]

四、过大年，逛厂甸

正月新春，老北京最热闹的便是各地的庙会。赶庙会在我国各地的春节习俗中都是惯例，但是老北京的庙会尤其多。清至民国时期，文士丁立诚编撰、其子丁辅之印制发行的《王风笺题》中详细描绘了当时北京城的各种庙会：

> 庙会者，陈百货于庙以待顾客。岁有定期，历年不改。北方通行之俗也，京师尤盛，谓之曰赶庙会，以趋之若鹜状其赶趁也。隆福寺在东四牌楼迤西大街，曰东庙，其期为每月之九十。护国寺在西四牌楼迤北，曰西庙，其期为每月之七八。土地庙在宣武门外下斜街，其期为每月之三。东岳庙

---

① 苑洪琪：《漫谈清代宫廷过年》，载《紫禁城》2017年第1期。
② 怀柔区非物质文化遗产保护工作办公室编：《北京市非物质文化遗产普查项目汇编（怀柔卷）下》，2006年，第483页。

在齐化门外大街路北，其期为每月初一日至十五日，又三月初一日至二十八日。黄寺在德胜门外大关迤东路北，黑寺在德胜门外大关迤西路北，其期均为每年正月二十三日至二十五日。厂甸在正阳门外、琉璃厂中间路北，曹老公观在西直门内路北，其期均为每年正月初一日至十五日。[1]

按照这个记述，老北京的庙会虽多，倒是有时间表可以遵循：正月初一到十五，正阳门外厂甸、齐化门外东岳庙的庙会都可以赶；正月初三，可以到宣武门外土地庙赶庙会；正月初七、初八，西四牌楼迤北护国寺有庙会；正月初九、初十，东四牌楼迤西隆福寺可以赶庙会；正月二十三到二十五，德胜门外的黄寺、黑寺挨个儿逛，整个正月都不得闲。

当然，在这众多庙会中，厂甸的庙会规模最大、京味最浓，并与南京夫子庙、上海城隍庙、成都青羊宫并称为中国四大庙会。老北京人都这样说："过大年，逛厂甸。"

厂甸位于北京西城的海王村，元代时在此处设琉璃官窑，明代时开始有商铺进入，并于正月时节形成集市。明代刘侗、于奕正《帝京景物略》记载："东之琉璃厂店，西之白塔寺，卖琉璃瓶，盛朱鱼，转侧其影，大小俄忽。"[2]清代，由于灯市迁到厂甸，加上修《四库全书》的契机，厂甸聚集了大批的文人、书商，从而形成一定规模的集市活动。另外，厂甸附近还建有吕祖祠、火神庙和土地庙3座寺庙，香火十分旺盛，使得厂甸庙会成为明清北京春节期间十分重要的民俗活动场所。1918年，北洋政府正式认定厂甸庙会的地位，成为这里唯一的官设春节庙会。1945年，庙会活动冷落时期，厂甸庙会仍有游人逾20万，占当时京城人口的1/5。

庙会最先吸引人的自然是热闹劲儿，厂甸庙会上约有数百种进行

① ［清］丁立诚：《王凤笺题》，文海出版社1966年版，第15—16页。
② ［明］刘侗、于奕正著，孙小力校注：《帝京景物略》，上海古籍出版社2001年版，第101页。

售卖的物品，比如小吃、玩具等，还有各种各样的杂耍。清代李虹若有一组《厂甸正月竹枝词》，以正月为时限，以厂甸为文化空间，重点描绘了其中较为典型和极具代表性的庙会场景。比如，竹枝词里写到了厂甸庙会上买卖书籍的盛况，"价比坊中平日贵，两人笑向说便宜"，也就是说其实庙会上卖的书比平时还要贵些，但是因为氛围很好，人们依然开心地认为比较便宜。[①]厂甸庙会的书摊是一大看点，根据地点和书籍的不同分成几等：土地庙、海王村公园内的书摊规模较大，多为琉璃厂、隆福寺等处的书铺所设摊点，量大类全，多为线装古旧书；西单商场和东安市场书铺所设摊点，多售洋装的当代旧书；新华街路西便道上的书摊，大多为一般书铺所设，货色稍差一些；庙会边缘所设书摊多为城内各庙会的书摊赶厂甸，书多零散、残缺，又称为"冷摊儿"。

每个庙会都有自己的特色。厂甸庙会的特色就在于雅俗共赏、文商并重，由于文人和书商会聚，厂甸庙会成为文化氛围最浓郁的庙会。明清之际，会馆云集于厂甸附近，赴京赶考的文人们便在这里扎堆。据说，鲁迅住京十几年间，逛厂甸庙会的次数超过40次。这里也是戏曲名伶时常光顾的地方，程长庚、余叔岩、裘盛戎等皆环居于此；谭鑫培在这里拍摄了北京梨园史上第一张剧照《定军山》；梅兰芳经常到这里搜集古画。

厂甸庙会的画棚着实有名。旧时厂甸庙会中画棚有好几处，规模最大的据说是如今新华街东侧沿师大附中西围墙搭的画棚，高与宽皆为5～6米、长300余米，里面挂满了字画。画棚里的字画，多数并不值钱，都是仿制品或无名作品。这类字画平日里在店铺的标价比画棚中便宜，很少有人问津，但是挪到年节的画棚以后，即使标价高了，也总有人买，大概是因为人们都爱凑热闹，一到了庙会上便很容易冲动，失去理性，卖主正好利用了人们的这种心理。

---

① 潘超、丘良任、孙忠铨等主编：《中华竹枝词全编（一）》，北京出版社2007年版，第15页。

邓云乡回忆厂甸庙会时曾有一段文字，读来颇能引起人们对那份热闹的想象：

> 那一眼望不到头的画棚，那数不清的大大小小的书摊，那一个接一个的古玩摊，那火神庙中的光怪陆离的、炫人眼目的珠宝玉器摊，那海王村里里外外的数不清的玩艺摊，那喊破喉咙的各式各样的吃食摊，那挤来挤去的欢笑的、嘈嚷的像潮水般的游人，那错杂的插着小彩旗的大糖葫芦，那几十个联在一起的彩纸的哗哗乱响的大风车……这些哪一样不值得怀念呢？单纯一样，就够你思念一年半载的了，何况它是组织在一起，糅合在一起，融化在一起，色彩、光芒、音响、气味、情趣……这浑然一体的绚丽的厂甸啊，它就永远会成为相思的代名词了。[①]

如上文所言，声、光、电、趣，老北京的厂甸庙会实实是给足了年味儿。不过，1964年起厂甸庙会停办。直到2001年春节，厂甸庙会才得以恢复，恢复的初衷自然是传承传统节日文化。庙会期间，东西琉璃厂和南新华街均封街断路，盛况空前。2006年，厂甸庙会被列入首批国家级非物质文化遗产名录。2010—2017年，厂甸庙会在部分保留琉璃厂文市的基础上，在陶然亭公园内设立民俗区。但是，这样在公园内摆摊的庙会模式并不能够满足市民的需求、凸显厂甸庙会的特色。自2018年起，厂甸庙会回归琉璃厂，继续突出"文市庙会"的特色，并以琉璃厂东西两街为依托，将笔墨书香和古玩文物作为庙会的主题，甚至拒绝小吃和表演的参与。

五、春鼓起，庆太平

春节期间，各地都有各色各样的民俗文艺活动，既烘托和渲染了

---

① 邓云乡：《燕京乡土记（上册）》，河北教育出版社2004年版，第14页。

耍太平鼓

大年的热闹劲儿，又内含着人们对于新春的期待与祝福。说起过年期间的文艺娱乐活动，旧时北京春节期间既常见又具有特色的便是太平鼓了。从民俗的角度来说，太平鼓是带有信仰观念的民俗文艺表演形式。

早在汉代，击鼓驱邪的节庆仪式便已存在，高诱在《吕氏春秋·季冬纪》中注曰："击鼓驱疫，谓之逐除。"[1]击鼓的作用主要在于声音，通过洪大的声势来震慑鬼魅、驱除妖邪，以达到祈福迎祥的目的与愿望。因此，鼓的种类其实并没有太大的限制。北京地区春节期间广泛流行的击鼓活动多为"太平鼓"。

太平鼓是民族节日文化交融的表现。北京地区春节期间击太平鼓习俗的记载出现于明代，根据刘侗、于奕正《帝京景物略》："今北都灯市，起初八，至十三而盛，迄十七乃罢也。……童子捶鼓，傍夕向晓，曰'太平鼓'。"[2]由此可见，明代北京地区流行的太平鼓是以儿童为主要参与者，其性质更类似于游戏。清代开始，太平鼓逐渐向文艺表演的形式转化：

　　　　铁环振响鼓蓬蓬，跳舞成群岁渐终。
　　　　见说太平都有象，衢歌声与壤歌同。
　　　　　　　　　　　　——（清）何耳《燕台竹枝词》

　　　　高丽画纸墨连环，春鼓声中不夜天。

---

① ［战国］吕不韦：《吕氏春秋》，高诱注，上海书店1986年版，第114页。
② ［明］刘侗、于奕正著，孙小力校注：《帝京景物略》，上海古籍出版社2001年版，第88页。

怪道灯街杖农乐，歌声已是太平年。

（形圆平，覆以高丽纸，下垂十余铁环，击之则环声相应，曲名《太平年》。农人元夜之乐也。）

——（清）李声振《百戏竹枝词》[1]

如上述两首竹枝词所记，太平鼓呈圆平形状，蒙以羊皮或是高丽纸，鼓边缀十余铁环，敲击时铁环也跟着发出响声，演奏的目的便是庆祝丰年。

如今，在国家级非物质文化遗产项目中，京西太平鼓列入传统舞蹈之类。太平鼓在每年的腊月和正月最活跃，百姓们击打太平鼓是对太平盛世与国泰民安的期盼。其中，石景山太平鼓以北京市石景山区的五里坨、模式口、北辛安、古城村、衙门口等村最为盛行，至今已有200多年的历史，其特点是风趣幽默，生活气息浓郁，可以通过节奏变化表现出不同情绪。而北京丰台区王佐镇怪村的太平鼓来源于清代宫廷，至今也已有200多年的历史。该村太平鼓动作小巧，感情含蓄，节奏明快，具有较高的技术水准和艺术价值，其内容多取自村民日常生活，表演中散发着浓郁的生活气息。据怪村老人讲，太平鼓在当地十分盛行，家家有鼓，人人能打，村中人早年曾应邀到北京的良乡、通州及河北等地表演，具有较高的知名度。

岁时节日的观念与民俗活动源于农耕社会对于农事生产的重视，但是随着社会的发展、生产力水平的提高，以及生活世俗化的主要趋势，节庆活动中的娱乐成分逐渐增长，因而民间文艺表演的形式也越来越多，并且越来越受民众的欢迎。此外，岁时节庆活动中的文艺表演不仅仅呈现出节日欢快与热闹的特性，更蕴含着岁时节日的文化意义与价值，并且随着节序的变化和功能的转变而更换不同的表演空间。岁时节日的欢庆活动必然缺少不了以文艺表演为主的娱乐活动，

---

① 潘超、丘良任、孙忠铨等主编：《中华竹枝词全编（一）》，北京出版社2007年版，第59页。

其从一定程度上承担着源自宗教的仪式功能，也极大地展现出世俗化与狂欢性的发展态势。

六、不出正月都是年

正月初一算是春节的高潮部分，但事实上只要还在正月，老北京处处洋溢的都是过大年的喜庆劲儿。

明清之际，老北京的家家户户在正月初二日晨祭财神，设供桌、供品，叩头祭之，祭祀后将财神像置于庭院松柏枝、芝麻秸上，与黄钱、纸元宝等一起焚之，至此祭财神毕。[①]此外，人们为讨个吉利，天亮之后会去广安门外的五显财神庙烧香、叩头，还要买几个纸元宝带回家，俗称"借元宝"，寓意旺财。汤用彬等编《旧都文物略》载："新年之二日，则于广安门外五显庙祈财，争烧头一炷香，倾城男妇，均于半夜候城趋出，借元宝而归，则供之龛中，更饰以各色纸制之彩胜，盖取一年之吉兆也。"[②]近代，人们对初二祈财仍有记载：

> 大年初二日，广安门（俗称彰仪门）外财神庙开门，这是北平最出名的一件事情。烧香人的拥挤，比任何庙会都多得多：一因别的庙中烧香的人，大概只是住户人家，此则有许多商家，也要前去；二因别的庙，都成天可烧，此则只讲一早。许多人的思想，是晚一点烧香，就没有用了，所以每逢初二日，多数是夜里两三点钟就起来，由珠市口出广安门到庙中，这么远的大街，都是挤满了的车辆。从前在行的人，都是在该庙中买香，外行的也有许多自己带香去的，这也有个分别，因为财神庙的香炉虽大，可也容不下这些香，所以烧香的人，把香插在香炉内，即刻就有人把它夹出，掷

---

① 陈桥驿主编：《中国都城辞典》，江西教育出版社1999年版，第583页。

② 汤用彬等编：《旧都文物略》，书目文献出版社1986年版，第269—270页。

在下边大香池中，随插随夹。有许多人特别嘱咐夹香人，说晚点夹我们的香，他就夹得慢一点，若是外边买的，他就夹得快点，所以有许多善男信女，都要在庙中买香。这是庙中很大一笔收入。此外就是卖纸元宝，由纸铺中定做成千成万的元宝，运到庙中，供于庙前，烧香人多买一个回去，但此不名曰买，只是"给香钱若干"，便由庙中赠送一个，这可比外边买贵得多，所以民间对此，也有些歌谣：只为人人想发财，山堆元宝笑开怀；刚从纸店运出去，又被财迷取进来。[1]

理性的人们对于这样的行为自然也有微词，只不过人们对于财运的追寻也可见一斑。如今，昔日熙熙攘攘的广安门财神庙早已不见踪迹，在其旧址（即三环六里桥西南角匝道）上还有两棵百余年的大槐树依然挺立，树上还缠着些红布条，系着人们各式各样的祝福。

明清时，老北京人在正月里还有很多的禁忌。比如，正月初五日以前不许动刀剪，这五日吃的饭菜皆会在正月初一前做好，吃时加加热就好；妇女则不能出家门，各家也不接待妇女，只有到正月初六才能走出家门。

正月初五家家户户放鞭炮，人们认为可以崩跑穷鬼、迎来福星。正月初六各店铺要举行隆重的仪式进行"开市"：店主带领全体店员，烧香叩头求神保佑自家店铺在新的一年里买卖兴隆。《民社北平指南》载："商肆率于元旦闭户，初六始开，谓之'开市'。清晨燃放鞭炮，恭祀关公，亦有迟至元宵节妁开市者。"[2]此外，各个店铺开市前还有一个重要的工作要做——人员调整，这里还有一个俗语"吃滚蛋包子"的出处，邓云乡曾做过较为详细的描绘：

① 刘秋霖、刘健、张雪红、沈烨、魏广慧：《老北京的记忆》，百花文艺出版社2015年版，第63—64页。

② 陈文良主编：《北京传统文化便览》，北京燕山出版社1992年版，第516页。

初一给东家拜年，初二祭财神等等，这些都是欢乐的事，而最最紧张的是年初四或年初五晚上开市之前那顿酒席了，这是一顿使人提心吊胆的"便宴"。这顿便宴行话叫"说官话"，俗名"吃滚蛋包子"。这顿晚宴比较丰盛，有菜有酒，酒后照例是吃包子。上席时，东家、掌柜、大小伙友各就座位，小伙计依次把酒斟满，当家的举杯祝贺，然后吃上几口酒菜之后，便要开腔了。如果生意好，便当众宣布人事照旧，大家便可开怀畅饮；如果生意不好，借此机会要辞退人。按老年规矩，辞退人也十分注意礼貌，在席上当家的叹完"苦经"之后，等到包子端上来，便亲自夹一只包子放在某人碗中，此人一切便明白了。饭后自己就收拾行李带着心酸和眼泪告辞走了。"吃滚蛋包子"即由此得名。[①]

人员调整完毕后，正月初六店铺便开始新一年的打拼了。到了正月初八，晚上还有祭祀"顺星"的习俗。依照道教的说法，每人每年都有一位值年星宿，人们这一年的旦夕祸福完全由这位值年星宿操纵，而每年正月初八为诸星宿聚会下界之日，所以这天祭祀顺星可以得到护佑。金受申对祭祀的方式进行过记述：

> 事先用灯花纸捻成"灯花"，用香油弄好，在黄昏后一更前后，在院中设祭桌，以北斗为目标，陈设香烛，用"灯盏碗"摆成"顺"字（灯盏碗系泥捏成小碗，直径寸许，深紫黝色，颇有古意，每至年残沿街有叫卖灯盏碗的，大半为卖支锅碗松花的附业）。将灯花放在其内，供品系素馅元宵，供品上齐，即燃灯花焚香叩首，香残灯亦将灭，然后由供桌起连续燃灯花，距离尺许，直送至大门外，用意在送祟，于

---

① 邓云乡：《燕京乡土记（上册）》，河北教育出版社2004年版，第8—9页。

是礼成。[1]

除此之外，也有很多人到庙里祭祀，比如白云观便于每年正月初八晚上举行祭星大典，全体道士鸣钟击鼓，合诵《玉枢经》，祈祷风调雨顺、国泰民安。[2]

此外，随着藏传佛教的传入，旧时北京还有"跳布札"（藏语"驱鬼散祟"之意）的宗教仪式，俗称"打鬼"。据文献记载，京师每年元月的喇嘛打鬼仪式主要在弘仁寺、西黄寺、黑寺和雍和宫等寺庙举行，京城民众纷纷前来观看。一般来说，正月初八日，打鬼率先在弘仁寺开始，而以正月二十九开始的雍和宫"跳布札"最为隆重，皇帝都要亲临观礼或派王公大臣参加。雍和宫"跳布札"仪式分三天，在天王殿前广场举行。正月二十九早晨开始"演鬼"（即今之彩排）；三十日中午开始"打鬼"；二月初一凡参加"跳布札"的喇嘛绕雍和宫一周，叫"绕寺"。然后，一年一度的"跳布札"活动就结束了。[3]

春节是传统大节，在北京人的生活中占有十分重要的地位。从古至今，年俗在传承，也在发展，很多仪式也许已然不在或是正在消失，但是春节还在，人们对于年的期盼与祝福也未曾改变。

① 金受申：《老北京的生活》，北京出版社1989年版，第149页。
② 常人春：《顺星》，见北京燕山出版社编：《旧京人物与风情》，北京燕山出版社1996年版，第323—324页。
③ 华孟阳、张洪杰编著：《老北京人的生活》，山东画报出版社2000年版，第38页。

雅集何人约咬春：立春节

春雨惊春清谷天，夏满芒夏暑相连。
秋处露秋寒霜降，冬雪雪冬小大寒。

二十四节气是先民通过观察天体运行，认知一岁中时令、气候、物候等变化规律所形成的知识体系，打头儿的便是立春，也是旧时北京的重要节日。

京师生春诗意图轴

一、四季之首

太阳运行至黄经315°时，即为立春，属于夏历正月节令。从公历2月4日前后开始，每5日为一候，立春共有3候：立春初5日，一候东风解冻。带着暖意的东风吹来，大地开始解冻，万物借着东风生发，为不久就要到来的生机勃勃埋下了伏笔。又5日，二候蛰虫始振。入冬以后蛰伏于洞内的各类虫蚁开始慢慢苏醒，生机盎然的美好时节已经不远。又5日，三候鱼陟负冰。立春节气的最后5日，河里的冰开始慢慢融化，鱼儿到水面上游动，水面上还有没融尽的碎冰，如同被鱼背着一样漂浮。

立春是春季的第一个节气，《史记·天官书》有"立春日，四时之卒始也"[1]的说法。人们很早便已经感知生命与春天的关系，确定以立春为四季之首。立春之际，草木萌动，立春是春季的开端，也是木气到来的时候，木气有孕育与润泽万物的作用。夏禹之时，草木秋冬并不凋零，被认为是木气旺盛的缘故，所以夏朝的服色崇尚青色。

民谚云："立春阳气生，草木发新根。"东风徐来，阳气上升，春季的时令习俗围绕着助阳迎春展开。《逸周书·时训解》曰："风不解冻，号令不行；蛰虫不振，阴气奸阳；鱼不上冰，甲胄私藏。"[2]意思是说：如果东风不能消解冰冻，那么号令就不能执行；如果冬眠动物不活动，是阴气冲犯了阳气；如果鱼儿不上浮到碎冰的水面，预示民间有私藏铠甲、头盔等武器的事情。

立春，表明春季来临，也是四季的开端，是"一年之计在于春"的起点。人们经过了蛰伏的冬季，终于迎来了新的春季，喜悦之情溢于言表。

二、迎春与鞭春

依照节气到来的时间，在特定的方位举行隆重的迎气仪式是古

---

① ［西汉］司马迁：《史记》，见《钦定四库全书·史部·史记·卷二十五》（影印本）。
② ［晋］孔晁：《逸周书》，见《钦定四库全书·史部·逸周书·卷六》（影印本）。

老的时令仪式，其中立春甚是隆重。《礼记·月令》云："立春之日，天子亲帅三公、九卿、诸侯、大夫，以迎春于东郊。"[1]立春之前，周天子会进行三天斋戒，并于立春当日亲率三公、九卿、诸侯、大夫到东郊迎春。之后，皇帝迎春的仪礼一直沿袭，《通典》记载：

> 北齐制，立春日，皇帝服通天冠、青介帻、青纱袍，佩苍玉、青带、青葱、青袜舄，而受朝于太极殿，西厢东向。尚书令等坐定，三公郎中诣席，跪读时令讫，典御酌卮酒，置郎中前，郎中拜，还席伏饮，礼成而出。[2]

迎春服饰颜色依旧，只不过这里是在皇帝的宫殿内举行。明朝前期，北京地方官员在立春前一天，要在东直门外春场举行盛大的迎春仪式。除了举行相应的仪式之外，朝廷也会进行一些抚恤和宽慰的工作，以顺应阳气上升的时令，促进万物萌动和生长。唐代律法中开始规定从立春至秋分不得奏决死刑，认为这是违背春生阳气规律的做法。迎春礼虽然是官方主导的活动，但民间一直都积极参与，原因在于此礼多为农事，自然是老百姓们祈盼的。

春天是播种的季节，因此官方礼仪十分看重立春日在农业生产方面的提示意义，《太平御览·时序部》曰：

> 若立春在十二月望，则策牛人近前示其农早也。立春在十二月晦及正月朔，则策牛人当中示其农平也。立春近正月望，则策牛人近后，示其农晚也。天子乃与公卿大夫共饬国典，论时令，以待来岁之宜。[3]

这是官方根据立春节气到来的时间统筹指导或是安排农人们的耕

---

① 《礼记》，见《礼记校注》，陈戍国校注，岳麓书社2004年版，第109页。
② ［唐］杜佑：《通典》，［明］王德益、吴鹏同校，西樵方献夫刊本（影印本）。
③ 《钦定四库全书·子部·太平御览·卷二十六》（影印本）。

作了，所以迎春礼中也设置土牛、耕人，目的即在于示耕劝农，不误农时，《论衡·乱龙》载："立春东耕，为土象人，男女各二人，秉耒把锄；或立土牛，未必能耕也，顺气应时，示率下也。"① 立春时造土牛以劝农耕，象征春耕开始，《后汉书·礼仪》："立春之日，夜漏未尽五刻，京师百官皆衣青衣，郡国县道官下至斗食令史，皆服青帻，立青幡，施土牛耕人于门外，以示兆民，至立夏"②，代表春耕意义的土牛一直要放到立夏，整个春天过去才行，因此也称为

鞭春牛

春牛。西汉时期，鞭春牛风俗已相当流行，《盐铁论》中有"发春而后，悬青幡而策土"③ 的记载。唐代诗人元稹《生春》诗曰："鞭牛县门外，争土盖春蚕。"说明人们不仅鞭春牛以祈春耕，而且认为鞭打下来的碎屑有助于养春蚕。宋代鞭春牛更加普遍，《东京梦华录》曰："立春前一日，开封府进春牛入禁中鞭春。"④ 而为了弥补人们未抢到土牛的遗憾，集市上还出现了专门仿效制作的小春牛，引得人们争相购买，或互相馈赠以求吉祥如意。

元朝虽为蒙古族建立，但宫廷中亦有鞭春牛的习俗。熊梦祥《析

① ［汉］王充：《论衡》，见《钦定四库全书·子部》（影印本）。

② ［晋］司马彪：《后汉书志》，见［梁］刘昭注补，［明］毛晋校，毛氏汲古阁刊本（影印本）。

③ ［西汉］桓宽：《盐铁论》，见［明］张之象注的云闲张氏猗兰堂刊本（影印本），第11页。

④ ［宋］孟元老撰，李士彪注：《东京梦华录》，山东友谊出版社2001年版，第58页。

津志》中的记载甚是丰富：

> 立春，太史院奏某日得春，移文赤县，以是年立春日支干。宛平县或大兴县，依上年故事塑春牛、勾芒神。比及未立春三日前，太史院、司农司使请都堂宰辅合府正官、司属官，具公服拜长官，以彩杖击牛三匝而退。土官大使，送勾芒神入祀。中书、户部进春牛。上位、储皇、三宫、宰辅、诸王、省院、台、部院寺监府。牛制。牛则纳音本色阑坐共一亭，案上并饰以金彩衣带座，咸以金装之，仍销金黄袱盖于上，彩杖浑金，垂彩结二尺，部官通讫，宰辅二人与入宫次第以进，然后奉有职位者。[①]

由此可以看出，元代作为都城的北京地区（尤其是以农耕活动为主的县城）仍然盛行着由官府引导的立春仪式活动，其中尤以塑春牛、祀勾芒神为主。可见，立春是缘起于农耕社会的重要时节，并随着历史的发展和官民的互动而形成了一系列相关的民俗活动。

民间的立春活动虽没有官方仪式那样浩大，但更加生动有趣。人们重视的是春天与丰收的联系，"报春"就是丰收信息的民俗预报，"报春"是老北京祈福的习俗之一，每年立春前一天，由男女2名百姓扮演的春官和春吏沿街高喊"春来了，春到了"，一边背诵和春天有关的诗词，一边将春联和五谷分发给沿街的百姓，预告春天即将到来的消息。据说，1910年在东直门附近举行了最近一次规模较大的"报春"活动，后来由于各种原因，这项活动逐渐销声匿迹。自2009年起，为了满足老北京人对"报春"活动的欣赏需求，北京东四街道办事处在东四八条社区举办了传统的"报春"活动。2018年，北京市东城区建国门街道也在立春日举行了"鞭春牛迎新春"的活动。

---

① ［元］熊梦祥著，北京图书馆善本组辑：《析津志辑佚》，北京古籍出版社1983年版，第202—203页。

2019年2月4日适逢立春，已被列入东城区非遗名录的"鞭春"民俗活动，再次重现建国门古观象台。在"鞭春"仪式开始前，北京天文馆馆长、古观象台台长朱进首先向大家宣告了当年立春的吉时："东风解冻，蛰虫始振，鱼陟负冰，2月4日11时14分14秒，立春！"上午10点25分，"鞭春"仪式正式开启。伴随着"迎春牛"的呼唤声，一头脖子上扎着红绸的青色"春牛"亮相，牧童则在"春牛"周围用舞蹈的形式还原古人鞭打春牛的场景，"一打风调雨顺，二打国泰民安，三打五谷丰登……"鞭牛过后，牧童从牛肚子中掏出装满杂粮、寓意来年万事顺遂和生活充盈的福袋，高高抛向空中。前来参加"鞭春"仪式的居民们争抢空中的福袋，想图个吉利。[1] 由此可见，明清时期乃至如今的北京城市经济生活虽然已经不再以农耕为主，但脱胎于农业社会的生活习俗仍然以惯性的力量存在于普通市民的时序生活之中。

三、戴春与贴春

立春之日，戴春与贴春是人们迎接春天的又一种表达。这里的"春"，与春幡有关。

春幡最初是迎春仪式中立起的竹竿上挂着的长条形旗帜，古时春幡单用青色。后来，立春日民间用彩纸剪出各种春天动植物形象作为装饰，有春花、春燕、春柳、春凤等等，或贴在门窗屏风，或戴在头上。春幡也称幡胜、彩胜，有迎春之意。

从晋朝开始，人们一般会在人日（即正月初七）这天，剪彩为花、剪彩为人或镂金箔为人，来贴屏风，也戴在头发上。荆楚地区的女性会在立春之日用五彩的丝帛等材料，剪成一个幡胜，插戴在头上。宗懔《荆楚岁时记》也载曰："立春之日，悉剪彩为燕戴之，帖'宜

---

① 张楠：《立春日再现"鞭春牛"》，载《北京晚报》，http://bj.people.com.cn/n2/2019/0204/c82846—32614450.htm'。

春'二字。"①可见女性立春佩戴彩胜的习俗最迟始于魏晋。明代仍流行这种习俗，沈榜《宛署杂记》记载："戴闹嚷嚷，以乌金纸为飞鹅、蝴蝶、蚂蚱之形，大如掌，小如钱，呼曰：闹嚷嚷。大小男女，各戴一枝于首中，贵人有插满头者。"②立春之日，人们佩戴春幡、春胜是为了表达对于春天的欢迎和喜爱。

与"戴胜"同时流传下来的，还有"春帖"。人们剪成燕子等形状以迎接春天的到来。后来，这样的习俗流入宋代宫廷，甚至产生了一种应用文体——帖子词："帖子词源起于汉晋间立春日贴'宜春'字风俗，并受桃符、宫词及君臣节日间奉和唱酬的影响。首创者为晏殊。"③宋时，立春、端午二节，学士院均向宫中进献帖子词，剪贴于禁中门帐，供皇帝及后宫欣赏。靖康之难后，一度中止，宋高宗绍兴十三年（1143）恢复。立春时进献的帖子词，又被称为春帖子。元明时期，帖子词逐渐式微，直到清代又恢复。

> 每年立春之前，由军机大臣、南书房翰林等官员向皇帝进春帖子词。岁内立春者，在十日以前进，新岁立春者，在二十日以后进。所谓春帖子，系这些官员以黄色小折细书，或五言绝句，或七绝二首。届时交懋勤殿首领太监恭呈御览后，陈设乾清宫西暖阁温室内案上。将旧岁春帖子词换出收贮懋勤殿。清初进春帖子几首无定数，至乾隆二十五年（1760年）才定为五言绝句一首，七绝二首。④

据古代文体学研究者任竞泽研究，帖子词的发展有着鲜明的特点：其一，太平盛世是这一文体得以存在和繁荣的最重要因素；其

---

① ［南朝梁］宗懔，宋金龙校注：《荆楚岁时记》，山西人民出版社1987年版，第19页。

② ［明］沈榜：《宛署杂记》，北京古籍出版社1980年版，第190页。

③ 任竞泽：《宋代文体学研究论稿》，商务印书馆2011年版，第189页。

④ 李朋主编：《话说中国礼仪（第一册）》，天津古籍出版社2007年版，第336页。

二，这一文体得益于中国传统节日文化土壤的滋养。[1]当然，帖子词这类文体孕育于节日民俗文化，后又成长于类似于宫廷一类的狭窄空间，这样的环境限制了它的传承与发展，使它仅仅成为某个时期内节日文化的一种体现。

四、咬春与尝春

立春之日，民间将生菜、春饼等放于盘中，取迎春之意，并馈赠亲友，称为春盘。民间春盘多是以食用为主，人们也将享用春盘的过程称为咬春或尝春。

据传，春盘源自汉魏的五辛盘，即在盘中盛上五种带有辛辣味的蔬菜，作为凉菜食用。明代李时珍在《本草纲目》中解释说："五辛菜，乃元旦立春，以葱、蒜、韭、蓼蒿、芥辛嫩之菜，杂和食之，取迎新之义，谓之五辛盘。"[2]由此可知，吃五辛盘一方面取"辛"与"新"谐音的象征性意义；一方面还包含有运行气血、发散邪气的积极作用。唐宋以来，立春日一直食春盘，正是顺应节气的饮食习俗。

元代入主中原的少数民族也流行立春吃春盘的习俗，耶律楚材有《十七日驿中作穷春盘》诗曰：

> 是日早行，始忆昨日立春。
>
> 昨朝春日偶然忘，试作春盘我一尝。
> 木案初开银缕乱，砂瓶煮熟藕丝长。
> 匀和豌豆揉葱白，细剪蒌蒿点韭黄。
> 也与何曾同是饱，区区何必待膏粱。[3]

咬春，就是吃一些新鲜的野味，感受春天的气息，除了各种蔬菜汇集的春盘，还有春饼。春饼又叫荷叶饼，是一种烫面薄饼，主要用

---

① 任竞泽：《宋代文体学研究论稿》，商务印书馆2011年版，第204—205页。
② ［明］李时珍：《本草纲目》，见《钦定四库全书·子部》（影印本）。
③ ［清］顾嗣立编：《元诗选（勾集上）》，中华书局2002年版，第361页。

来卷菜吃，旧时也是春盘的一部分。从宋到明清，吃春饼之风日盛，且有了皇帝在立春日向百官赏赐春盘、春饼的记载。据于敏中等编纂的《日下旧闻考》载："凡立春日，（皇帝）于午门赐百官春饼。"[①]满族民间文艺家金受申曾经细致地描述过老北京的春饼：

> 春饼是用热水烫面，加香油，烙成双合饼，吃时揭开两片平铺，放好饼菜，卷成极边式的细卷，吃个有头有尾，不会散开，不会流汤，才算是会吃的。……
>
> 春饼最要紧的是生熟各菜，除必需的生酱（或用甜面酱）、葱丝（最好是羊角葱丝）以外，熟肉菜是酱肘子铺所做的酱肘子丝、酱肘花丝、小肚丝、熏鸡丝、烧鸭子丝、咸肉丝、熏肉丝、炉肉丝、叉烧肉丝，只要"熏""酱"所做熟菜，都可用来卷饼。熟肉菜讲究"酥盘""什锦盒子"。什锦盒子分多少方块，以价钱多少（一元上下一个盒子）分内容装肉多少。描金彩画盒子摆在桌子中央，四面围以炒菜，颇有东方重形式的气味。
>
> 东华门大街金华楼，专承应前清大内吃春饼的熟肉菜，更以"八宝烧猪"出名，现已关闭多年了。东四牌楼普云楼、护国寺街仁和坊，都是装酥盘、什锦盒子的有名的猪肉铺。
>
> 此外最重要的是"炒和菜"（和读成"火"音），俗有"春饼火菜"之称，可见其重要。炒和菜只用豆芽菜、干粉丝炒成，讲究的要拌和菜而不用炒。拌和菜系将豆芽菜（掐菜太老，不宜采用，豆芽菜以桶菜的第二层的"二菜"与盆泡豆芽菜的"盆菜"最嫩）用水焯熟，干粉煮好，用团粉、醋、黑白酱油勾成汁（千万加入烂蒜），用汁拌菜粉便成，比肉丝熟炒强得多了。此外还有炒菠菜、炒韭菜、炒黄

---

① ［清］于敏中等编纂：《日下旧闻考》，北京古籍出版社1985年版，第2344页。

花（金针菜）木耳。更有不可忘记的是摊黄菜（炒鸡蛋）。①

这段文字详细地介绍了春饼的制作方法及其佐食，将春饼配和菜的吃法做了十分细致的说明。除了春饼，萝卜也是咬春的食物。清代富察敦崇《燕京岁时记》中记载："是日富家多食春饼，妇女等多买萝卜而食之，曰咬春，谓可以却春困也。"②2018年立春，《北京晨报》记者走访了多家春饼店，一些往日有些清冷的小店也早已爆满。多家春饼店不仅堂食的顾客爆满，外卖小哥也是一批接一批，可见人们对于立春吃春饼还是十分热衷。③

———————
① 金受申：《老北京的生活》，北京出版社1989年版，第12—14页。
② ［清］富察敦崇：《燕京岁时记》，见王碧滢、张勃标点：《燕京岁时记（外六种）》，北京出版社2018年版，第69页。
③ 张静：《"咬春"人爆满 错峰也排队 春饼店堂食外卖皆火爆》，载《北京晨报》2018年2月5日。

燕京女儿踏月行：元宵节

正月为夏历元月。古人称夜为宵，所以把一年中第一个月圆之夜即正月十五称为元宵节，又称元夕、上元或是灯节。良宵元夜，灯月留影，这个月圆之夜，在北京人们的生活中有着不寻常的意义。

一、帝城上灯乐靡休

除夕伊始，人们关门团年，在新旧时间转换的过程中，暂时中断了与外界的联系，随后人们打破静寂，用喧天的锣鼓和舞动的龙狮开启又一年的热闹。到了正月十五，大年时段的又一个高潮来临，观灯、赏灯、制灯、玩灯等民俗活动成为这个时间段落里的重头戏。

关于元宵节的起源有着各种不同的说法，其中之一便为宫廷祭礼，源自《史记·乐书》所载："汉家常以正月上辛祠太一甘泉，以昏时夜祠，到明而终，常有流星经于祠坛上，使童男童女七十人俱歌。"①虽然没有十足的证据考察其确实性，但逐渐兴盛起来的元宵灯俗却确实成为宫廷与民间同乐的重要节庆活动，也成为老北京元宵节日文化中与众不同的部分。

北京元宵灯俗活动活跃于元明清，延绵至今。明成祖朱棣曾在南京午门外赐宴、扎灯，元宵之际午门城楼上张灯结彩，午门外安设鳌山"万岁"灯，允许臣民在以往戒备森严的皇城门口观灯3天，以示与民同乐。鳌山"万岁"灯的造型为巨鳌驮神山，山上荟萃花灯，寓意"江山永固"。明成祖朱棣迁都北京后，把元宵扎灯等习俗带入京城皇宫。《明宪宗元宵行乐图》描绘了明朝成化年间皇宫里过元宵节的各种情景：皇宫内外张灯结彩，人人穿着喜庆，特意请来了杂技班子，进行钻圈、爬竿、倒立等各种杂技表演，甚至专门请来了货郎摆摊售卖各种玩意儿，与此同时，皇宫里各种特制的灯饰也是琳琅

---

① ［西汉］司马迁：《史记》，见《钦定四库全书·史部·史记·卷二十五》（影印本）。

满目。

《明宪宗元宵行乐图》之杂耍 　　　　　　　《明宪宗元宵行乐图》之货郎

　　正月十五前后放灯之时，吸引而来的人潮也促成了市集的兴盛。在老北京，"灯""市"合一便始于明代。灯市之所以出现，源于朝廷与民间同乐而开展的上元灯节。据《宛署杂记》，明代万历中期的灯市为正月初十起至十六日止；而据《五杂俎》《酌中志》《帝京景物略》等书，明代万历后期至天启、崇祯年间，灯市为正月初八至十八日。明代北京上元灯市，初期设置在皇城端门五凤楼前，后期迁至东华门外至王府井一段，现在仍有灯市口的地名。《万历野获编》"元夕放灯"条曾描绘了万历年间北京灯市的盛况：

　　　　自永乐七年己丑至今上明年三十五年丁未，恰已一百九十九年，四海承平日久，辇下繁富百倍，外方灯市之盛，日新月异。诸司堂属，俱放假遨游，省署为空。……其时，南宫试士，大半鳞萃，呼朋命伎，彻夜歌呼，无人诃诘。至若侯门戚里、贵主大珰，则又先期重价，各占灯楼。尺寸隙地，仅容旋马，价亦不赀。初至京师者，骇叹愕眙，

正如宋汴京"春如红锦堆中过，人似青罗幕里行"，真太平
佳话也。[1]

灯市时，市楼装饰得美轮美奂，富豪、太监等先期已重价占据
灯楼，供亲眷观赏灯景。如此繁华的情景，自然被誉为太平盛世的
佳话。

《乾隆帝元宵行乐图》

清代宫廷里的皇帝、后妃依
然对花灯乐此不疲，但是由于明
代后期宫中元宵灯会引发的火灾
敲响警钟，清人将元宵节庆祝时
间削减一半，宫内不再举办大型
灯会。虽不办大型灯会，但是宫
内庆祝元宵节的氛围依然热闹。
《乾隆帝元宵行乐图》描绘了清
代乾隆皇帝与皇族子弟在宫苑内
庆贺元宵节的情景。爱热闹的乾
隆皇帝每年要以最热烈的方式欢
度元宵佳节。正月十五这天，他
要率领宫眷至圆明园"同乐园"
看连台戏，下午三四时许至"山
高水长"处，观看相扑、马戏、
爬竿等各类表演，傍晚时分则令人燃放各色烟火，将庆贺活动推向高
潮。晚膳时，乾隆皇帝还会与宫眷们食用元宵。

清代，元宵灯市移至东四牌楼、地安门、新街口，西四牌楼、正
阳门等地灯火也很兴盛。在京的外国使者对于元宵节也是颇有感情，
朝鲜使者洪大容就在他的《湛轩燕记》中写到当时北京元宵节的喧
嚣，他看到的小路、大路都被车马游人填满，宝灯千百盏，使得明月

① ［明］沈德符：《万历野获编》，中华书局1959年版，第898页。

都失去了光芒。金受申也曾提到北京的灯节：

　　　　灯节由正月十三日起，至十七日止，各商家皆悬挂评书故事灯，供人参观。在前清各部也有挂灯的，工部灯最有名。商店旧时以饽饽铺善挂灯，有全部三国志、聊斋、水浒、列国、红楼梦等精致美巧的方灯。干果子铺（昔称倒装铺，今称南货店）的山西老板，善做冰灯，有麦龙灯，各式冰灯。前十年隆福寺街冰灯尚有名，近年只剩鼓楼前小门姜店一家。近年前门外各大布店亦竞制新灯，以广招徕，有时还能利用机关造成"鹊桥相会"的活动灯，可谓灯的革新了。我在民国十年前后，每到上元夜饭后，必邀二三好友，步行往游积水潭，冰上望月，归来后门观灯，由皇城根经宽街到隆福寺看冰灯。①

　　冰灯算是正月十五灯节的一大特色，这与此时北方的天气也有很大的关系。满族人家在正月十五这一天要挂彩灯、制作冰灯，正月十四至十六一般多举行灯会。而在北京乡村的满族人家，正月十五的夜晚，有的还有"蒸面灯"预测来年旱涝、冷暖之俗。一般是用荞麦面制作12盏小灯碗，在碗边标上月份，在每个碗中放个黄豆，然后放在锅里蒸，代表哪个月的碗中豆粒涨大意味着那个月份涝，小的则预示旱，不大不小的为风调雨顺。②
　　作为狂欢性质的全民节日活动，元宵灯会体现着极为重要的社会价值与意义。从中下层民众的角度来讲，元宵节的功能在于"破"，即在短时间之内，打破一切社会关系与阶层的束缚状态，而在共时的空间之内，共同享有某种行为活动或是生活方式：

---

　　① 金受申：《老北京的生活》，北京出版社1989年版，第149页。
　　② 怀柔区非物质文化遗产保护工作办公室编：《北京市非物质文化遗产普查项目汇编（怀柔卷）下》，2006年，第493页。

五层盒子架青霄，宝塔珠帘一霎焦。

肘足相挨都不觉，布衣尘污贵人貂。

——（清）李孚青《都门竹枝词》①

无论是穿布衣的平民百姓，还是着貂皮的贵人王侯，都是元宵灯会看客中的一分子。因而，在这种共享程度极高的岁时节日的时域之内，人与人之间暂时没有了阶级、地位、财富、文化等方面的明显差异，共融于同样的节日习俗与节庆氛围之中，从而呈现出城市传统节日极为重要的社会整合功能。

如今，承载着帝都文化的故宫又将元宵放灯作为追忆往昔时光的一个契机。2019年元宵节，故宫博物院举办"紫禁城上元之夜"文化活动，通过灯光照明及灯光布景，点亮紫禁城午门、太和门、东南角楼、东华门、东北角楼、神武门等处，让人们仿佛行走在传统与现代的缝隙之中，历史的延续感油然而生。

除此之外，北京还有十几处灯会给新时代的元宵节增光添彩。圆明园遗址公园内举办"最是故园情　浓浓家乡愁——圆明园皇家灯会"；围绕祈福迎祥主题，在正觉寺设置猜灯谜、赏花灯等活动；围绕太平和谐主题，在绮春园宫门、凤麟洲等10余处景点打造多个元宵主题布置；围绕文化传承主题，设置百子迎春、戏曲展演、传统灯笼、文创售卖、参与非遗制作等活动。另外，大观园内也复原了红楼元宵盛景，元妃省亲别墅设置了宫灯展示、猜灯谜和演出活动，舞台上连续5天上演"元妃省亲"古装表演。朝阳区"点亮春天　辉煌朝阳"2019元宵灯会在朝阳公园、北京欢乐谷和奶东村设置了3个灯会会场，其中设在朝阳公园的主会场，主打非遗技艺灯彩、创意兵马俑灯彩、百姓自制灯彩。石景山游乐园、世界公园和南宫五洲植物乐园内也举办了大型灯会。郊区首届京西古道冰雪嘉年华灯会、北京延

---

① 潘超、丘良任、孙忠铨等主编：《中华竹枝词全编（一）》，北京出版社2007年版，第167页。

庆永宁古城新春文化庙会则更突出传统特色，将灯会与花会相结合。2019年元宵夜的亮点还有各处的灯光秀活动：永定门城楼楼梯被激光投影技术打造成了沉浸式的、集声光电于一体的灯光秀场；充满科技动感的中关村地区推出了20余栋楼体同步联动的灯光秀；北京经济技术开发区核心商圈和主干道也上演了美轮美奂的灯光秀。[1]

二、外来的火判

华灯之中，老北京的元宵节里还有一种亮堂的色彩来自于烟火，其中最特别的便是火判。火判是旧时流行于北京地区的一种娱乐灯彩，一般是用泥砌成一个高大的人形，腹中空，张口，然后彩画成判官形象，它实际上是一个大火炉，肚子为炉膛，耳鼻口等是出烟口。元宵灯节的傍晚，用特制的大煤球加劈柴点燃，五官生烟、七窍喷火，光芒四射，非常壮观。

老舍在《北京的春天》一文中曾说道："在城隍庙里并且燃起火判，火舌由判官的泥像的口、耳、鼻、眼中伸吐出来。"而在翁偶虹、邓云乡、金云臻等人所写的文中，只要说到正月十五，也必然提及火判。北京文史专家易克中先生认为，火判乃是由山西的旺火传来。旺火又叫塔火，源于女娲补天的传说。据说，女娲补天的地方在山西平定县的东浮山，后人为了纪念女娲，在东浮山建了娲皇庙，庙存明代平定知州陆深所撰《浮山遗灶记》碑刻，其中对山西阳泉一带的元夕风俗描述道："岁上元之夕，无论大小，家家置一炉，当户高五六尺许，实以杂石，附以石炭，至夜炼之达旦，火焰焰燃，光气上属，天为之赤，至于今不废也，是谓之'补天'。"[2]明初，大量山西移民落户京西各处，从事煤窑工作，便将烧旺火的习俗带入这里。旺火入京后，更名叫台儿火，即用石头砌成火台，再把煤块放进其中，垒成塔形，从下面点燃，给年节增添红火的气氛。此后，台儿火又从

---

① 李洋：《19处灯会灯光秀伴市民闹元宵》，载《北京日报》2019年2月18日。
② 《阳泉煤矿的"前世"》，载《中国矿业报》2019年5月16日。

京西传入内城，演变成烧火判。[①]

关于老北京火判的起源，民间还有一个故事：清代，北京西单鱼市附近有个从事修造炉灶的工匠姓恭，人们称其为老恭。老恭心灵手巧，后被传进圆明园当差，他看到圆明园的喷水池的周围有十二生肖兽首组成的多个喷水口，每天从子时到亥时，都由相对应的生肖兽首定时喷出水来，一到午时，十二个生肖兽首一齐喷水。老恭看罢，便产生了以火代水研制火炉的设想。他用"锅盔木"塑成一个外形貌似人、腹内中空的煤炉，点起来耳眼口鼻均是烟火喷出的通道，这便是火判。

火判

元宵节的火判一般由各大寺庙塑造，其中位于地安门西大街长桥路北的宛平县城隍庙最为热闹。据《京都琐记》记载，宛平县城隍庙以供奉旧时宛平县城隍而得名，每年夏历正月十三至十七的晚间开庙5天。开庙5天所需煤球在千斤以上，这都要靠附近各煤铺捐赠，民间认为哪个煤铺捐赠得多，哪个煤铺当年的买卖便能顺利，所以煤铺们争相捐煤。[②]

除此之外，北京当年还有十几处火判，造型各有特色，在画像旁还有简短的说明。具瞻曾在友人家看到过四幅关于火判的画像：第一幅画的是西安门内一家茶汤铺所制的火判，塑像右手举剑，昂首怒目一空中蝙蝠，取民间传说"恨福来迟"之意。第二幅为"刘海戏金蟾"，是当年西安门外玉兴染房院内之泥塑，金蟾空腹为炉，直吐火

① 易克中：《京西元宵台火》，见门头沟文化丛书编委会编：《门头沟文物史料·民俗篇》，中国文联出版社2004年版，第354—355页。

② 吴晓煜编著：《中国煤矿史读本》，煤炭工业出版社2013年版，第310页。

焰。第三幅是当年在兵部洼张相公祠中所置之火判，全身飞火熊熊。光绪十九年（1893），游人观赏之际，火判腹部突然崩裂，炸死某总兵幼孙一名，从此遭禁。第四幅是圆明园附近的"五鬼闹判"，钟馗居五鬼之中，个个遍体飞火，相互辉映。后因圆明园一炬，五鬼闹判随之被毁。1959年，北海公园举办元宵灯节，游园晚会时曾在北岸天王殿前塑一火判，受到人们的热烈欢迎。此后，火判几乎销声匿迹，只在戏剧舞台上以判官的形象出现。①

三、燕妇"走桥"

传统中国，女性的社会地位比较低下，一般不与外界人士接触，过着"大门不出、二门不迈"的家庭生活。因此，只有在某些特定的时间或是场合中才能够看见女性活动的场景。比如，明清时期较为流行的妇女元宵节之夜的"走桥"活动：

> 前门夜静月华开，市上女郎带醉回。
> 敢怨儿夫弛夜禁，绣花裙子走桥来。
> （元夕妇女群游，祈免灾病，谓之"走百病"。凡有桥处，相率以过，谓"走桥"。）
>
> ——（清）郭士璟《燕山竹枝》②

"走桥"又称"走百病"，多由女性参加，以祛疾去病为主要目的。就现有文献资料来看，北京地区的妇女走桥活动最早见于明代，而一直沿袭至清。明代沈榜《宛署杂记》对此有详细的记载："正月十六夜，妇女群游祈免灾咎，前令人持一香辟人，名曰走百病。凡

① 具瞻：《新正飞火忆京华》，见北京燕山出版社编：《旧京人物与风情》，北京燕山出版社1996年版，第324—327页。
② 潘超、丘良任、孙忠铨等主编：《中华竹枝词全编（一）》，北京出版社2007年版，第257页。

有桥之所，三五相率一过，取度厄之意。"①清代潘荣陛《帝京岁时纪胜》中也有关于元宵节夜晚妇女走桥的记载："元夕，妇女群游，祈免灾咎。前一人持香辟人，曰走百病。凡有桥处，三五相率以过，谓之度厄。俗传曰走桥。"②"走桥"其实就是一群妇女相约在正月十五或是十六的晚上游走于各处桥梁，祈祷少病少灾。据《北京桥梁信息资料汇编》中的数据统计，北京从古到今，桥梁总计超过一万座，大约平均每平方千米就有一座桥，不知道是不是每一座桥都承载着正月十五夜晚期待的脚步。

与"走桥"相连的活动还有摸门钉，明代沈榜在《宛署杂记》对此也有记载："暗中举手摸城门钉，摸中者，以为吉兆。是夜弛禁夜，正阳门、崇文门、宣武门俱不闭，任民往来。厂卫校尉巡守达旦。"③旧时，人们认为"钉"与"丁"同音，预示人丁兴旺，因此"走桥"的过程中都愿意在黑暗中试着摸一摸城门上的门钉，摸到了便是吉兆。

> 连臂谁听玉漏催，前门红袖摸钉回。
> 太平鼓静鳌山暗，锦勒香车不断来。
> ——（清）施润章《灯夕同诸公月下口号诗》④

夜渐晚，太平鼓声寂静下来，暗暗的灯影之中，妇女从前门"摸钉"而归。对于已婚还未怀孕的妇女来说，"摸钉"也预兆着生男孩。北京城的城门有很多，妇女最喜欢去正阳门"摸钉"，传说正阳门秉"正阳之气"，摸了正阳门的门钉，很容易生男孩。晚清八国联军入侵，

---

① ［明］沈榜：《宛署杂记》，北京古籍出版社1980年版，第190页。

② ［清］潘荣陛：《帝京岁时纪胜》，见王碧滢、张劭标点：《燕京岁时记（外六种）》，北京出版社2018年版，第34页。

③ ［明］沈榜：《宛署杂记》，北京古籍出版社1980年版，第190页。

④ 孙景琛总主编：《中国乐舞史料大典·杂录编》，上海音乐出版社2015年版，第447页。

对北京节俗也造成了一定的破坏："走桥摸钉习俗则以庚子岁正阳门被焚之故，其习全破。"① 如今，人们去北京各个古建筑游玩时，也会热衷于"摸钉"，倒不一定是为了生男孩，更多的是为了祈福。

正阳门

在北京市怀柔区琉璃庙镇，女性村民每年元宵节期间都会聚在一起吃敛巧饭，这一地方习俗传沿至今已有180多年的历史。据说，敛巧饭起源于小姑娘们乞求心灵手巧的愿望，她们在每年的正月十六这天去村里各家各户敛食材，然后由村里的妇女做饭，并在锅里放入一枚顶针，哪个小姑娘吃到顶针，就预示着来年心灵手巧，所以参加的只有女性。另外，"巧"字是当地人对雀类的别称。吃敛巧饭前，人们要扬饭喂"巧"，即麻雀、山雀等鸟类，同时口念吉祥之词，一是向雀儿谢恩，二是祈求来年丰收。饭后在冰上行㣤，名曰"走百冰（病）"，以此寄寓百病消除之意。逢到敛巧饭活动，戏班和花会都会举行助兴演出。② 2008年，敛巧饭被纳入国家级非物质文化遗产名录，

① 张次溪：《中国史迹风土丛书：十三种》，东莞张江裁拜袁堂，民国三十二年（1943），第3页。

② 关于北京怀柔"敛巧饭"的描述，参见怀柔区非物质文化遗产保护工作办公室编：《北京市非物质文化遗产普查项目汇编（怀柔卷）下》，2006年，第479页。

也随社会的发展发生了一定的变化。民俗学者毛巧晖认为，如今的敛巧饭在遗产化的过程中进入了社会公共领域，进行了标准化规范：传统习俗时间观转换为日程表；传统敛巧饭过程被置于食品安全的对立面而遭放弃；敛巧饭习俗活动由自在参与转向统一安排敛巧饭。同时，扬饭喂"巧"仪式也已经舞台化。[①]

四、老字号的元宵

> 裹着厚棉衣的小王和他妈妈冒着严寒排了半个小时的队，就是为了买一袋老牌子的元宵。这位母亲说："这样的辛苦值得。今天就得吃元宵，因为它是阖家团聚的象征。"

这段文字出自2006年英国《泰晤士报》网络版刊登的一篇标题叫作"家家户户坚守吃元宵的古老习俗"的文章，文章记录了那时北京一家人的元宵节时光。北方"滚"元宵，南方"包"汤圆，每当元宵节时，元宵和汤圆总会被"拎"出来比较一下。

明代刘若愚在《酌中志》中记载了元宵的做法：用糯米和细面，以核桃仁、白糖、玫瑰为馅，洒水滚成核桃一般大即成。徐珂《清稗类钞·饮食类二》也记载了吃元宵的习俗："汤圆，一曰'汤团'。北人谓之曰'元宵'，以上元之夕必食之也。"[②]

> 桂花香馅裹胡桃，江米如珠井水淘。
>
> 见说马家滴粉好，试灯风里卖元宵。
>
> ——（清）符曾《上元竹枝词》[③]

---

① 毛巧晖：《遗产化与民俗节日之转型：基于"2017'敛巧饭'民俗风情节"的考察》，载《北京联合大学学报（人文社会科学版）》2018年第1期。

② ［清］徐珂编撰：《清稗类钞》第13册，中华书局1986年版，第6403页。

③ 潘超、丘良任、孙忠铨等主编：《中华竹枝词全编（一）》，北京出版社2007年版，第21页。

以上这首竹枝词里说的马家元宵是清代康熙年间京城马思远家做的"滴粉元宵"，深受人们喜爱，成为当时的著名字号。如今，北京很多老字号的元宵都很受欢迎：稻香村用石碾磨轧延吉地区新收的圆粒糯米成粉，同时选用京西妙峰山的玫瑰花、江西的小粒黑芝麻、山西汾阳的核桃仁、苏杭的桂花做馅儿，味道非常浓郁；护国寺元宵馅料非常丰富，有豆沙、山楂、桂花等传统口味，还创新出了草莓、菠萝等水果口味的元宵；锦芳元宵，据说是老北京人比较认可的字号；以素食著名的功德林的元宵也是美味。

五、乡间社火

元宵节期间是民间社火最活跃的时间，北京各地的乡村也有着花样繁多且热闹非凡的庆祝方式。从正月十四到十六晚为止，县城大多修建灯场，当地民众无论男女老幼，都要在其中串游，也称"走百病"。灯场开灯后，锣鼓之声四起，表演者沿街舞唱，百姓围观。乡村各家各户张灯结彩，乡民扮演杂剧燃放烟火，只是不如城里人那样盛大而已。

九曲黄河阵灯，俗称"灯场子"，流传于北京市密云县（今密云区）东田各庄村。明代洪武年间，山西移民将"灯场子"传入东田各庄村，至今已有600多年的历史。村中刘继华老人保存的九曲黄河阵灯会图谱已有百年历史，图中阵式按《周易》九宫八卦方位，以富贵不断头的传统图案九曲而成。阵内乾、坎、艮、震、巽、离、坤、兑八宫加上中宫共有九宫，系模拟古代战阵而成。东田各庄每年正月初十开始扎灯，正月十四、十五、十六三天正式举行灯会，正月十七后撤灯。灯会期间，人们从四面八方赶来观灯赏会、走灯阵。走进灯阵入口以后，如能顺利地通过连环阵，再从出口返回，就意味着一年顺顺当当、平平安安，故当地有"顺着灯阵走，能活九十九"的说法。[1]

---

[1] 关于北京密云"九曲黄河阵灯"的描述，参见中国非物质文化遗产保护中心编著：《第二批国家级非物质文化遗产名录简介》，文化艺术出版社2010年版，第523页。

北京延庆白河堡也有黄河九曲灯，由365盏灯组成。整个灯场为边长99尺的正方形，灯场每边分为19个点，点与点之间相距五尺半，横竖交叉成361个点，每个点张1盏灯，加上3盏门灯和1盏天灯。这365盏灯分别对应天上的365位星宿。同时，也分别代表人间的每一天。黄河灯的制作和施工任务浩繁，而在白河堡只需3天就全部完成。灯会活动从正月十四晚开始，到正月十六结束。[1]

旱船是北京民间花会的艺术形式之一，代表性区域也是延庆，表演者在陆地上模拟水上行船的细节，并以脍炙人口的民间传说作为故事情节。关于延庆旱船的产生，延庆地区有自己的传说：

> 隋炀帝统治期间荒淫无道，经常乘着大龙舟离京南巡。到了不通舟船的地方往往要下船乘马继续前行。一次，隋炀帝突发奇想，他命老百姓在陆上铺满金黄的黍米之后，把大龙舟弄上岸来放在上面，要在旱地上行舟。于是老百姓沿途用糜黍拌香油铺路，用童男童女拉纤，使大龙舟从上面通过，"旱船"由此得名，并流传开来直至今日。[2]

元宵节的时候，老百姓们会公开选举一个人做灯官，灯官冠带袍服，选择良辰吉日到任。乡镇间的各类铺户都要准备贺礼，作为灯节的开支。[3]自明代开始，延庆便有了正月十五走街的习俗。在正月十五这一天，所有的花会队伍都要集中在一起，到当地最繁华、最热闹的街区起舞狂欢，共庆佳节，俗称走街，这一习俗延续至今逐渐演变为正月十五花会展演活动。如今，延庆正月十五花会展演已经成为一项非物质文化遗产展示活动，40余档精选花会队伍会在

---

① 关于北京延庆"白河堡黄河九曲灯"的描述，参见延庆县非物质文化遗产保护工作办公室编：《北京市非物质文化遗产普查项目汇编（延庆卷）》，2007年，第347页。

② 延庆县文化委员会编：《延庆民间花会》，中国言实出版社2012年版，第199页。

③ 关于延庆跑旱船的内容，参见张义编著：《延庆旱船》，北京美术摄影出版社2015年版，第131页。

县城主要道路上巡游演出，其中包括延庆旱船、永宁竹马等市级非遗项目和舞龙、舞狮、高跷、秧歌等各类花会品种。展演时，各支花会队伍同时上阵，以流畅自然的表演、淳朴欢快的音乐和虚实结合的道具，向群众演绎《水漫金山》《昭君出塞》等传统民间故事，是本地区规模最大、最具区域特色和代表性的品牌文化活动。2019年的花会展演除了35档优秀的传统花会队伍，还有4档特色花会展演队伍，即由文明引导员组成的"文明新时代"宣传队、由群众文化组织员组成的"花开新时代"世园会宣传队、由文化志愿者组成的"鼓舞新时代"宣传队、由冰雪轮滑俱乐部组织的"梦圆冬奥"轮滑表演队，将冬奥元素、世园元素，以及创文明城区等元素融入展演。①

北京的狮子舞流传也很广泛，历史上曾有过400余档会，至今仍保留240多档。北京的狮子舞有太狮和少狮两种。由一人演狮头、一人演狮尾的大狮子称太狮；由单人扮演的小狮子为少狮。传说明代朱棣从南京迁都北京，民间遂有"皇会随龙进京"之说。由于朱棣很喜欢歌舞，每逢佳节或宴会时，便有狮舞等歌舞表演助兴，从此狮舞便逐渐流传于北京城乡民间。每逢年节，北京的太狮常参加一些祭祀仪式，同其他民间会档一起走会，或走街串巷，或在广场表演。在会档经过的地方，常有商店或富户人家摆上茶桌，放上茶水点心等招待走会人员。有好热闹的还准备了烟花，狮子在燃放的烟花中穿插舞动更增添了节日的欢乐气氛。此外，它也经常参加一些朝庙进香活动，如在每年三月至六月朝拜三山（妙峰山、丫髻山、天台山）、五顶（东直门外的东顶，蓝靛厂的西顶，右安门外的中顶，永定门外的南顶和安定门外的北顶）的香会活动。②

花钹大鼓，又名花钹挎鼓等，起源于清代乾隆年间，为鼓、钹

---

① 关于2019年延庆花会的内容，参见《延庆40档花会闹元宵》，载《北京日报》2019年2月20日。

② 关于北京"狮子舞"的描述，参见中国民族民间舞蹈集成编辑部编：《中国民族民间舞蹈集成　北京卷》，中国IS3N中心，1992年，第281—285页。

舞高度统一的传统舞蹈,在北京分布很广,西城、丰台、海淀、朝阳、门头沟、昌平、怀柔、大兴、通州、平谷等区都曾有过此种舞蹈,其中以西城区白纸坊地区的"神胆挎鼓老会",昌平区后牛坊村、海淀区北安河村、丰台区西铁营村的"花钹大鼓会"以及海淀区柳林村和门头沟区下苇甸、龙泉务村的"锅子会"较为有名。

踩高跷是表演者脚上绑着长木跷进行表演的形式。北京怀柔三块石的高跷队,由二三十名农民组成。每年正月初五,高跷队会先到洞沟庙烧香拜喜神,然后用柏枝搭小楼,用纸糊的小房子将天官、地官、水官接出来,按天官在中、地官在左、水官在右的顺序抬着走村串户。从正月初六开始,高跷队开始到附近各村表演,村民们燃放炮仗、备好茶点表示答谢。正月十五,高跷队回到三块石村,在一二里的大街上进行表演。正月十六,高跷队将三官送回洞沟庙,活动结束。[①]

千军台、庄户幡会在每年正月十五、十六走会,在外村民要赶回村中,这已成为两村几百年来的习俗。千军台、庄户是两个山村,据《宛署杂记》记载,明万历年间千军台称千人台,庄户村称庄窝村。因皇帝极力推崇道教,对泰山娘娘(碧霞元君)格外尊崇,在北港沟福龙山顶修建了娘娘庙,奉祀泰山娘娘,称为"灵殿"。村民对泰山娘娘极其信仰,因此在两村组建神幡会,又名天仙会。幡会主要是元宵节期间在两村走会,正月十五在千军台,正月十六在庄户,清末以前曾受东西板桥两村邀请,正月十四在板桥村走会。村民们普遍相信,传统幡会由千军台、庄户、板桥3村共同举办,千军台称龙头,庄户称龙身,板桥村称龙尾。后因村落纠纷,板桥村退出。旧时仪式为开箱立旗——神佛各部见面(指幡旗主要神祇面对)——号佛——吹奏"号佛皆赞"乐曲——焚香烧纸——两村会首宣布起会。走会时整个队伍如"一"字长蛇连绵一华里,其间进行表演活动。另设有神

---

① 关于北京"三块石高跷"的描述,参见怀柔区非物质文化遗产保护工作办公室编:《北京市非物质文化遗产普查项目汇编(怀柔卷)上》,2006年,第53页。

棚，做祭祀用。表演结束后、幡会重新起会，主会村将客会村送出村口，然后返回村中，一天走会结束。整个幡会活动从正月初五开始准备，前后要十几天，到正月十七才算正式结束。[1]从2011年开始，原来已经退出了此项活动的板桥村又开始回归，花会的会档也有所增加，较之20世纪末，幡会的队伍规模更宏大了。2019年年初，《北京日报》的记者前往京西对这一年的元宵节幡会活动进行了记录与报道，并转述幡会"会头"刘桂利先生的话："只要村子还在，传统还在，人就会回来！"[2]

---

① 关于北京"千军台、庄户幡会"的描述，参见王朝臣主编：《千军台庄户幡会》，北京美术摄影出版社2015年版，第194页。

② 关于2019年京西幡会的详细情况，参见《京郊古村最具特色"老腔"和古幡会登场，元宵节全村人归心似箭只为它》，载《北京日报》2019年2月19日。

白云观里耍神仙：燕九节

北京西便门外的白云观，在正月里有一个甚是热闹的节日——燕九节。燕九节，烧香礼拜、买卖交易、游艺娱乐等各项活动丰富多彩，一度成为北京地区极为重要的节庆时段。

一、一个关键的人物

白云观前身为天长观，始建于唐代开元二十六年（738）。大唐开元盛世之际，玄宗李隆基敬奉道教，于当时的幽州城西兴建天长观，并在观内供奉了一座汉白玉的老子坐像，这便是白云观最早的空间存在。

金正隆五年（1160），金朝内部发生军事政变，天长观遭到兵火涂炭，毁于一旦。金大定七年（1167）敕命重修，至大定十四年（1174）三月竣工，金世宗赐名"十方大天长观"。金泰和二年（1202）罹于火灾，翌年重修，又赐名为太极宫。重修后的"太极宫"迎来了此地历史上最为有名的人物——丘处机，他也成为燕九节兴起的关键人物。

丘处机，字通密，道号长春子，金皇统八年（1148）夏历正月十九日生于山东登州栖霞。丘处机自幼失去双亲，遍历人间辛苦，童年时便开始向往修道的平静生活。金大定八年（1168），丘处机拜全真道祖师王重阳为师，由于他天资聪颖、思苦修，逐渐成长为全真道掌门人。

丘处机掌教期间，招抚乱民、平定人心，在社会上积极发挥作用，使全真道乃至整个道教的发展都进入了兴盛时期。由于丘处机声名显赫，有3位帝王先后邀请丘处机：第一，是金宣宗，他请丘处机赴汴梁（金朝都城，今河南开封）；第二，是宋宁宗，他请丘处机到临安（南宋都城，今浙江杭州）；第三，是成吉思汗，他请丘处机前往草原。面对3位帝王的邀约，丘处机先后推辞了有"不仁之恶"的金朝皇帝和有"失政之罪"的南宋皇帝，唯独答应了成吉思汗的邀请，用他自己的话来说即是"我循天理而行，天使行处无敢违"。在73岁高龄的时候，丘处机带领数位门人弟子动身西行，耗费两年多的时间，出居庸关，途经漠南和中亚，抵达大雪山（今阿富汗兴都库什山）西北坡八鲁湾行宫觐见成吉思汗，实现了所谓的"龙马相会"——丘处机属龙，成吉思汗属马，成吉思汗祢他为"神仙"。随后，成吉思汗几次召见丘处机，询问治国和养生的方法，丘处机授以敬天爱民、减少杀戮等"真理"，这便是历史上有名的"一言止杀"典故。

元太祖十九年（1224）春天，丘处机应燕京官员的邀请住持太极宫。3年后的春天，成吉思汗降旨改名为长春宫，并赐予虎符和玺书。元太祖二十二年（1227）夏历七月初九日，丘处机羽化仙逝于此，享年80岁。据说，丘处机仙逝时，香气氤氲京城3日有余，世人称奇。

为了安葬先师遗蜕，嗣教弟子尹志平在长春宫东墙外修建了陵园，取《庄子·天地》中"乘彼白云，至于帝乡"之词命名为白云观，后世全真龙门派尊称北京白云观为祖庭。

清初，白云观进行了大规模的修缮，基本奠定了今日白云观的建筑规模。现在的白云观殿宇多为明清建筑，分东、中、西3路以及后院。白云观的主要殿宇位于中轴线上，包括山门、灵官殿、玉皇殿、老律堂、丘祖殿、三清阁等建筑，配殿、廊庑分列中轴两旁。

二、燕九的种种传说

丘处机在白云观仙逝，给老百姓留下了充分想象的空间，也成就了燕九节起源的种种口头传说。

（一）一言止杀

民间传说之一，燕九节源于丘处机与成吉思汗会见时，曾劝其少杀人，由此拯救了许多生命，也就是前面提到的"一言止杀"之典故。人们为了感谢丘处机，便将他的诞辰日设为节日。白云观丘祖殿上有清乾隆皇帝题写的对联："万古长生，不用餐霞求秘诀；一言止杀，始知济世有奇功。"不过，元史研究学者杨讷指出，在早期史料中并不见"一言止杀"之语，该故事很可能是后人误会而成。[①]

（二）阉九

民间传说之二，燕九又作阉九，据说成吉思汗曾欲赐美女（一说女儿）给丘处机，使丘处机入朝为官，丘处机为了维护自身信仰，自宫推辞，所以称为阉九。有学者考证，产生这一传说或与宦官制度相关。太监没有后代，所以需要一个照顾晚年和后事的机构。明末开始，太监修建寺庙极多，至今尚存的有万寿兴隆寺、金山宝藏寺、智化寺等，民间称这些寺为太监庙，其中有些原本是普通寺庙，但是因为经济困难，只好典卖给太监。清代，皇家严禁太监与僧人往来，太监庙一度荒凉，到清中期，太监庙又渐渐恢复。此外，一些太监也与道观合作，比如白云观。[②]

白云观属由丘处机作为创始人之一的全真道龙门派，因皈依太监多，又专门分出霍山派。现在白云观医馆的院子里有《重勒诸碑记》，镌刻的是刘诚印遵从其师教诲重新镌刻白云观诸碑的事迹。这位名叫刘诚印的祖师曾经是龙门派第20代传戒律师，并且是龙门支派霍山派的第二代传人，而他则是慈禧太后最信任的3位大太监之一。刘诚印不仅亲自参与到道教传戒事宜中，更是慷慨捐助了数以万计的薪粮之资。在刘诚印的带动下，诸多太监加入白云观成为信众。根据光绪十二年（1886）的《长春永久圣会内廷会首》，以刘诚印、张诚5位引善总计62位内廷权监入会，其中还包括以道名李乐元入会的李连英。显然，丘处机自宫的传说很可能与清末太监与道观的关系密切有关。白云观中一些人也愿意利用民间传说，比如在正月十九派出大量道士

---

① 杨讷：《丘处机"一言止杀"考》，上海古籍出版社2018年版。
② 呼延云：《"燕九节"怎么没了？》，载《北京晚报》2019年1月21日。

50

冒充丘处机，以巩固人们的信仰，还因此被文人批评。

（三）真人必来

民间传说之三，正月十八日晚上或是十九日白天，丘处机或化身为士族、官吏，或化装成游人、妇女，或打扮成乞丐重返人间，谁有运气碰到这位"神仙"，就能延年益寿。于是，前来顶礼膜拜的人络绎不绝，人人都希望有幸遇到道祖真师：

> 头顶炉香问道妙，村翁扶杖坛边笑。
> 年年来看求仙人，今日不如千年少。
>
> ——（清）孔尚壬《燕九竹枝词》①

明代刘若愚《酌中志》中记载："（正月）十九日，名燕九是也。都城之西南，有白云观者，云是胜国时，邱真人成道处。此日僧道辐辏，凡圣溷襍，勋戚为臣，凡好黄白之术者，咸涾此访丹诀焉。"②明代刘侗、于奕正《帝京景物略》也记："相传是日，真人必来，或化冠绅，或化游士冶女，或化乞丐。故羽士十百，结圜松下，冀幸一遇之。"③可见，期待遇到神仙是燕九节起源中最为核心的内容。

明清时期会馆组织在北京逐渐兴起，所以业缘关系开始在北京的各类民俗活动中崭露头角。据《白云观玉器业公会善缘碑》载，丘处机学道时曾周历名山大川，遇到神异之人，多接受禳星、祈雨、点石、成玉等诸玄术的法事，因此，玉器行业商人以丘处机为行业祖师，在每年的燕九节期间，都要将会员召集到白云观内举行隆重的拜祭仪式。

---

① 潘超、丘良任、孙忠铨等主编：《中华竹枝词全编（一）》，北京出版社2007年版，第251页。

② ［明］刘若愚：《酌中志》卷20，北京古籍出版社1994年版，第178页。

③ ［明］刘侗、于奕正著，孙小力校注：《帝京景物略》，上海古籍出版社2001年版，第103页。

三、春宵过了春灯灭

一般来说，燕九节并不是只有正月十九日这一天，而是从正月初一就开始了，至正月初八游人渐盛，到正月十八、十九达到顶点，也算是元宵节后的又一个节庆高潮。

清宫内廷按例有月令承应戏，清升平署档案记有燕九节名，如道光四年（1824）恩赏日记档载，正月十九日同乐园承应（开场）燕九《圣母巡行》、《群仙赴会》（团场）、《五老呈祥》。清代富察敦崇《燕京岁时记》也载："每至筵九，皇上幸西厂子小金殿筵宴，看玩艺贯跤。蒙古王公请安告归。臣工之得著貂裘者，尽于是日脱去，改穿白锋毛矣。"[1]在圆明园，正月十九晚上，皇帝坐在山高水长殿楼下，后妃们在楼上，王公大臣及新年来朝的藩王、外国使臣俱列座殿前。皇帝赐大家茶点，观赏西洋秋千以及满、蒙、朝鲜等民族的民族歌舞及摔跤、爬竿等杂技节目。最后，放烟火炮竹，事毕人散。正月十九过后，京官可脱去貂裘，改换羊裘等，蒙古王公、外藩、使节等相继辞驾出京。

其实，燕九节并非传统意义上的与天时、物候的周期性相适应的，在人们的社会生活中约定俗成的，具有某种风俗活动内容的岁时节日。只因其时间节点正好接续在春节与元宵节之后，而成为传统节日的延续，这使之同时具有了宗教与民俗的双重性质。

从宗教意义上讲，燕九节被认为是为了纪念丘处机而专门设置的斋醮，属于宗教活动；而从民俗意义上讲，燕九节是民众在传统节日过后休闲生活的继续，属于娱乐活动。明代沈德符《万历野获编》中记：

> 京师正月灯市，例以十八日收灯，城中游冶顿寂。至次日，都中士女，倾国出城西郊所谓白云观者，联袂嬉游，席

---

① ［清］富察敦崇：《燕京岁时记》，见王碧滢、张勃标点：《燕京岁时记（外六种）》，北京出版社2018年版，第71页。

地布饮，都人名为耍炬九，意以为火树星桥甫收声彩，而以烟火得名耳。既见之友人柬中称为淹九，或云灯事阑珊，未忍遽舍，取淹留之义，似亦近之。①

这段话介绍了燕九节的诸多称谓并推断其起因，从中可以看出民众思维中的燕九节的意义是娱乐与休闲，这与道士完全不同："真人生于金皇统八年戊辰正月十九日，自元以来历数百祀，京畿黎庶每于是日致浆祠下，不啻归市。"②所以，从本质上讲，北京白云观燕九节的逐渐发展和兴盛强调的是其所引领的庙会的功能，这便属于传统节庆的范畴。据民初资料《都市丛谈》记载："每年一到正月十九，游人异常踊跃，高等者或放堂，或出善会，苦其码子只好摸摸石猴儿，中等人稍有余资，还可以打打金钱眼。"③这里记载有3种燕九节庙会中的民俗活动，其中放善会已经不复存在，而其余2种习俗皆传承至今，但已不为燕九节所限。此外，因为文人雅士的聚集，燕九节也成了他们雅游并抒发情怀的重要时间节点。而由庙会功能兴起的跑马唱戏等活动，都为北京燕九节的兴盛注入了活力。

（一）摸猴

摸猴习俗，根据《北京庙会史料通考》来看，民国年间依然传承。人们依然传说摸猴对自己的身体有好处，也有人说摸了石猴身体的哪一部分，就可以医好自己身体哪一部分的病。还有的人说庙门左首的石猴也有送子的神奇功效，如果是缺乏子嗣的妇女，可以偷偷摸一下石猴的生殖器，就可以得到早生贵子的灵效。但白云观燕九节20世纪50年代前后停办，之后这一习俗的时间重点逐渐转移至正月初一，随后也成为日常的民俗活动。

民间还有"铁打白云观，三猴不见面"的俗谚。"三猴"指的是

---

① ［明］沈德符：《万历野获编》，中华书局1997年版，第901页。

② ［明］蒋一葵：《长安客话》，北京古籍出版社2001年版，第65页。

③ ［民国］逆旅过客：《都市丛谈》，北京古籍出版社1995年版，第165页。

白云观里面有3只猴子的造型：第一只猴在山门石拱上的右侧，是两寸大小的石猴浮雕；第二只猴在山门西侧八字形影壁须弥座顶端的束腰处，图案中有一棵大树，树下一匹奔马前有一只猴子；第三只猴在庙后东院雷祖殿前"九皇会碑记"底座的花纹图案中，松树下有只猴子。因为这3只猴子的位置很分散，如果不注意，很难一一寻到，所以能摸到3只猴子也是一种幸运。

（二）打金钱眼

打金钱眼是燕九节又一项民众喜闻乐见的民俗活动，主要活动区域为白云观内窝风桥。所谓打金钱眼，就是将钱币投掷到桥下所悬挂的大铜币的钱眼之中，如果投中的话说明事业顺利、财源滚滚。

打金钱眼

白云观窝风桥始建于清康熙四十五年（1706），原本是由石块砌成的，较为低矮。民国年间，窝风桥经观中道士募捐扩建，成为观内一处有名的景致，参与打金钱眼的民众也随之增加。《旧都文物略》载，"桥下悬一铜钱，其大逾盘。凡人祀神毕，皆于桥栏杆上掷钱，如中其孔，则大利市。中与不中，均无下拾之躁级。十日闭会，而阿堵盈万，则为道人终岁之储"①，认为这不过是道士们聚集财富的手段，但是仍然受到很多人的欢迎：

> 王孙走马著先鞭，富室施斋结善缘。
> 更有美人占幸运，争舒玉臂打金钱。
> ——（清）汤陶厂《京市旧历新年竹枝词》②

如今，打金钱眼的做法更为普遍，与摸猴一样也成为随时可以进行的民俗活动。从标志物的角度来看，昔日燕九节的物质呈现一般也是包括宗教与民俗双重含义。以窝风桥为例，在宗教意义下，窝风桥有3重内涵：一是全真教教徒在宫观中修桥以纪念创始人王重阳祖师；二是以"窝风"为名避免"白云"被风吹散；三是仙桥以度众生。而在民俗意义下，窝风桥最重要的作用即是其桥下所悬挂的大铜钱，"如中其孔，则大利市"。也就是说，打金钱眼的习俗寄予了民众谋求富裕的希望。值得注意的是，旧时的打金钱眼并未指定金钱的来源，如今这一方式有了明显的变化，现在的白云观窝风桥前设售金钱亭，意为只有专用的钱币才有效。但事实上，人们对此并不认同，依然使用随身携带的硬币。

（三）雅游

元代以来，白云观作为京城一处胜迹，不少文人雅士时常聚集此处怀古、游宴，留下不少诗文，也为历史上燕九节的民俗活动提供了有效信息。

清代袁启旭编撰有《燕九雅集》，收录孔尚任的《燕九竹枝词》，孔尚任在序言中说："唯燕九之游，差有昔人遗意。是日为陈子健夫见招，走马春郊，开筵茅屋，命简抽毫，各为十绝句。虽难叶于巴渝

---

① 汤用彬等编：《旧都文物略》，书目文献出版社1986年版，第270页。
② 潘超、丘良任、孙忠铨等主编：《中华竹枝词全编（一）》，北京出版社2007年版，第83页。

之歌，或有可合于吴趋之节，但按之琵琶羌管，恐未有当耳。"① 也就是说，《燕九雅集》所收录的共90首燕九竹枝词事实上是文人交游的唱和之作，也正是由于这样的机会，使得关于白云观燕九节的记载内容大增。在孔尚任等人后，晚清民初文人在游览中，也留下了不少有关白云观的竹枝词。

（四）跑马

从燕九节竹枝词的内容来看，跑马竞技也是白云观燕九节民俗活动的主要内容。

> 谁家儿郎绝纤妙，马上探丸花里笑。
> 翠袖妖娆得得来，星眸偷掷输年少。
> ——（清）袁启旭《燕九竹枝词》②

跑马

清代，跑马对于王孙公子、富商巨贾而言，算是一种彰显脸面的活动，而对普通观者来说，跑马也算是一件赏心悦目的乐事。晚清时期的《克复学报》曾有1911年年初（辛亥正月）王公亲贵在白云观驰马的记载。孔尚任等人的白云观游乐正是伴随着"走马春郊"这一活动进行的文人雅聚宴会。

据《北京的社会调查》，白云观的赛马场长300码、宽25码，两

---

① ［清］孔尚任：《燕九竹枝词·序》，见王利器、王慎之、王子今辑：《历代竹枝词》，陕西人民出版社2003年版，第661页。

② 潘超、丘良任、孙忠铨等主编：《中华竹枝词全编（一）》，北京出版社2007年版，第252页。

边搭有观众坐的凉棚，观看时可以喝茶、嗑瓜子。骑手驾驭跑马在场上来回奔跑，既不同时起跑，也不互相竞争，只供观众观看。①

（五）唱戏

除了赛马之外，庙内外的民俗活动也是花样百出，其中吸引游人的重要娱乐活动还有唱戏：

> 七贵五侯势莫当，挨肩都是羽林郎。
> 他家吹唱般般有，立马闲看州戏场。
> ——（清）孔尚任《燕九竹枝词》②

在戏场中，有的唱秧歌，有的唱花鼓，形式也是多种多样。此外，庙会也与商品售卖密切相关，小贩们会来贩卖儿童娱乐的纸鸢，吃的喝的也都很丰富。清代潘荣陛《帝京岁时纪胜》生动地描写了人们在燕九节进行民俗娱乐活动的感受："车马喧阗，游人络绎。或轻裘缓带簇雕鞍，较射锦城濠畔；或凤管鸾箫敲玉版，高歌紫陌村头。已而夕阳在山，人影散乱，归许多烂醉之神仙矣。"③没有遇见神仙，自己却醉成了神仙一般，也算是白云观燕九节的神奇之处。

四、只今留得白云观

北京白云观燕九节的确切起源时间已经无从考证，对其最早的记载为元代熊梦祥的《析津志》："至十九日，都城人谓之燕九节。倾城士女曳竹枝，俱往南城长春宫、白云观，宫观葳扬法事烧香，

---

① ［英］西德尼·D.甘博（Sidney David Gamble）：《北京的社会调查》，中国书店2010年版，第238页。
② 潘超、丘良任、孙忠铨等主编：《中华竹枝词全编（一）》，北京出版社2007年版，第251页。
③ ［清］潘荣陛：《帝京岁时纪胜》，见王碧滢、张勃标点：《燕京岁时记（外六种）》，北京出版社2018年版，第35页。

纵情宴玩，以为盛节，犹有昔日风纪。[①]由此可见，最晚于元代，燕九节已经正式成形，并成为当时大都（即北京）地区非常重要的节日之一。

根据各类白云观重修碑记，明代白云观开始受到皇族重视，燕王朱棣、燕世子朱高炽都曾于正月十九日亲自到观内观礼。[②]统治阶级的认可对于燕九节的盛行及在民众中的影响起到了极为重要的作用："至今都城人及期谒，款縠击肩摩顶，四方羽士亦来聚舍，谈葆炼之术者无虑以千数，俗谓宴邱云。"[③]

清代初期，白云观依然受到统治阶级的大力支持，康熙、乾隆两朝都曾敕修白云观。[④]乾隆皇帝更是特意提及白云观燕九节："都人以处机之生正月十九日，集赛祠下，谓之宴邱，亦曰燕九，都京浩穰，沿为节俗。"[⑤]在这一影响之下，白云观燕九节的规模逐渐扩大，盛况空前："岁首十九日，车尘马迹，络绎不绝，于是幽壑而成人海矣，厥名燕邱会，与元旦之厂甸、上元之观灯，同称上林盛举。"[⑥]燕九节的影响甚大，使其逐渐向城郊扩散。北京顺义便有关于燕九节的记载："十九日，戚里携酒肴于山巅处相邀，谓之'烟九'，即踵都门白云观之意。"[⑦]但是，燕九节毕竟是以道教节日兴起，当其发展势头达至极盛，尤其是民俗信仰触及统治权威之时便开始遭到打压。清光

---

① ［元］熊梦祥著，北京图书馆善本组辑：《析津志辑佚》，北京古籍出版社1983年版，第213页。

② 胡莢：《白云观重修记》，见《新编北京白云观志》，宗教文化出版社2003年版，第696页。

③ 刘郊祖：《白云观重修碑》，见《新编北京白云观志》，宗教文化出版社2003年版，第703页。

④ 关于康熙敕修白云观的记载，详见《重修白云观碑记》，见《新编北京白云观志》，宗教文化出版社2003年版，第705页。关于乾隆敕修白云观的记载，详见《宸垣识略》，北京古籍出版社1982年版，第267页。

⑤ ［清］爱新觉罗·弘历：《御制重修碑记》，见《新编北京白云观志》，宗教文化出版社2003年版，第706页。

⑥ 陈莲痕：《京华春梦录》，广益书局民国十四年（1925年）版，第29页。

⑦ 黄成章修纂：《顺义县志》，财政部印刷局印民国四年（1915年）版，第36页。

绪年间，朝廷曾经因"僧道造言惑众，及妇女入庙烧香，均干例禁，"而下令"嗣后著该管地方官司严行禁止"[1]，对白云观燕九节的道教民俗活动予以强行控制。但是，受到控制的燕九节并未就此完全萧条，而是在民国年间继续流行："都人以处机真人生于正月十九日，是日，少长咸集，游骑杂沓，车马骈阗，谓之宴邱，亦曰燕九节。"[2]

1949年开始，燕九节停止举办。直至1987年春节，白云观重新获得举办庙会活动的权利，但燕九节已不在其列，仅以民俗迎春庙会的形式存在。白云观举办庙会时，有舞狮子、踩高跷等表演，热闹异常。

可惜的是，因场地等条件制约，庙会活动存在安全隐患，2007年起不再举办白云观迎春庙会。不过，白云观里的很多传统项目还是有所保留，每年春节都有不少人前来打金钱眼、摸石猴，正月十九日作为丘祖圣诞仍为道士斋醮之期。

---

① 《德宗景皇帝实录》，中华书局1987年版，第874页。

② 汤用彬等编：《旧都文物略》，书目文献出版社1986年版，第177页。

青龙今日定抬头：二月二

正月之后，二月的开头有一个重要的传统节日——二月二，它原本起于游春，后又逐渐增添了诸如引龙、剃头等民俗活动，最终成为拉上广义概念下春节大幕的标志时间。

一、从中和节说起

在传统节日体系中，二月二出现的时间并不算早，约可以追溯到唐代。民俗学者张勃通过考证认为，二月二成为节日缘起于人们对于节日生活的需要，与二月初一的中和节有着一定的关系。中和节是唐德宗通过颁布政策而建构起来的一个节日，有进农书、献种子、赐尺等礼俗活动，对于二月二的发展是有一定的影响。[①]唐宋时期二月二已经出现，此时它是一个以踏青、挑菜为主要习俗活动的日子：

> 久将菘芥芼南羹，佳节泥深人未行。
> 想见故园蔬甲好，一畦春水辘轳声。
> ——（宋）张耒《二月二日挑菜节大雨》[②]

宋代宫廷十分重视二月二，这一天要举办挑菜御宴，并进行奖惩，《武林旧事》中详细描写了宫中挑菜游戏的玩法和赏罚，一般是对挑中红色书写的野菜名的人给予奖赏，对挑中黑色书写的野菜名的人进行惩罚，十分有趣。从源头来看，刚刚形成的二月二的活动主要是在户外进行，诸如踏青、挑菜等，是春天到来后人们与大自然亲近的表现。

---

① 张勃：《先有"二月二"，后有"龙抬头"——二月二的起源、流变及其文化意义》，《民间文化论坛》，2012年第5期。
② ［宋］蒲积中编，徐敏霞点校：《古今岁时杂咏》，三秦出版社2009年版，第504页。

唐宋时期二月二萌生之际，节俗记载多来自于南方区域，到了元明，原有的这些习俗活动依然流传。只不过，这一时期，北方的二月二有了新的内容——与龙有关。元代熊梦祥《析津志》载："二月二日，谓之龙抬头。王更时，各家以石灰于井畔周遭糁引白道，直入家中房内。"[1]明代沈榜《宛署杂记》载"二月引龙"，其在注中释曰："宛人呼二月二为龙抬头。乡民用灰自门外委婉布入宅厨，旋绕水缸，呼为引龙回。"[2]嘉靖年间纂修的《河间府志》《莱芜县志》《淄川县志》等地方志中也都有引龙的记载。引龙通常是指在二月初二"龙抬头"这一天，把灰或谷糠撒在地上，蜿蜒成龙形，从河边开始一直引回家，包含着浓厚的传统节日文化内涵。

二月二与龙扯上关系，可能与我国农耕生活以及人们对于星象、气候的认识有关。中国古代把天空里的恒星划分成为三垣和四象。垣是城墙的意思，三垣环绕着北极星呈三角形排列，而在三垣外围分布着二十八星宿，划分为4组。每一组的七星宿，都跟一种对应的动物联系在一起，让它更加形象，更容易让人接受，即所谓的"东青龙、西白虎、南朱雀、北玄武"。东方七宿被想象成一条南北伸展的巨龙，冬季这条想象的苍龙隐没在地平线下，直到二月二前后，每当黄昏来临时，龙角（即角宿一星和角宿二星）就从东方地平线上显现，人们认为这是龙开始抬头的迹象。

　　二月龙抬头，天坛射芳草。三日过清明，踏青名祭扫。
　　二月二日龙抬头，少年射马天坛侧，清明祭扫。三日前出城游戏饮酒，祭罢方醉归。

　　　　　　　　　　　　　　　　　——（清）屈复《变竹枝词》[3]

　　① ［元］熊梦祥著，北京图书馆善本组辑：《析津志辑佚》，北京古籍出版社1983年版，第214页。
　　② ［明］沈榜：《宛署杂记》，北京古籍出版社1980年版，第191页。
　　③ 潘超、丘良任、孙忠铨等主编：《中华竹枝词全编（一）》，北京出版社2007年版，第119页。

雍正帝祭先农坛图

　　春耕将始之时，人们敬龙，盼望的自然是这一年的风调雨顺。而"龙抬头"的说法在我国的南方区域则很少见，大约是北方春耕更缺乏水资源的原因。

　　除了引龙回，二月二日还是人们驱除虫蚁的时候。比如，明代沈榜《宛署杂记》有"用面摊煎饼，熏床炕令百虫不生"[①]的记载，而明代刘侗、于奕正《帝京景物略》中也提到："二月二日曰龙抬头，煎元旦祭余饼，熏床炕，曰熏虫儿，谓引龙，虫不出也。"[②]旧时人们认为，龙出则百虫伏藏，熏虫是为了防止害虫生灾，确保五谷丰登。后来，人们将灰撒在家里不同的地方，认为有着不同的寓意：撒在门前，"拦门辟灾"；撒在墙角，"辟除百虫"；撒在井边，便是"引龙回"，祈求风调雨顺。

　　为了让龙能够顺利地抬头，人们还在自己的生活中添了很多彩头，比如人们把这一天的吃食都起了与龙相关的名称：水饺叫龙耳，春饼叫龙鳞饼，面条叫龙须面等。同时也设下种种禁忌，比如妇女不准动剪刀针线，怕戳了龙眼，穿了龙头；不准用刀切，怕砍了龙头；不准用磨，怕压了龙头等，早晨起床时不要在屋里系裤带，要到外面梳头等。

---

　　① ［明］沈榜：《宛署杂记》，北京古籍出版社1980年版，第191页。

　　② ［明］刘侗、于奕正著，孙小力校注：《帝京景物略》，上海古籍出版社2001年版，第101—102页。

　　满族人家一般在二月二头几天就开始磨黄米面，二月初一烀小豆馅，到二月二，早早起来炸油炸糕，做豆面卷子。头年腊月宰的猪头一直等到二月二烀着吃，此举为"龙抬头"，全家人吃了猪头就意味着会交好运。二月二当天，人们起床后在仓房的粮囤子里上香，一个粮囤中插12根金锭香或绿香，烧到香根就自消自灭，不能出现意外火灾。妇女们到处上香，房山墙垛的墙缝中插香，把过年时所剩的香头或是半截香都插在墙缝或是石缝中，认为可以熏得一年家中屋里不遭害虫。①

　　旧时君王会在祭祀农神之后，亲自扶犁耕田、行耕藉礼。清代开始，每年仲春吉亥日祭先农。据记载，入关后的清代皇帝第一次祭祀先农并行耕藉礼是在顺治十一年（1654年）的二月，也就是春耕开始的时候。民间流传着关于雍正亲耕的逸闻：每年春天，清朝皇帝都要亲率文武百官行祭田礼于先农坛。雍正帝时，到了御驾亲耕的时候，皇帝问左右："哪位爱卿可以扶犁耕田，做一下示范？"身边的大臣面面相觑。这些多年寒窗苦读的读书人，怎么会有种田的经验。这时，出身农家的李永绍（清雍正朝工部尚书）站出来说："臣愿试试。"话毕，挽起袖子扶着犁，赶着牛稳稳当当地向前走去。皇帝很高兴，就把这头牛赐给了李永绍。

---

　　① 关于北京满族二月二习俗的描述，参见怀柔区非物质文化遗产保护工作办公室编：《北京市非物质文化遗产普查项目汇编（怀柔卷）下》，2006年，第491页。

在二月二的前一天，也就是二月初一，是清宫的食肉节。食肉节是满族较为重要的一个节日。每年二月初一祭过堂子（萨满祭祀场所）以后，就该献牲过食肉节了。献牲在坤宁宫的正殿，这里是供奉灶君的地方，二月初一这天专门设有宰割场：用铁皮包好的长方形大木案子，摆在正殿西侧，地上铺油布，以防宰牲时血污。案子后有2个深坑，坑里置2个半人高的灶台，安2口大锅，可装整只猪。生猪宰杀后，除猪头上留一小撮猪毛用红绳系好外，其余全部煺光，下锅煮好，然后由司香官和司俎官在前头引着，由杂役抬到神杆前的祭台上。煮猪的汤是进关后从盛京（今沈阳）的清宁宫的宫里舀出再用专车运送而来的，有与祖宗一脉相承、慎终追远的意思。此后，鼓乐齐鸣，皇后起驾奠酒，并在福晋们的搀扶下在堂子四周转一转，边转边洒酒，礼成。按照满人的观念，二月初一是春天到来的日子，举家团聚，论辈分领取赏赐，共吃一锅里的肉，以示亲近。大家席地而坐，蘸盐分食。

理发

二、二月二，剃龙头

随着历法的更替、社会的转型等大环境因素，如今的二月二已然没有了当初的喧哗，诸如引龙等与耕作生活密切的习俗在很多地区也逐渐退出人们的节日生活。当然，它依然是一个时间节点的存在，更多地表示春节的结束。

人们常说过大年，这个大年可以包含的时间段落甚至长达2个月，即从腊八开始到二月二结束。在传统社会，可以说二月二是过年系列中的最后一个节日了。在有些地方，人们要在二月二晚上落下高悬了整个正月的红灯，叫落天灯。

旧时的北京，人们一般在腊月三十之前剃头，整个正月便不再剃了，而是等到二月二这天再剃，因为民间流传着"正月剃头死舅舅"的说法。这一习俗据传清代就开始流行了，潘荣陛在《帝京岁时纪胜》中说："市民于是日栉剃，盖取龙抬头之意云。"①

除了剃头，旧时北京的二月二还有一项独特的民俗活动——独占鳌头，京味文学作家刘一达曾撰文回忆过他小时候的二月二：

> 这一天，大人和孩子要很早就起床。小孩早晨起来睁开眼后，要在枕头上磕三个头，同时要说三遍："二月二，龙抬头。"这种"仪式"，我小的时候还赶上了。
>
> 那会儿还很小，并不懂什么是春龙，但母亲到了这天，一定要我早起，而且要我在枕头上磕头。
>
> 母亲说："这一天给龙磕头，将来长大就能仰起头来做人。"仰起头做人，就是堂堂正正做人，不会受人欺负的意思。
>
> 在枕头上磕了头之后，孩子们要赶紧拿课本念书，或者写字。
>
> 为什么要赶紧呢？因为要赶在太阳出来之前，太阳一出来就不灵了。按民俗的说法，这叫"独占鳌头"。所谓的"独占鳌头"，也就是在考试时得第一名呗。②

这种独占鳌头的做法，倒是颇有些与再早些时候读书人元日开笔的习俗类似，寄予的都是对于未来的期待。其实，在传统社会，时间是一个具有文化价值的标尺，龙抬头的日子就是一年的起始，人们在这时从事着种种与"头"相关的行为，希望在新的一年能够大吉大利、平平安安。

如今的二月二，北京人还是依然传承着诸如理发之类的习俗，并将其纳入到现代城市文化建设的内容中。

---

① ［清］潘荣陛：《帝京岁时纪胜》，见王碧滢、张勃标点：《燕京岁时记（外六种）》，北京出版社2018年版，第37页。

② 刘一达：《二月二春龙节》，载《文摘报》2019年2月2日。

杏花丛里酒烟飘：清明节

　　清明到了

　　处处桃红柳绿

　　且别忙着去烧纸吧

　　最要紧的还是种树

　　……

　　这段文字是作家老舍的一首小诗《清明》，不仅用短短几句诗描绘了清明节的一些习俗活动，而且表明了老舍对于清明节的期待。

　　从古代社会生活的记述来看，清明是集节气与节日于一身的时间标尺，常与春节、端午节、中秋节一起并称为中国四大传统节日。清明是由节气过渡为节庆最为明显的时间节点，鲜明地体现着时间的自然属性与人文属性博弈与融合的互动过程。清明对于老北京人来说，是一个重大的春祭节日，也是在春光明媚之际外出踏青的大好时机。

一、一个与寒食节有关的节日

　　清明，本是二十四节气之一，后来由节气逐渐发展为节日，其关键内容是融合了寒食节的习俗活动，从而成为极具特色的民俗传统节日。

　　寒食节曾是我国历史上一个十分重要的节日，因为禁止用火、吃冷食而得名。关于寒食起源有着不同的说法，其中影响力较大的是与介子推联系在一起。《新序·节士》中记载：

　　　　介子推曰："推闻君子之道，为人子而不能成其父者，则不敢当其后；为人臣而不见察于其君者，则不敢立于其朝，然推亦无索于天下矣。"遂去而之介山之上。文公使人求之不得，为之避寝三月，号呼期年。《诗》曰："逝将去汝，适彼乐郊，谁之永号。"此之谓也。文公待之不肯出，求之不能得，以谓焚其山宜出，及焚其山，遂不出而焚死。[①]

春秋时期，晋文公流亡，介子推曾经割股肉为他充饥。后晋文公归国为君侯，分封群臣，唯独介子推不愿受赏，隐居于山野。晋文公亲请，介子推仍不愿为官，躲在山中不出来。于是，晋文公手下放火焚山，想逼介子推露面，结果介子推被烧死在山中。为了纪念他，晋文公下令：介子推死难之日不生火而吃冷食，从而形成了寒食节。

汉代之前，寒食主要是以太原郡为核心的地方风俗，之后不断向外扩张，南北朝时期基本传播到全国。初唐时期，寒食节已十分兴盛。此时的寒食节在冬至后一百零五日，大约在清明节气前一二两。寒食节的诸多活动都延续至清明节气，由此使清明发展成为一个节日。不同地方的清明节食品花样繁多，但有一个共同的特点——大多数食品可以冷食。而在众多的清明节冷食中，老北京的"寒食十三绝"非常有名。据研究，"十三绝"源自清明"寒食供"。寒食供有3个特点：冷餐、不用作料、便于携带。一般来说，第一种供饭菜，摆逝者生前最喜欢吃的食品；第二种为蜜供，以朝阳门外正兴斋满洲饽饽铺产的蜜供和蜜供坨儿最有名，把大大小小的供桌叠成13层，5个为一堂，坨上插上"福""禄""寿""喜""财"等剪花字或插小旗高；第三种供各类小吃，排列起来称为"十三绝"。祭奠后便是族人的餐食。

但是，老北京"寒食十三绝"到底包括哪些食物并不是十分清楚。北京文史研究学者赵书皆专门撰文探讨，他将北京寒食节的寒食分作4类：第一，"官俗民用"的京西小吃。京西主要指海淀、石景山，这里有清代的皇家园林，有驻守在这里的八旗子弟，寒食节所用供品受宫廷饮食影响很大。京西"十三绝"总的来说是"五蒸、三烤、五炸"，五蒸有芸豆卷、豌豆黄、豆面糕、艾窝窝、小窝头；三

---

① ［西汉］刘向：《新序》，见《钦定四库全书·子部·新序》（影印本）。

烤有芝麻酱烧饼、螺丝转、硬面饽饽；五炸有烫面炸糕、姜汁排叉、蜜麻花、馓子、饹馇盒。第二，城南清真小吃。城南主要指明清北京城的外城，由于清朝初期采用满汉族分城居住的政策，造成内城和外城居民构成的民族成分不同，外城有许多回族同胞聚居区，尤以牛街地区最为有名，受到各族人民欢迎。清代城南会馆多，外地来京官员和士子多，对便于携带的郊游食品需求多，因此寒食的构成是"蒸三、炸五、烤五"，与京西相比，蒸货较少，烤货较多，其中有炸糕、蜜麻花、姜汁排叉、卷果、馓子麻花、烧饼、螺丝转、豆馅烧饼和墩饽饽等。第三，京东以通州为代表的运河小吃。目前尚未见到有关"寒食十三绝"的说法，但京东小吃自有特色是不争的事实，如通州小吃中的炸糕、炸三角、姜汁排叉、蜜麻花、馓子麻花、开口笑、麻团、炸饹馇、甜卷果均可列入寒食类。通州炸糕以烫面焦酥为特色，炸三角荤素两类，均显外焦里嫩。第四，以隆福寺、护国寺内城东西两大庙会上各种小吃为代表的寒食系列，其中姜汁排叉和蜜麻花均在1997年前后被评为"中华名小吃"，是北京小吃中有代表性的品种。①

二、清明扫墓

《中华全国风俗志·顺天》中记载："清明节，祭扫先茔，悬挂纸，放起花，奠于墓所。"②墓祭是清明节最重要的民俗活动之一，其主要活动便包括挂烧纸钱：

> 色染金枭唤作标，坟头直立任风飘。
> 红红白白枝头挂，两个铜钱纸数条。
>
> ——（清）双保《清明竹枝词》③

---

① 关于北京"寒食十三绝"的讨论，详见赵书撰：《北京寒食节饮食习俗管窥》，见叶圣陶研究会编：《中华传统文化研究与评论（第六辑）》，人民教育出版社2013年版，第15—18页。

② 胡朴安：《中华全国风俗志》，河北人民出版社1985年版，第5页。

③ 潘超、丘良任、孙忠铨等主编：《中华竹枝词全编（一）》，北京出版社2007年版，第225页。

清除杂草、培添新土，是清明扫墓的又一重要活动。雨水到来前，人们借清明祭祀的时机，对坟墓进行修整，免得夏季为雨水侵害。《宛平县志》载："清明日，男女簪柳出扫墓，担樽榼，挂纸钱，拜者、酹者、哭者、为墓除草添土者，以纸钱置坟岭。"[1]清军入主中原后，逐渐吸收汉族习俗，在清明祭祀时也有给皇帝、皇后、妃嫔宝顶上增添净土的礼节，称为敷土礼。宝顶是古代帝王陵墓的封土形制，一般在存放棺椁的地宫正上方，

清明扫墓

用砖砌成圆形围墙，里面添加黄土夯实，顶部做成穹隆状，称为宝顶，也就是百姓所说的坟头。敷土礼也就是为宝顶添加新土。

　　墓祭之后，全家人还会在墓地附近聚餐，共同享用祭祀后的食物，通常也称为食祭余。明代刘侗、于奕正《帝京景物略》中记载："三月清明日，男女扫墓，担提尊榼，轿马后挂楮锭，粲粲然满道也。拜者、酹者、哭者、为墓除草添土者，焚楮锭次，以纸钱置坟头。"[2]可见，清明扫墓不仅仅是人们祭祀先祖的时机，也是促进宗亲和睦的好机会，而清明冷食也非常适合人们在田野之间聚餐，也就是前文所述的寒食。

　　随着社会的发展，清明扫墓也有了很多的变化，最重要的是在现实社会环境下，人们逐渐了解了文明扫墓的重要意义，也用自己的行动践行着文明扫墓的规定。同样，清明节是慎终追远、缅怀先烈的时

---

① ［清］王养濂修，［清］米汉雯等纂：《宛平县志》，清康熙二十四年刻本（影印本）。

② ［明］刘侗、于奕正著，孙小力校注：《帝京景物略》，上海古籍出版社2001年版，第102页。

刻，这也为一些公祭活动提供了机会。2018年清明节期间，在苍松翠柏的环抱中，北京市清明红色祭扫活动在八宝山革命公墓任弼时广场庄严举行，祭扫活动以"缅怀革命先烈、传承红色基因，建设精神家园、争当时代先锋"为主题，现场开展了集体向革命英烈默哀、诵读祭文、聆听先辈革命事迹、重温入党誓词、朗诵革命诗词等各项活动，缅怀先贤先烈的民族精神、人文情怀，以及他们为党的事业所做出的卓越贡献。

三、城隍有祠

除了祭祀祖先以外，清明节还有针对其他对象的一些祭祀活动，其中极普遍也是最有特点的一个便是拜城隍。

城隍神的出现与城市的产生与发展有着极大的关系，城原指挖土筑的高墙，隍原指没有水的护城河。元代刘壎《州城隍庙记》曰："周典以吉礼事邦国之神，城隍有祠，其殆始此。"①关于城隍神守护城池的记载最早见于《北齐书·慕容俨传》。唐代城隍信仰已有萌芽之势，很多诗人都写有祭祀城隍的诗文，杜甫就有诗云："十年过父老，几日赛城隍。"宋代开始，城隍被列为国家祀典："自开宝、皇祐以来，凡天下名在地志，功及生民，宫观陵庙，名山大川能兴云雨者，并加崇饰，增入祀典。……其他州县岳渎、城隍、仙佛、山神、龙神、水泉江河之神及诸小祠，皆由祷祈感应，而封赐之多，不能尽录云。"②

元明以来，城隍祭祀活动越发兴盛，并逐渐形成了定期举行的庙会或庙市。明代刘侗、于奕正《帝京景物略》中记"城隍庙市"曰："月朔望，念五日，东弥教坊，西逮庙墀庑，列肆三里。"③

---

① ［元］刘壎：《州城隍庙记》，见《钦定四库全书·集部·水云村稿》（影印本）。
② ［元］脱脱等：《宋史·礼志》，中华书局2011年版，第2561—2562页。
③ ［明］刘侗、于奕正著，孙小力校注：《帝京景物略》，上海古籍出版社2001年版，第238页。

家家楮币酬穷祖，迎出城隍赈鬼饥。

莫怪乞儿桥下叫，清明节是撒钱时。

——（清）孔尚任《清明红桥竹枝词》①

　　这里描写的即是清代人们于清明节拜祭城隍的情形，而这一情形在江南地区更加普遍。据《中华全国风俗志》记载，江苏武进、金山和浙江金华等地都存在清明城隍赛会的活动。后来，清明城隍会也在北京地区广泛流传开来，其中所举行的某些民俗活动已然开始呈现出由乡村向城市过渡的某些特征。比如：

真个销魂是帝京，喜逢上巳恰清明。

城隍庙里虔膜拜，一炷馨香玉手擎。

（丙辰三月三日，值清明节，都门旧俗例往邑庙拈香，求神庇护，颇极一时之盛，而妇女尤诚。）

——（清）恸尘《都门清明竹枝词》②

　　城隍神的功能与意义其实是由农业社会的乡村空间延伸而来，其在城市空间中最明显的外在表现区别即是城墙的存在。换言之，在乡村中，村与村的边界是模糊的，因而乡村中更多的是土地神；但在城市中，高耸的城墙是极为明显的空间分界线，这就使得城市空间中除去土地庙之外，还有城隍庙，两者皆起到保佑一方水土的功能与作用。但是，随着社会的进一步发展，明清时期在北京盛行一时的城隍信仰逐渐衰落下来。1928年民国政府曾颁布神祠存废标准，城隍庙在废止之列，许多城隍庙被改为学校、机关、军营等。

---

　　① 潘超、丘良任、孙忠铨等主编：《中华竹枝词全编（三）》，北京出版社2007年版，第725页。

　　② 潘超、丘良任、孙忠铨等主编：《中华竹枝词全编（一）》，北京出版社2007年版，第213页。

都城隍庙

四、佳节清明桃李笑

"清明"一词最初为节气，表现自然风物，意思是指春分过后，气温升高，万物清洁而明净。这种自然物候与农耕关系十分密切，民谚中有诸如"雨打清明前，洼地好种田""麦怕清明霜，谷要秋来旱"等说法，也为其逐渐成为节日打下了良好的基础。

> 拜讥停轩紫陌东，归来花插丝帘栊。
> 长安春色宽如海，分得林梢几点红。
>
> ——（明）郎兆玉《都下清明竹枝词》[1]

清明之时，春回大地，正是到大自然去领略生机勃勃春日景象的好时候，人们于此时前往郊外远足，也称踏青，就是脚踏青草、观赏春色，尤其古时妇女平日不能随便出游，清明便是难得的机会。据明代刘侗、于奕正《帝京景物略》的记载，明代北京的高粱桥一带是"桃柳当候，岸草遍矣"的地方，所以到了清明时节有很多北京人来

---

① 潘超、丘良任、孙忠铨等主编：《中华竹枝词全编（一）》，北京出版社2007年版，第164页。

此踏青，坐车的、骑马的，也有走着来的，人们在这里搭起凉棚或者席地而坐欣赏风景。明代的袁宏道也写过这里的游记，说高梁桥"是日，游人以万计，簇地三四里"①，说明这里是那时北京人郊游的胜地。

清明之际，春意融融、生机勃勃，正是欣赏自然风光、享受美好生活的佳节，踏青、游乐等休闲活动自不可少，而这些活动也随着节日的发展而不断地丰富。

清明时节

（一）放风筝

风和日丽的清明时节，是放风筝的最佳季节。风筝起源很早，初期被用于军事活动，曾被称为风鸢、纸鸢、纸鹞、鹞子等。民间传说中，风筝是楚汉相争时张良创造出来的，他坐在大鹞子上飞到项羽军队的上方，吟唱楚地思乡的民歌，使得项羽军队兵无斗志，导致项羽大败。南北朝时期，风筝曾被作为通信求救的工具。侯景之乱时，侯景围台城，梁简文帝做纸鸢，飞空告急于外，结果被射落，台城沦陷。唐代，风筝逐渐转化为娱乐用途，明清时期的北京盛行放风筝。民国时期文人梁实秋以为春日里放风筝是一件颇有情趣的事情：

我对放风筝有特殊的癖好，从孩提时起直到三四十岁，遇有机会从没有放弃过这一有趣的游戏。在北平，放风筝有

① ［明］刘侗、于奕正著，孙小力校注：《帝京景物略》，上海古籍出版社2001年版，第281页。

一定的季节，大约总是在新年过后开春的时候为宜。这时节，风劲而稳。严冬时风很大，过于凶猛，春季过后则风又嫌微弱了。开春的时候，蔚蓝的天，风不断地吹，最好放风筝。

北平的风筝最考究。这是因为北平的有闲阶级的人多，如八旗子弟，凡属耳目声色之娱的事物都特别发展。我家住在东城，东四南大街，在内务部街与史家胡同之间有一个二郎庙，庙旁边有一片风筝铺，铺主姓于，人称"风筝于"。他做的风筝在城里颇有小名。[1]

除了梁实秋提到的"风筝于"，北京还有著名的风筝制作世家——哈氏家族，其制作风筝的历史可追溯到清代末年，至今已有160余年。哈氏家族祖籍河北河间果子洼村，因祖辈考中武状元进京。后来家道中落，为谋生在北京琉璃厂开设两间铺面专卖风筝。从第一代创始人哈国梁到第四代传人哈亦琦，北京风筝哈制作技艺一直在家族内部传承。[2]

如今，放风筝仍然是人们在游春时十分喜爱的一项游戏活动。2018年清明节期间，北京自然博物馆面向孩子们开展了风筝制作和放飞的活动。2019年清明节期间，北京香山公园、永定门公园等都举办了绘制传统风筝并放飞的活动。

（二）荡秋千

荡秋千是清明时节的又一项娱乐活动。文字记载中，秋千最早并不在清明之际。南朝梁宗懔《荆楚岁时记》记载："立春之日，悉剪彩为燕戴之，帖'宜春'二字。为施钩之戏。以缏作篾缆相罥。绵亘

---

[1] 梁实秋：《梁实秋散文集（第六卷）》，时代文艺出版社2015年版，第53页。

[2] 王文章主编：《哈氏风筝 风筝世家哈亦琦口述史》，中央编译出版社2010年版。

数里。鸣鼓牵之。又为打球秋千之戏。"①这里记的是立春荡秋千。宋人高承在《事物纪原》中又解释："秋千，山戎之戏，其民爱习轻矫之态，每至寒食为之。自齐桓公北伐山戎，此戏始传入中国。"②山戎是古代北方的一个民族，属地在今北京及其周边地区，秋千原是其进行军事训练的工具，每到寒食节时操练，齐桓公北伐山戎时，秋千开始传入中原。

唐宋以后，随着城市社会的发展，荡秋千逐渐演变成闺阁之戏以及节日中的狂欢项目。明代，宫廷中人于各个节日都有相应的节令穿着，上饰与各个节日相应的纹样，如端午用五毒、重阳用菊花、中秋用玉兔，而清明节则多饰有秋千。后来，由于清明荡秋千随处可见，人们甚至将清明节称为秋千节，皇宫里也安设秋千供皇后、嫔妃、宫女们玩耍。如今，秋千戏不仅限于清明时节，而成了更为广泛的游戏娱乐项目。

（三）插柳和戴柳

清明时节，民间还有插柳和戴柳的习俗。插柳之俗，早在北魏贾思勰《齐民要术》中即有记载，当时人们是在正月初一插柳。

宋代以降，关于插柳、戴柳的记载多了起来，而且寒食、清明时候插柳、戴柳已成习俗。《东京梦华录》有记："寻常京师以冬至后一百五日为大寒食。前一日谓之'饮熟'，用面造枣飞燕，柳条串之，插于门楣，谓之'子推燕'。"③子推燕就是用面粉和枣泥，捏成燕子的模样，再用柳条穿起来，插在门上。明代插柳、戴柳之风仍然盛行。明代刘侗、于奕正《帝京景物略》中对清明踏青时人们簪柳的行为做了记载："是日簪柳，游高梁桥，曰'踏青'。多四方

---

① ［南朝梁］宗懔著，宋金龙校注：《荆楚岁时记》，山西人民出版社1987年版，第19—20页。

② ［宋］高承：《事物纪原》，见《钦定四库全书·子部》（影印本）。

③ ［宋］孟元老撰，李士彪注：《东京梦华录》，山东友谊出版社2001年版，第67页。

客未归者，祭扫日感念出游。"①清代潘荣陛《帝京岁时纪胜》中也有"清明日摘新柳佩带"②的描述。而据清代富察敦崇《燕京岁时记》记载："至清明戴柳者，乃唐高宗三月三日祓禊于渭阳，赐群臣柳圈各一，谓戴之可免虿毒。"③民谚还有"清明不戴柳，红颜成皓首""清明不戴柳，死在黄巢手"等。

也许，人们插柳、戴柳的习俗加深了清明节与绿色植物的关系。民国时期，在孙中山的倡议下，当时的北洋政府将每年的清明节定为植树节。由此，京城也加大了树木种植及管理力度。1922年5月，刘梦庚任京兆尹后，响应孙中山先生和冯玉祥将军"为国植树，造福于后人"的号召，于植树节（清明节）之际率众在京西石景山附近的蟠龙山上大面积植树。为纪念植树活动，他还于1923年亲手立了一块植树碑，内容是："中华民国十二年植树节辑威将军京兆尹刘梦庚手植。"这是北京地区最早为"植树节"而立的纪念碑。从1985年开始，"首都全民义务植树日"定在每年4月的第一个休息日，基本也在清明节前后。2019年4月6日是第35个首都义务植树日，全市16区的义务植树尽责基地接待了108万市民参与义务植树活动，共栽种树木50多万株。植树造林，绿化环境，已逐渐成为清明节的习俗活动之一。

（四）清明诗会

创作和诵读诗歌本就是传统节日时间段落里人们感情抒发的一种方式，因此翻阅诸多诗集，一般都能读到人们在清明时节写的诗歌，比如唐代杜牧的诗《清明》、宋代吴文英的词《点绛唇·时霎

---

① ［明］刘侗、于奕正著，孙小力校注：《帝京景物略》，上海古籍出版社2001年版，第102页。

② ［清］潘荣陛：《帝京岁时纪胜》，见王碧滢、张勃标点：《燕京岁时记（外六种）》，北京出版社2018年版，第38页。

③ ［清］富察敦崇：《燕京岁时记》，见王碧滢、张勃标点：《燕京岁时记（外六种）》，北京出版社2018年版，第79页。

清明》等等。清明诗词，也成为清明节日文化的一个重要部分，其中或是包含着人们对于岁月流逝的感慨，又或是表达着人们对于过往生命的追忆。

因此，如今北京的清明节还有了一项特别的活动"清明诗会"。2019年，北京各地区都举行了同为"忆满京城·情思华夏"主题的清明诗会。在中国园林博物馆，数十位全国优秀中青年朗诵艺术家和爱好者带来了精彩的诗歌朗诵[1]；在陶然亭公园榭湖桥南岸广场，陶然亭红色诵读班的成员们高声朗诵了诗歌《党旗飘飘》[2]；在延庆平北抗日战争烈士纪念碑下，300余名延庆区中小学生、志愿者、干部群众代表通过朗诵抗战诗歌、讲述抗战故事、唱响抗战歌曲等艺术形式纪念英魂[3]。除此之外，由市委宣传部、首都文明办与石景山区委、区政府共同主办的石景山"清明诗会"，已经有十余年的历史，是北京清明诗会中极具文化内涵的清明活动之一。2019年恰逢中华人民共和国成立70周年，石景山清明诗会在国际雕塑公园西园举行，也是突出"忆满京城·情思华夏"的活动主题，通过吟诵、朗读、舞蹈等形式，追思为中华人民共和国成立、建设、改革事业抛头颅、洒热血的英雄人物，弘扬中华传统文化，培育和践行社会主义核心价值观。[4]

五、清明节的意义

从传统文化的角度来说，清明是从历史中发展而来的重要节气和节日。如今，北京的清明不仅是一个祭祀祖先、缅怀先烈的节日，也是一个充分激发春日活力的日子。

---

[1] 《中国园林博物馆举行清明诗会 吟诵经典诗词追思先贤》，载《北京晚报》2019年4月5日。

[2] 《清明诗会颂英烈》，载《北京日报》2019年4月6日。

[3] 《北京延庆举行清明诗会300人平北颂英魂 这些曾经的诗歌你还记得吗》，载《北京日报》2019年4月3日。

[4] 《石景山举办2019年清明诗会》，载《新京报》2019年4月2日。

几千年来，中华民族并没有绝对意义的宗教信仰，清明节祭扫祖先只是对亡故先人特殊的缅怀方式。在即将进入多雨季节的时候，人们借助清明祭祀的时机，修缮坟墓，既保全了先人遗骸，又表达了后人孝心。清明祭祀成为一次感悟生命伦理、感念先人功德的教育活动，这样的活动有利于整个社会层面的感恩文化的培养。在追思中学习感恩，对别人、对社会心存感激。①当然，现在很多人在清明祭扫时对于祭祀用品的选择比较随意，比如使用劣质的纸钱和香火等，不仅耗费了资财，也很容易造成环境污染等问题。所以，提倡文明祭扫已经是新的社会背景下对于清明祭祀习俗的新要求，在新时代着重展现传统文化的人文精神内涵。

　　同时，清明也是春天的节日，是人们经过了寒冬的蛰伏之后盼来的亲近自然、播种生命的好机会。踏青郊游，也就成为清明时节与祭祀并存的主题之一。唐宋之后，大量的居民借助清明祭祀的时机，举家前往郊外踏青游春。于是，放风筝、荡秋千等活动成为人们踏青郊游的时令娱乐，栽柳植树、绿化环境等活动也成为人们的时令习俗。

---

　　①　萧放：《清明常在，民族不老》，载《人民日报》2013年4月4日。

夏季节日篇

逛庙赏花消夏，是老北京夏季节日生活的核心。四月有各处的娘娘庙会、药王庙会可逛，又有牡丹、芍药各种花卉堪赏；五月则有端午大节，龙舟竞渡，极胜游览，又有都城隍庙会、关圣庙会，香火繁盛；六月时值盛夏，"士人调冰，佳人雪藕"，最宜消夏。其中六日是天贶节，晒衣晾经，洗猫浴犬；三伏日亦受重视，"都人结侣携觞，酌酒赏花"。如今，夏季的北京，从节日上看，较过去多少显得有些落寞。不过，端午仍是大节，妙峰山庙会仍然吸引众多人参与，六月六仍有一些地方顽强地传承着晒书习俗。

西山香罢又东山：妙峰山庙会

　　秧歌、狮子、开路、五虎棍，和其他各样的会，都陆续的往山上去。敲着锣鼓，挑着箱笼，打着杏黄旗，一当儿跟着一当儿，给全城一些异常的激动，给人们一些渺茫而又亲切的感触，给空气中留下些声响与埃尘。赴会的，看会的，都感到一些热情，虔诚，与兴奋。……这些色彩，这些声音，满天的晴云，一衖的尘土，教人们有了精神，有了事作：上山的上山，逛庙的逛庙，看花的看花……至不济的还可以在街旁看看热闹，念两声佛。①

　　这是老舍先生在《骆驼祥子》里关于北京初夏逛庙会的描写。读到这段文字的人总会受到感染，不由自主地想四月的北京，想那个被逛庙会激情笼罩了煽动了的北京。

　　其实在老北京，庙会是月月都有的，只是夏历四月的庙会尤其多罢了，这就让爱玩的人们有了许多盼头。过去一些爱玩的女子，一到残灯末庙，好玩的少了，难免觉得生无乐趣，吵着闹着上吊寻死，她那好脾气的丈夫就拿话来宽慰她："媳妇媳妇你别吊，三月清明四月庙。"四月是北京的庙会月，有的是玩！

　　北京四月的庙会以朝顶进香拜娘娘为主，一首清代竹枝词吟道："西山香罢又东山，桥上娘娘也一般。道个虔诚即问好，人人知是进香还。"

一、娘娘、娘娘庙和娘娘庙会

（一）娘娘碧霞元君

　　娘娘庙会的主神是碧霞元君。碧霞元君，民间亲切地称为泰山娘

---

①　老舍:《骆驼祥子》，见舒乙编:《老舍画说北京》，北京出版社2005年版，第11页。

娘、泰山老奶奶、泰山老母、万山奶奶、泰山奶奶、泰山圣母等。有谚云："南妈祖，北元君。"是说我国最受信奉的女神，在南方为妈祖，在北方为碧霞元君。关于碧霞元君的来历，素来有不同的说法。其一，说是玉女，黄帝修建岱岳观时，曾经预先派遣7位女子前往泰山迎接西昆真人，玉女就是其中修道得仙的一位。其二，说是汉代一位叫石玉叶的女子，她出生于四月十八日，面貌端正，生性聪颖，曾经伺候过西王母，14岁那年得到高人指点，在泰山黄花洞里修行。其三，说是东岳大帝（泰山神）的女儿。这些说法从不同方面丰富了碧霞元君的神格。

据学者考证，碧霞元君名称的出现不早于明代初年。明代之前，泰山女神的称号是"玉女""玉仙"。曹操曾有诗云："东到泰山，仙人玉女，下来翱翔。"宋元以后，对泰山玉女崇信进一步扩大，甚至影响到女真族的皇室。泰山大观峰有金章宗明昌元年（1190）的题记，载皇姑濮国大公主奉命和驸马到泰山，登顶，并拜于玉仙祠下。到明代，泰山玉女被"天仙玉女碧霞元君"的称呼所取代，且影响更大，甚至超过泰山，以至明代博物学家、诗人谢肇淛有些不平地说："古之祠泰山者为岳也，今之祠泰山者为元君也。"①

关于"天仙玉女碧霞元君"，民间流传许多故事，都在证明她的神性，其中一则发生在丫髻山。明朝末年有人讨好作恶多端的大太监魏忠贤，建议在山上为他建造崇功祠，结果碧霞元君显灵，祠还没有建成魏忠贤就垮了台。不过对一般人来说，崇拜碧霞元君更重要的是因为她有求必应、灵验异常。对此，明万历二十一年（1593）王锡爵《东岳碧霞宫碑》里有很好的概括："元君能为众生造福如其愿。贫者愿富，疾者愿安，耕者愿岁，贾者愿息，祈生者愿年，未子者愿嗣，子为亲愿，弟为兄愿，亲戚相厚，靡不交相愿，而神亦靡诚弗

---

① ［明］谢肇淛：《五杂俎》卷四地部二，中华书局1959年版。

应。"①这种有求必应的神性也使对她的崇拜迅速问周边传播，"香火自邹鲁齐秦以至晋冀"，并"落户"北京。

（二）京城娘娘庙

娘娘庙是供奉祭祀娘娘的地方。到明朝末年，北京城内外娘娘庙共有20多所。按刘侗、于奕正《帝京景物略》的记载，其中最著名的是东、西、南、北、中五顶，分别位于东直门外、麦庄桥北、左安门东40里弘仁桥东头、安定门外和草桥。

到了清代，根据乾隆年间成书的《帝京岁时纪胜》，当时最著名的娘娘庙有7座："一在西直门外高梁桥，曰天仙庙……一在左安门外弘仁桥；一在东直门外，曰东顶；一在长春闸西，曰西顶；一在永定门外，曰南顶；一在安定门外，曰北顶；一在右安门外草桥，曰中顶。"②这里仍然沿用了东顶、西顶、南顶、北顶、中顶的说法，只是具体所指和《帝京景物略》所载略有不同。著名北京民俗学者常人春先生曾解释，西顶是京西蓝靛厂麦庄桥北的护国洪慈宫，东顶是东直门外的行宫庙，中顶是右安门外草桥的普济宫，南顶有大小之分，左安门外弘仁桥"马驹桥娘娘（庙）"为大南顶，永定门外灵通庙为小南顶，北顶是安定门外的娘娘庙。

将元君庙称作"顶"，并形成东西南北中的五顶格局，是颇耐人寻味的现象。早在康熙初年，就有人解释元君庙称"顶"的原因，在于碧霞元君的本祠在泰山顶上，将其他地方的一些元君庙命名为"顶"，好像神灵就在泰山顶上一样。至于五顶格局的形成，应该和中国古代的五行思想、五岳观念有关，"郭郭之间，五顶环列"③，象征

---

① ［明］王锡爵：《东岳碧霞宫碑》，见《重修泰安县志》卷十四，1929年刊本。转引自叶涛：《碧霞元君信仰与华北乡村社会——明清时期泰山香社考论》，载《文史哲》2009年第2期。

② ［清］潘荣陛：《帝京岁时纪胜》，见王碧滢、张勃标点：《燕京岁时记（外六种）》，北京出版社2018年版，第41页。

③ 《重修西顶广仁宫碑》，见［清］于敏中等编撰：《日下旧闻考》卷九十九，北京古籍出版社1985年版，第1640页。

五行和五岳，这样一来，五行同在，五岳同辉，成为整个北京城的保护神。

五顶之外，丫髻山和妙峰山也有娘娘庙，是崇祀碧霞元君的另外两个重要场所。丫髻山位于京东平谷境内群山之中，因山最高处有两个自然突起的岩峰，远看仿佛古代女孩头上梳的两个发髻，因此得名，俗称东大山。民间传说丫髻山为天上仙童所变，王母娘娘大摆蟠桃宴会时，命仙童献酒，仙童不慎打翻了玉壶，王母娘娘大怒，将他赶下凡间，化为丫髻山。唐贞观年间，开始有道士在山的西顶结庐修炼，元代改为碧霞元君庙，明嘉靖年间得以扩建。有史料记载，当时碧霞元君庙只有破旧的3间，一位姓王的老太太发下誓愿要重新修建，由于山风太大往往将庙上的瓦片吹走，她就专门募化铁瓦，并一个人运到山上，往来十分迅速，大家觉得奇怪，也纷纷加入募捐的行列，于是修建了碧霞元君殿（铁瓦殿）。2007年，北京市文物研究所曾对碧霞元君庙遗址的部分建筑基础进行考古发掘，发现了一些铁质的筒瓦和板瓦，可见铁瓦殿确实存在过。[1] 到清代，由于皇帝几乎每年都要"移驾"热河避暑山庄，丫髻山正处于由北京至热河的途中，因此受到官方重视，康熙、乾隆、道光等皇帝都曾驾临，庙宇也得到扩建，从而形成了一个宏大巍峨的建筑群，包括娘娘宫、玉皇顶、钟鼓楼、三皇殿、行宫、万寿亭、巡山庙、三宫庙、菩萨殿、回香亭、东岳庙、灵官殿、观音堂、虫王庙、紫霄宫等。后来丫髻山大部分建筑毁于战火。20世纪80年代，丫髻山周边群众自发捐款、捐物、出工、出力，修复了西顶娘娘殿等建筑，整修了上山步道。1983年，丫髻山碧霞元君祠遗址成为县级文物保护单位，2001年成为市级文物保护单位。2004年，丫髻山文物建筑修缮修复工程被列入北京市"人文奥运"文物保护计划，2006年项目竣工，修缮修复面积2481平方米，丫髻山碧霞元君庙重现辉煌。

---

① 北京市文物研究所：《北京丫髻山碧霞元君祠遗址发掘简报》，载《文物春秋》2009年第1期。

妙峰山位于京西门头沟区，属太行山余脉，三峰海拔约1200米。山上林木葱茏，风景优美。在妙峰山的主峰近旁，有一组山石远望犹如莲花，它的当中矗立着一块突起的巨大山岩，传说阳光照耀其上，就会反射出一种金黄的颜色，俗称莲花金顶。"庙在万山中，孤峰矗立，盘旋而上，势如绕螺。"妙峰山娘娘庙约建于明末，清嘉庆皇帝赐名"敕建惠济祠"。根据富察敦崇《燕京岁时记》，"庙南向，为山门，为正殿，为后殿。……有古柏三四株，亦似百年之物。庙东有喜神殿、观音殿、伏魔殿，庙北有回香亭"[1]等等。

奉宽曾对妙峰山有过近30年的考察，并著有《妙峰山琐记》一书，里面详细记载了清末民初娘娘庙的布局和崇祀神灵。庙为两进院落，东南向，庙门上有"灵感宫"三字小石额，进山门，便是香池，凿地而成。第一进院落，有正殿三间，供天仙圣母碧霞元君（居中）、眼光圣母明目元君、子孙圣母佑渡元君、斑疹圣母慈幼元君和送生圣母保产元君。外檐悬挂慈禧太后亲书"慈光普照""功侔富媪""泰云垂荫"三块匾额。正殿前阶下有短碑24座，东西庑各一座，为康熙至光绪年间香会所立。正殿左侧是地藏殿，右侧是药王殿，供奉名医孙思邈。左厢房为广生殿，殿西北为五圣宝殿，供奉文昌帝君、天王库神、增福财神、肖公、曹公；殿东南有一个"三教堂"。右厢房为财神殿，殿西北有王三奶奶殿，塑像为一个穿着蓝布衣裤、梳着发髻的农村老妪形象。传说王三奶奶是天津郊区一位妇女，出身于中医世家，本人心善，又懂医道，对乡里有求必应，很受世人尊重。有一年王三奶奶到妙峰山进香，突然去世，被认为得道成仙，天津各界人士便捐款为她在妙峰山上修了庙，塑了金身。正殿后的第二进院落，有一巨石，相传为妙峰山之巅，也就是前面所说的"金顶"。石上有古柏三四株。后殿供奉白衣送子观音。宫后东北方向有关帝庙，俗称老爷殿。其北是喜神殿，再向北是法雨寺，也叫"菩萨殿"。灵

---

① ［清］富察敦崇：《燕京岁时记》，见王碧滢、张勃标点：《燕京岁时记（外六种）》，北京出版社2018年版，第85页。

感宫正北有回香亭，善男信女朝顶进香返回，必在此烧香。[①]日军侵华期间，对妙峰山建筑进行破坏，再经数十年历史风云变幻，到20世纪70年代初，这里已经成为一片废墟。1985年以后，逐步修建恢复，再现后的妙峰山娘娘庙很大程度上延续了旧貌，但也有新的变化。比如原来五圣宝殿、广生殿和三教堂被月老殿、观音殿和喜神殿所取代。

金禅雨《妙峰山指南》（1936 年）所绘娘娘庙平面图与奉宽描述一致[②]

①　奉宽：《妙峰山琐记》，见萧放主编：《华北民俗文献》第3卷第123册，学苑出版社2012年版。

②　金禅雨编辑：《妙峰山指南》，见萧放主编：《华北民俗文献》第6卷第126册，学苑出版社2012年版。

(三)娘娘庙会

碧霞元君庙宇的修建为娘娘庙会的举办提供了必要的活动空间，与此同时，碧霞元君诞辰夏历四月十八日又为庙会提供了时间基础，对碧霞元君的崇拜则提供了强大的精神动力。明代以来，围绕碧霞元君举办的庙会活动便深刻地影响着京城人们的日常生活了。明末太监刘若愚在他的《酌中志》里记述："（四月）初旬以至下旬，要西山、香山、碧云等，西直门外之高粱桥、涿州娘娘、马驹桥娘娘、西顶娘娘进香。"①刘侗、于奕正则在《帝京景物略》里用生花妙笔详细描写了"马驹桥娘娘"进香的动人情景：

> 岁四月十八日，元君诞辰，都士女进香。先期，香首鸣金号众，众率之，如师，如长令，如诸父兄。月一日至十八日，尘风汗气，四十里一道相属也。舆者，骑者，步者，步以拜者，张旗幢、鸣鼓金者。舆者，贵家、豪右家。骑者，游侠儿、小家妇女。步者，窭人子，酬愿祈愿也。拜者，顶元君像，负楮锭，步一拜，三日至。其衣短后，丝裈，光乍袜履，五步、十步至二十步拜者，一日至。群从游闲，数唱吹弹以乐之。旗幢鼓金者，绣旗丹旐各百十，青黄皂绣盖各百十，骑鼓吹，步伐鼓鸣金者，称是。人首金字小牌，肩令字小旗，舁木制小宫殿，日元君驾，他金银色服用具，称是。后建二丈皂旗，点七星，前建三丈绣幢，绣元君号。又夸儇者，为台阁，铁杆数丈，曲折成势，饰楼阁崖水云烟形，层置四五儿婴，扮如剧演。其法，环铁约儿腰，平承儿尻，衣彩掩其外，杆暗从衣物错乱中传。下所见云梢烟缕处，空坐一儿，或儿跨像马，蹬空飘飘，道傍动色危叹，而儿坐实无少苦。人复长竿掇饼饵，频频啖之。路远，日风暄

---

① ［明］刘若愚：《酌中志》卷20，北京古籍出版社1994年版，第180页。

拂，儿则熟眠。别有面粉墨，僧尼容，乞丐相，逼伎态，憨无赖状，同少年所为喧哄嬉游也。桥傍列肆，抟面角之，曰麻胡。饧和炒米圆之，曰欢喜团。秸编盔冠幞额，曰草帽。纸泥面具，曰鬼脸、鬼鼻。串染鬃鬣，曰鬼须。香客归途，衣有一寸尘，头有草帽，面有鬼脸，有鼻，有须，袖有麻胡，有欢喜团。入郭门，轩轩自喜。道拥观者，啧啧喜。入门，翁妪妻子女旋旋喜绕之。然或醉则喧，争道则殴，迷则失男女，翌日烦有司审听焉。[①]

这段长达600字的文字描写了进香的人们，有男有女，有老有少，有富有贫，或乘轿，或步行，或头顶元君像走一步、五步、十步便行跪拜礼，或举大旗，或敲锣打鼓。当时已有香会组织，香首会提前进行组织，鸣金号众，带领大家一同前行。进香途中，还有一些人扮演台阁：将几丈高的铁杆弯成一定的形状，并加以装饰，上面安置四五个身穿彩衣的小孩，凌空飞扬，看起来颇为惊险，但事实上十分安全。一路上不断有人用长长的竿子将食物送给他们吃。和风拂面，太阳暖暖地照着，孩子经常就在上面睡着了。沿途有各种货摊，有好吃的麻胡、欢喜团，有好玩的草帽、鬼脸、鬼鼻，等等，热闹非凡。丫髻山的娘娘庙会也吸引了"四方之人，每岁四月十八日大会五日"。

进入清代，各大碧霞元君庙多有庙会活动，只是时移世易，不同时期不同庙会的繁盛程度有所不同。比如，《帝京岁时纪胜》所记载的7座庙宇，在清朝中叶，"男女奔趋，香会络绎，素称最盛"，之后便逐渐没落。丫髻山的娘娘庙会在康乾时期达到鼎盛。"每岁孟夏，四方之民会此祈祷者，骈肩叠迹，不可胜计。"[②]有民谚云："卢沟桥的狮子丫髻山的碑。"言其数量之多。丫髻山的上下立有大量碑刻，

---

① ［明］刘侗、于奕正著，孙小力校注：《帝京景物略》，上海古籍出版社2001年版，第193—194页。

② 《丫髻山玉皇阁碑记》，转引自王新蕊《元明以来北京丫髻山道观文化的历史考察》，载《北京联合大学学报（人文社会科学版）》2006年第3期。

它们承载着信众的虔诚之心，也是丫髻山庙会一度辉煌的明证。但嘉庆之后，丫髻山庙会明显衰落，尽管仍然有香会前来朝顶进香，但香火之盛被妙峰山庙会取而代之。伴随着1937年日本全面侵华，丫髻山的进香之旅几乎断绝，之后经历数十年的历史风雨，直到20世纪80年代，庙会才得以慢慢恢复，如今则成为京城夏历四月的一大亮点。

兴衰更迭是京城庙会的自然形态，在这兴衰更迭之后总有着深刻的政治、文化、经济、社会原因，战乱的年代人们是无心无暇也无力举办庙会的，而官方的立场偏好也对庙会产生巨大的影响，这在都城北京有着更为鲜明的表现，丫髻山庙会很好地证明了这一点。

二、妙峰山庙会

妙峰山娘娘庙的修建晚于丫髻山，庙会的兴起也晚于丫髻山庙会，事实上，它也晚于其他著名的娘娘庙会，比如五顶的庙会，但它后来居上，在清末民初达至极盛。《燕京岁时记》云："每届四月，自初一日开庙半月，香火极盛……自始迄终，继昼以夜，人无停趾，香无断烟。奇观哉！……以各路之人计之，共约有数十万。以金钱计之，亦约有数十万。香火之盛，实可甲于天下矣。"[1]中国国家博物馆馆藏的一幅清末无名氏绘制的《妙峰

朝顶进香

---

① ［清］富察敦崇：《燕京岁时记》，见王碧滢、张勃标点：《燕京岁时记（外六种）》，北京出版社2018年版，第84—85页。

山进香图》,用绘画的方式再现了当时朝顶进香的盛况。

俗话说:"妙峰山的娘娘,照远不照近。"来妙峰山庙会进香的多是远道而来,有京城的,也有天津的、河北的,甚至还有河南、浙江等地的。随着庙会的兴盛,"进香之路,日辟日多",形成南道、中道、中北道(或称北道)和北道(或称老北道)等多条香道。其中南道从门头沟的三家店村起,经军庄、桃园、南庄、仰山十八盘、樱桃沟村、栖隐寺(又名仰山寺)到达涧沟;中道从海淀区的徐各庄起,经大觉寺、寨尔峪、冷风口、三百六十胳臂肘、五道岭、萝卜地到达涧沟;中北道从北安河村起,经环谷园、响墙茶棚、骆驼石、金山寺、瓜打石、快活三里、妙儿洼,到达涧沟;北道从聂各庄或抬头村起,经关帝庙或龙泉寺,到车耳营,经双龙岭、磕头岭、鲜花洞、悬空寺、张玉亭墓和贵子港到达涧沟。各香道都通到山下的涧沟村,各路人马也都先汇集到这里,然后再从这里出发朝顶进香。

过去北京四面都有城墙城门,进香的民众往往根据自己的住地,就近从宣武门、阜成门、西直门或德胜门出发,沿不同的香道上山。清道光十五年(1835)四月十二日,镶蓝旗人穆齐贤约朋友一起去妙峰山,是

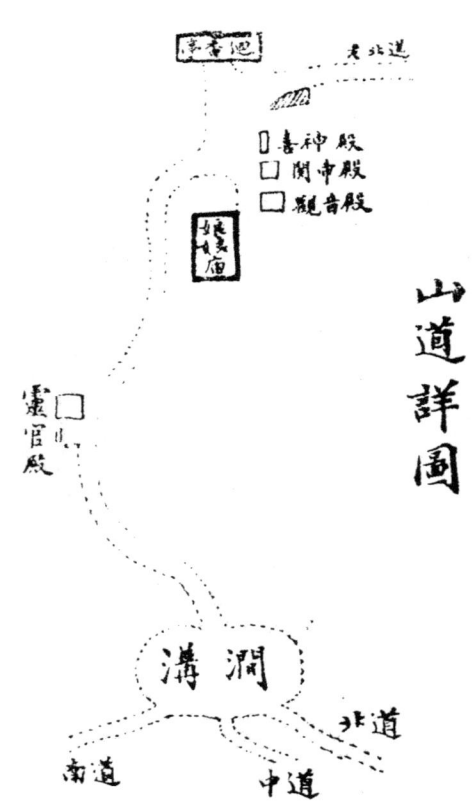

金禅雨《妙峰山指南》(1936 年)所绘山道详图①

---

① 金禅雨编辑:《妙峰山指南》,萧放主编:《华北民俗文献》第 6 卷第 126 册,学苑出版社 2012 年版。

从德胜门出城，走中道上山的。当天他丑时三刻，即凌晨3点不到就起床出发，天黑必须打着灯笼才能前行。十四日回来时走的是南道，从阜成门进城。1925年4月28日（夏历四月初六），时任北平社会调查所干事、后来成为著名社会学家的李景汉开始了他的妙峰山调查之旅，走的是中北道。当天早晨7点钟他从西直门乘洋车出发，至青龙桥换驴，顺便游览了黑龙潭、温泉寺后上山。十分巧合的是，两天之后，北京大学研究所国学门的顾颉刚、孙伏园、容庚、容肇祖和庄严五人，也开始进行庙会调查，他们同样是早晨从西直门出发，同样走的中北道。顾颉刚一行这次为期3天的"妙峰山进香庙会调查"被公认为开启了现代科学意义上的民俗学田野作业。70年后，1995年5月6—9日，妙峰山庙会期间，中国旅游文化学会旅游民俗专业委员会在门头沟区召开了"首届中国民俗学论坛"，被誉为"中国民俗学之父"的钟敬文先生也参加了会议并做了重要发言，后来此次会议的论文结集为《妙峰山·廿纪之交的中国民俗流变》。会议期间，代表们还对庙会进行了学术考察。自那之后，学者尤其是民俗学者持续保持着对妙峰山庙会的热情，不断地观察，不断地记录，留下了十分丰富宝贵的资料，能让我们从中发现庙会的变迁，感受庙会的魅力，领略庙会的精气神。由此，妙峰山不仅是崇奉碧霞元君的一处圣地，也是中国民俗学的一座名山；妙峰山庙会不仅是普通民众的信仰时空，也是民俗学者的精神家园。

妙峰山庙会盛极一时，但同样因为日军侵华而迅速没落，此后虽有短暂的恢复，终究在历史的风潮中未获新生。直到1993年，伴随着传统文化和地方文化的普遍兴起，才又以"妙峰山传统民俗庙会"的名义重新恢复起来，到2019年已连续举办27届。

2009年5月1—2日，夏历四月初七、初八，我曾与北京师范大学萧放教授，博士生盂凡行、高忠严等一起对妙峰山庙会进行了调查，至今印象深刻。我们先乘车到北安河，从这里上山，与顾颉刚一行走的是同一条香道。这条道原为山间土路，崎岖难行，同治年间，慈禧太后要到妙峰山进香，就用当地天然石板砌成了此道。据说当时每铺一块石就要用银一两，遂有"金阶"之称。在香道起始处，有一架牌坊，上写对联一副："四十里仙路云程于兹起步，数千年灵山圣境到此澄心"。

过去交通不便，加上信奉得虔诚，朝顶进香主要靠人力。所以当年的调查者们在路上"常见上来下去一队一队的人，穿戴特别的衣帽，每人挑着两个高圆笼盒，上有几面小旗，挂着小铃铛；远远的就听见'慌慌慌慌'的铃铛声音"，也看到"香客有背着大捆高香的；有给别人担着行李的；有不少缠足的妇女一步一步的上山，虽有倦容，而仍勇敢前进的；有回香的香客在肩舆里垂头打盹的；有为亲人还愿，身穿红衣，三步一头或一步一头磕上山顶的；有年轻富足的妇女磕头上山，后面跟着几个护兵的"[1]。如今交通便捷，汽车可以直接开到庙前，很少再有人徒步上山了。间或有之，也多是因为登山游玩。

也因为过去交通不便，到妙峰山朝顶进香来去一般需要3天时间。于是香道上就设有一些茶棚，施茶施粥，供香客们休息。让廉《京都风俗志》对茶棚有较为详细的描写，颇值一读：

> 由德胜门外迤西，松林闸东，搭盖茶棚，以达山上。曲折百余里，沿途茶棚凡十数处。其棚内供奉神像、悬挂旗幡、花红绫彩外，列牌棍旄钺。昼则施茶，夜则施粥，以备往来香客之饮。灯烛香火日夜不休。助善人等于焚香之时，或八人或六人、四人，皆手提长绳大锣，约重数十斤，以小棒击之，其音如钟，声闻远近，在神前起站跪拜，便捷自若，其式同仪，其音同节，亦彼之小技也。至于施粥茶之际，数人同声高唱"虔诚太们，落座喝粥"等辞，与钟磬之声远闻数里，以令香客知所憩息，而香客多有裹粮登山，不

---

① 李景汉：《妙峰山"朝顶进香"的调查》，载《社会学杂志》2卷5、6号合刊，1925年。

但粥茶憩息得所，及遇风雨，亦资休避。[①]

由于茶棚里往往供有碧霞元君的画像或塑像，即"娘娘驾"，所以茶棚也被称为"娘娘行宫"。后来随着香道的消沉，茶棚也败落了。2009年我们调查时，茶棚要么只剩下残垣断壁，要么在翻修之中，不知现在是怎样的情景了。当然山顶之上还是有几家茶棚的，每年都会施粥施茶施馒头。现在生活条件好了，谁也不会买不起馒头，但娘娘庙会上的馒头顶部盖有红印，带着"福气"，却是其他馒头没有的，也因而很受欢迎。还有的茶棚施舍"缘豆"。过去缘豆多是念佛者平时积聚下来的，人们拈豆念佛，拈一粒豆，念一声佛号，到四月初八这天，将豆煮熟，送与人吃，叫作结缘。现在的缘豆是雪里蕻与黄豆拌在一起的咸菜，虽和过去的不同，但鲜香可口，很适合喝粥吃馒头。也有茶棚施酸梅汤，酸酸甜甜，初夏季节，喝上一杯，清爽怡人。

茶棚一般由茶会粥会搭建。茶会粥会都是香会。香会是基于神灵信仰的民间组织，许多同地同业的人结合在一起共同到庙中进香，就组织成香会。到妙峰山朝顶进香的香会又根据功能不同有文会和武会之别。

文会又称善会，为庙会和香客提供各种义务服务，这样的善会在过去数量大，名目也多。如有专门免费供应粥茶、提供馒头的粥茶馒头会，棚里的"劝善"者会不停地向香客们有韵调地喊："先参驾来后落座，喝粥儿来哎！""一碗您就朝了顶，两碗您就带福儿还了家！"有准备大批食盐供各粥棚调味、供香客免费使用的献盐会；有准备大量新席，免费供给各粥茶棚、备香客就地睡眠铺用的拜席会；有免费给各粥茶棚锅盆锅碗的巧炉会；有准备大量茶叶免费供给各茶棚以便香客饮用的茶叶会；有准备大香盘和盘香在茶棚内悬

---

① 让廉：《京都风俗志》，见《帝京岁时纪胜·燕京岁时记·人海记·京都风俗志》，北京出版社2015年版，第4—5页。

挂、供香客点燃旱烟之用的盘香会；有免费为香客缝补衣鞋或钉鞋掌的缝绽会；有准备大批红纸灯笼及蜡烛，供山路照明并免费供给茶棚与香客使用的燃灯会；还有准备大批毛掸专为掸尘之用的掸尘会等等，不一而足。这些来自不同地方、不同行业的善会，或沿山道设置茶棚等专门的"服务点"，或走动着进行服务，从而自发却有序地分担起朝顶所需要的各项服务，解决了进香之旅的后顾之忧。

山顶上的文会

武会又称行会、过会，主要以歌唱、音乐、舞蹈、杂耍、武术、曲艺等技艺表演为主，酬神娱人，非常精彩，是庙会的热点。武会在门内有13种名目，门外有旱船、踏车、云车、小车等各名目。有首歌谣对此进行概括：

开路（耍叉）打先锋，五虎少林紧跟行，
门前摆着侠客木（高跷），中幡抖威风，
狮子蹲门分左右，双石头门下行。
石锁（掷子）把门挡，杠子把门横。
花坛盛美酒，吵子（大镲）音乐响连声。

杠箱来进贡，天平秖一称。

神胆（挎鼓）来蹲底，幡鼓齐动响（享）太平。

门外旱船把驾等，蹈车、云车（小车会）紧跟行。

　　过去上妙峰山为娘娘酬神献艺的武会很多，表演精彩，深受人们喜爱，当年慈禧太后也很爱看。颐和园后面有个大有庄，进香的人们走到这里往往歇歇脚，日久天长，就成了进香途中的一道风景。武会沿途经过寺庙、集市、商棚、住户前面，遇到有人"截会"要求献技，通常会停下来演耍一回，十分热闹。为了让慈禧太后足不出园就能看到庙会盛况，光绪十七年（1891）在颐和园内紧靠路边、面对大有庄的地方修建了一座高踞地面之上的大殿，起名眺远斋，也称"看会楼"。如今眺远斋还在，但已没有熙熙攘攘、朝顶进香、沿途演艺的人群了。这倒不是说武会已经消失，而是他们也直接乘车上山去了。

　　还记得2009年庙会上共有包括开路会、五虎少林棍会、高跷秧歌会、中幡会、狮子会、小车会等在内的10档武会前来。他们都既在文会前的场子里进行表演，又在惠济祠内进行表演。而每次开始表演都有一套规矩，武会与武会相遇、武会进惠济祠时也都有相应的规矩，一般人是难以知晓的。当年群英同乐小车会的表演给人留下了难忘的记忆。他们浓妆艳抹，奇装异服，扮成僧人、道士、村妇、小生等各样角色，推车的、骑驴的、摇着扇子的、拄着拐杖的、拿着烟袋锅子的纷纷登场。精湛滑稽的表演引来一阵阵喝彩，也感染了观看的人们。德清鲜花圣会的女会首，头扎明黄绸缎，右肩斜挎黄色镶边写有"德清鲜花圣会"的大红锦带，左肩斜挎缀满黄色流苏的大红口袋，手中握着德清鲜花圣会的会旗，满面笑容，与小车会表演者相对而立，一边饶有兴味地观看，一边身不由己地随着鼓乐扭动腰肢，挥动会旗。

　　还有中幡表演。据说中幡本是皇家贵族出行的仪仗，后来演化为民间庙会的一种表演节目。一般的中幡都是在一根两丈多长的毛竹上悬挂一条长长的锦旗，上写"风调雨顺，国泰民安"之类的吉祥语。考究的中幡还会在竿顶加一层乃至数层由彩绸、锦缎、响铃、小旗、流苏组成的称为璎珞宝盖的圆形装饰物。耍弄起来有霸王举鼎、苏秦背剑、太公钓鱼、封侯挂印、张飞骑马等多种套路。那时节悬铃叮当作响，宝盖摇曳生姿，幡旗随风招展，既悦耳动听又威武好看。当你看到10余米高、几十斤重的中幡在同一个表演者的手中、肩上、脑门、下巴、项背等处上下飞舞，又在不同的表演者之间抛起落下、交替腾挪，你便不由自主地屏住呼吸，甚至为他们紧张得手中捏出一把汗来。

如今每年都有一些武会前来朝顶进香，酬神献艺，尤其2008年妙峰山庙会列入国家级非物质文化遗产名录，更激发了香会的热情。这是对妙峰山庙会传统的继承，也为现代社会的人们提供了难得的文化享受。

无论文会还是武会，都有严密的组织，各种管理人员职司齐备，分工明确。不仅如此，他们还有自己严格、具体的会规，比如所有会员在朝山期间，不准沿路摘取花果，不准食荤、饮酒，不准吵架等等。在经费收支方面也都很有规矩。通常在进香之前，各会都早早地张贴会启，将集合的地点、进香的程序及相应时间、到山后所做的事情等，告知会众。会启是用黄纸印成，大的有五六尺高、二尺来宽；小的也有尺许高、八九寸宽。大多印成石碑的模样，上面有碑额，下面有碑座。碑额与碑座用红绿色纸的多，往往有图画；画中或是他们朝山的样子，或是妙峰山的风景和路线，或单画些荷叶花果和璎珞之类。

对于香会强大的自我组织、自我管理能力，顾颉刚曾大加赞叹："朝山进香，是他们生活中的一个重要部分，决不是可用迷信二字一笔抹杀的。我们在这上，可以看出他们意欲的要求，互助的同情，严密的组织，神奇的想象；可以知道这是他们实现理想生活的一条大路。"

一般而言，到妙峰山庙会要遵循一定的程序，大致包括沿路祭祀、登山、报号、朝顶进香、回香酬山以及带福还家。其中报号要到灵官殿。灵官殿被视为妙峰山的门户，俗信香客都要在此恭拜上香后，才能再求其他神灵，否则上香不灵。这一做法在庙会期间更为严谨，各路香会朝顶进香之前，都要先到灵官殿报号。回香酬山则是朝顶进香成功后到回香亭烧香。朝顶之后，买绒制蝙蝠、纸制金鱼及元宝等，美其名曰"带福还家"。对此，1925年参加妙峰山庙会调查的孙伏园在其《朝山记琐》中有生动的描写：

> 娘娘庙的门外，摆着许多卖花的摊子。花是括绒的，纸扎的，种种都有，一出庙门，我们就会听见"先生，您买福吗？"这种声音。"福"者"花"也，即使不是借用蝙蝠形的丝绒花的"蝠"字，这些地方硬要把花叫作"福"也是情理中可以有的。……我们依旧把绒花，纸花，蝙蝠形的花，老虎形的花戴了满头。胸前还挂着与其他香客一例的徽章，是一朵红花，下系一条红绶，上书"朝山进香代福还家"八字。[1]

除了带福回家，人们还经常要买一根桃木棍，故而卖桃木棍者比比皆是。桃木棍用于驱邪。一边带福，一边驱邪，民众的安排真是颇用心思。只是如今山上卖棍卖花卖鱼的都不多见了。

巨大的社会变迁深刻地影响着妙峰山庙会，使其不可避免地发生了多种变迁。但妙峰山庙会仍然是活着的传统，它顽强地传承着自己的核心要素，它举办的时间仍然是夏历四月初一至四月十五，它主要的活动场所仍然在妙峰山娘娘庙，它的主要活动内容大致保存完整，它仍然是民众表达诉求和娱乐身心的重要时空，仍然延续着庙会的志愿精神、奉献精神和自组织精神，也因为这些传承，它保持了自己的

---

① 孙伏园：《朝山记琐》，见顾颉刚编著：《妙峰山》，上海科学技术文献出版社2014年版，第160—162页。

特色，在诸多庙会纷纷向春节靠拢的背景下别具一格。

因此，不妨在四月初一至十五之间挑个日子去趟妙峰山，乘车也好，沿着古香道步行也罢，亲自感受一下一个400岁庙会的独特魅力。而在欣赏武会精彩表演、感受文会奉献精神的同时，也能趁机吹吹初夏的山风，或者顺便买点玫瑰酱。涧沟村有玫瑰万亩，花开时节，香飘四野，玫瑰酱便由这里的玫瑰和蜜制成，可以调羹，可以冲茶，亦可以拌菜，芳香扑鼻。携两瓶回家，就是让妙峰山之行多一点香甜的味道了。

酒蒲角黍榴花辰：端午节

大凡喜欢纪昀《阅微草堂笔记》的人都会对一则狐狸代买端午节物的故事印象深刻：仪南公在西城有个当铺，雇了一帮伙计，其中一人叫陈忠，主管采购菜蔬。有一次，同伴都说他近来捞了不少外快，应该请大家吃一顿，陈忠死不认账。第二天，他惊讶地发现自己积攒的几千文钱只剩下了九百文！当铺的楼上一直住着狐狸，陈忠怀疑是它干的，就试着敲门询问，狐狸果然爽快地承认了，说箱子里的九百钱是陈忠的工钱，它不敢拿，其余的钱都是陈忠每天采买菜蔬时克扣的，本来就不属于陈忠。今天是端午节，它已经买了一些粽子，一些肉，一些鸡鱼和瓜菜果实，连泛酒用的雄黄也都买好了，都放在楼下的屋子里。陈忠到楼下开门一看，果不其然。陈忠一个人吃不了，天热又无法保存，只好与大家分享。

这则被纪昀视为狐狸恶作剧又"快人意"的故事，反映了清代北京人过端午节的若干情形。端午是北京的重要节日，北京端午是中国端午节的重要组成部分。

一、历史悠久的民俗大节

（一）端午节的起源

在我国诸多传统节日中，时在夏历五月初五的端午节，即便不是最悠久的一个，也是最悠久的节日之一，至少战国时期已经出现。发生在著名的战国四公子之一孟尝君田文身上的故事就能说明这一点。

据司马迁《史记》记载，田文的父亲田婴有40多个儿子，田文的母亲是田婴的一个小妾。田文于五月五日出生，田婴告诉田文的母亲："这个孩子不能养！"可是田文的母亲还是偷偷把他养大了，并通过田文的兄弟引见给田婴。田婴见了，大怒，质问道："我让你把这个孩子扔了，你怎么竟敢把他养活了？"田文的母亲还没回答，田文立即叩头大拜，并问："您为什么不让养育五月生的孩子呢？"田婴回答说："五月出生的孩子，长大了身长跟门户一样高，就会害父害母。"田文说："人的命运是由上天决定呢，还是由门户决定呢？"田婴一时不知如何回答。看到父亲沉默不语，田文接着说："如果是由上天决定，您又何必忧虑？如果由门户决定，只要加高门户就可以了。"这个故事表明战国时期五月五日就已有严苛的禁忌。其实，五月五日生子不吉利的观念一直流传到后世。明朝末年陆启浤《北京岁华记》中还有如下记载："是日生子，束一木或荆条，祭于堂，斩其木五六尺许，祝曰：'如是止，勿长抵户。'"[1]

关于端午节的起源，可谓众说纷纭。民间最流行的解释是为了纪念战国时期于五月五日投汨罗江身亡的爱国主义诗人、楚国大夫屈原。正如《续齐谐记》一书的记载："屈原五月五日而死，楚人哀之，每至此日，竹筒贮米，投水祭之。"[2]该书还讲到汉代建武年间，长沙人欧回白天遇到一个自称三闾大夫的人，对他说："您给我的祭品，经常被蛟龙偷吃，以后可以将楝树叶塞到竹筒上，用五色丝线缠一下，这两样东西都是蛟龙害怕的。"欧回按照他说的做了，以后就成为风俗，"世人作粽，并带五色丝及楝叶，皆汨罗之遗风也"。此外，胳膊上系五彩丝、竞渡等习俗也是因为感念屈原于五月五日自投汨罗江而兴起的。除了屈原说，端午起源，还有源于纪念伍子胥、介子推等说法。

不过，学界一般认为这些民间传说都是节日形成之后进行附会的结果。尽管如此，这些传说存在的意义却不容忽视，它们反映了人们的思想情感和价值观念，丰富了端午节的文化内涵，对于端午节的传承和传播起到了十分重要的积极作用。

在学者看来，端午节起源另有缘故，并提出了多种观点。比如近人闻一多就认为"端午本是吴越民族举行图腾祭的节日，而赛龙舟便

---

[1] ［明］陆启浤：《北京岁华记》，见王碧滢、张勃标点：《燕京岁时记（外六种）》，北京出版社2018年版，第7页。

[2] 吴均：《续齐谐记》，见［宋］李昉等：《太平御览》卷31，四库全书本。

是这祭仪中半宗教、半社会性的娱乐节目"。此外，有学者认为端午起源于火神及夏神祭祀；有学者提出端午起源于夏至；还有学者主张端午风俗根植于古老的"恶月"观念，所以它是遥过各种活动，顺应时气的变化，应对溽暑季节不利环境因素对健康的威胁，等等。这些观点各有论证，从不同角度丰富了我们对于端午节的认知。

节日及其习俗的起源离不开自然环境和人文环境的影响，理解端午节的最初起源，需要将它与所处季节的自然环境、人们的诉求结合起来。汉代人崔寔在他的《四民月令》一书里讲到芒种节气后，阳气开始下降，阴气开始萌发，天气变暖，各种虫子都活跃起来，这正是端午所处时节的特点，也是我们理解端午起源的关键。端午是夏历五月的节日，从时间上看与二十四节气中的芒种和夏至邻近。从阴阳的角度言，这个时节，阴气始至，阳气极至，按照顺天应时、循时而动的法则，人的行为要适当调整，以与天时相吻合。从生态环境的角度言，这个时节，天气炎热，暑毒盛行，蚊虫出没，瘟疫多发，身处其中的人们为了更好地生存生活，就要想方设法应对大自然带来的难题，渡过难关。端午节及其习俗正是人们面对阴阳变化和五月恶劣的生存条件进行调和与应对的结果。

在2000多年的传承变化中，不同时代、不同地区、不同民族的人们共同创造了五彩缤纷的习俗活动，讲传说，吃粽子，喝艾酒、雄黄酒、菖蒲酒，挂艾蒿、菖蒲，佩戴香囊，缠五色丝线，穿五毒衣，戴石榴花，焚避瘟丹，贴天师符，采集百药，走马，射柳，斗草，迎女儿等等，十分丰富。而在北京，由于官方和民间都重视，端午节更堪称民俗大节。人们愿意投入时间、投入财力、投入情感过好它！

（二）北京端午节的发展阶段

北京端午节的历史，有文献记载者，较早可以追溯至辽代。自辽迄今，北京端午节大致可以分为4个发展阶段。

首先，辽金元时期。建立辽朝的契丹族是我国北方少数民族，自唐代之后势力壮大。辽太祖夺取燕云十六州后，于会同元年（938）起在北京地区建立了陪都，号南京幽都府，开泰元年（1012）改号析津府，契丹民族与北京产生了直接的联系。辽代在节日体系上模仿汉制，重视端午节，《契丹国志》和《辽史》中都有关于国主和臣僚过端午节的描写。其中《契丹国志》记载如下：

> 五月五日午时，采艾叶与绵相和，絮衣七事，国主著之，番汉臣僚各赐衣三事。国主及臣僚宴饮，渤海厨子进艾糕，各点大黄汤下。北呼此节为"讨赛离"。又以杂丝结合欢索，缠于臂膊，妇人进长命缕，宛转皆为人象，带之。①

习俗活动有穿艾衣、食艾糕、饮大黄汤、臂缠合欢索、佩戴长命缕等。

金朝是女真人建立的政权，灭辽之后在辽南京的基础上营建中都，北京成为它的政治中心。在这之前，女真人没有历法，主要通过观察草木荣枯来了解年度变化，《大金国志》载："女真旧绝小，正朔所不及。其民不知纪年，问之则曰：'我见青草几度矣。'盖以草一青为一岁也。"②迁都北京后，则模仿汉制，使用中原历法，采用中原节日体系，并将端午节视为重要节日，放假一天。金世宗自己就亲口说过"本朝风俗重端午"的话，由此可见，端午这一节日对于金人的重要性。除了汉人之外，契丹人也对金朝端午节产生了深刻影响，史载，金朝沿袭辽朝习俗，在重午、中元、重九日行拜天之礼，并有射柳、击球之俗。

元朝是北方少数民族蒙古族建立的全国大一统政权，也将都城定在北京。此时期北京的端午习俗兼收并蓄、融合南北，活动更加丰富多彩，世俗娱乐气氛更加厚重。在上，"上自三公宰辅、省院台，俱有画扇、彩索、拂子、凉糕之礼；中贵官同，故其费厚也"；在下，

---

① ［宋］叶隆礼：《契丹国志》，上海古籍出版社1985年版，第251—252页。

② ［宋］宇文懋昭撰，崔文印校证：《大金国志校证》，中华书局1986年版，第176页。

"市中卖艾虎、泥大师、彩线符袋牌等，大概江南略同"。①

总体来看，辽金元时期，北京的端午习俗具有鲜明的民族特色，拜天之礼就是一个典型。汉族祭天，多在二十四节气的冬至日，一般不在重午、中元、重九日行拜天之礼。但另一方面，这一时期也延续了汉民族的端午节日传统，并体现出多民族文化的交流与互融。以辽代的艾衣为例，艾是中原端午的重要节物，常用于泛酒，插于门楣或制成艾虎插在头上，具有避邪的功能。艾衣使用了艾叶，却是和绵制成，这又不同于中原，显然是根据本民族的生存环境、需求偏好而适当更新的结果。

其次，明清时期。明清时期，北京城市发展，商业繁荣，为节日发展奠定了良好的基础，端午节也在此时进入发展的全盛期。明代余有丁《帝京午日歌》对北京人过端午的情形做了十分全面的描述。诗云：

都人重五女儿节，酒蒲角黍榴花辰。
金锁当胸符当髻，衫裙簪朵盈盈新。
长安街道人人趋，三条九陌无断尘。
赤日中天万户动，棕藤清道骑官从。
高肩大轿风奔驰，王侯七贵相迎送。
陌上相望不相知，络绎追寻海子湄。
隐隐朱楼围翠幰，深深金谷驻褕帷。
买笑追欢日不足，喧过通衢喧水曲。
蹋归百草毒可禳，系出五丝命可续。
结缕仍将艾叶悬，禳祥却把兰汤浴。
我来戚里列笑家，眩恍疑乘天汉槎。
画壁丹楼池砌白，朱鱼翠鸟绮疏斜。
竟日淹留天欲暮，纷纷轩驷红尘度。

① ［元］熊梦祥著，北京图书馆善本组辑：《析津志辑佚》，北京古籍出版社1983年版，第219页。

公子王孙合沓归，摩肩击毂忘来路。

人生行乐须及时，汨罗之人非所为。[1]

在作者的笔下，端午节踏青出游，簪花插艾，吃粽子，喝蒲酒，习俗多样，是官民共享、老少同乐、男女咸集的民俗大节。

再次，民国成立至20世纪末。民国成立后，较长时间内战乱频仍，社会动荡不安，兼以政府实行阳历，对传统文化和传统生活方式进行批判和改造，都深刻地影响了端午节的生存状态，习俗活动明显减少，节日地位明显下降，不过仍然是重要的岁时节日之一。端午期间踏青游玩依然很兴盛。民国时期张江裁在《北平岁时志》里记述说："五日给假放游向属定例，本土居民之外，如各工商学徒，旧多趋卧佛一寺。今则天桥及金鱼池一带，群集如蚁。"驱邪避毒习俗仍有传承。民国《房山县志》载："五日，城乡各户悬符、艾，插桃枝，食角黍，泛菖蒲酒。用雄黄涂小儿耳鼻，以避毒虫。"[2]生于北京、后迁居台湾的作家唐鲁孙是满族镶红旗后裔，他也在《我家怎么过端午》中回忆："每年五月初一用雄黄、矾块、独头蒜、高粱酒，泡在一只瓷缸子里，在太阳底下曝晒，晒到端阳正午，用艾叶沾了酒浆，遍洒厅堂厨廊椿桷旮旯，自夏徂秋，确有驱疫防虫效果。"[3]

1949年中华人民共和国成立之后，依然沿用公历纪年，端午节法定假日地位丧失，加上社会变迁，观念更替，诸多习俗活动很难再维持下去，端午节式微，对于现代社会的人们尤其是对于年轻人逐渐失去了吸引力。

最后，进入21世纪以来。此时期，中华传统节日普遍复兴，端

---

① ［明］刘侗、于奕正著，孙小力校注：《帝京景物略》，上海古籍出版社2001年版，第113—114页。

② 丁世良、赵放：《中国地方志民俗资料汇编·华北卷》，书目文献出版社1989年版，第36页。

③ 唐鲁孙：《我家怎么过端午》，见唐鲁孙：《唐鲁孙作品·老乡亲》，广西师范大学出版社2013年版。

午节面临着新的发展契机，并表现出强劲的复兴势头。尤其2005年韩国"江陵端午祭"被联合国教科文组织认定为"人类口头和非物质遗产代表作"，让大家普遍认识到保护传承包括端午节在内的中华传统节日的必要性和紧迫性。与此有关，2006年，端午节被国务院批准列入第一批国家级非物质文化遗产名录。根据2007年《国务院关于修改〈全国年节及纪念日放假办法〉的决定》，端午节重新拥有了法定假日的地位，成为4个给予法定假期的传统节日中的一个。2009年，中国端午节被联合国教科文组织批准列入人类非物质文化遗产代表作名录，也成为中国首个获此殊荣的传统节日。2017年中共中央办公厅、国务院办公厅印发《关于实施中华优秀传统文化传承发展工程的意见》，明确提出要"深入开展'我们的节日'主题活动，实施中国传统节日振兴工程"，并列举了7个节日，端午名列其中。所有这些官方层面的政策措施，都与民间自发复兴端午节的诉求结合起来，产生巨大的动力，共同促进了端午节的当下传承，并使其在新的时代情境中呈现出新的风貌，端午节进入新的发展阶段。

二、耍青送青去：端午习俗多

名称是节日的构成要素，用字不多，内涵却丰富，能反映许多问题。在北京所有节日中，端午节是名称最多的一个。有用节日所在历法中的时间命名的，如五月五日、五日、午日、五月单五、重午、午节、端午节、五月节、夏节等；有用时节特点命名的，如天中节、端阳节；有用节日的重要活动命名的，如拜天节；有用节日主体命名的，如女儿节、诗人节；还有如讨赛篱、讨赛咿呢这样的名称，当是契丹的民族语。直到最近，端午节的名称才开始变得单一起来。从丰富多样到单一的变化，一定程度上揭示了当代北京端午节地方性的缺失。

传统社会，北京的端午节俗是历朝历代累积沉淀的结果，有些偏重于处理人与自然的关系，如拜天之礼，各种具有驱邪保健意义的服佩、装饰、饮食、采药合药等活动；有些偏重于处理个人与家庭、社会、朋友等各种人际关系，如出嫁的女子回娘家、君臣上下朋友之间的礼物往来等；有些则是为了个人身心的愉悦，如踏青、斗草等各种娱乐活动。种种活动交织在一起，构成了端午的民俗大节地位。

（一）拜天

"国莫大于祀，祀莫大于天。"端午节、中元节和重阳节都是辽金两朝举行拜天之礼的重要时间。在金朝，3个节日拜天的场地有所不同，中元在内殿，重阳在都城外，端午则在球场。端午节的拜天礼在当天早晨进行，事先要用木头雕刻一只船形盘，红底，上面画云鹤图案，盛放食物后，置于一个高五六尺的架子上，由皇帝带领百官祭拜。这样的拜天礼明清时期已经不再传承，不过明清时期的人们喜欢在端午节去天坛玩，又或许留着一点拜天的痕迹。

（二）踏青娱乐

"帝京午节，极胜游览"，有踏青之俗。他处踏青多在清明节，但北京是在端午。明朝时期，踏青已形成固定的地点，《宛署杂记》记载："士人相约携酒果游赏天坛松林、高梁桥柳林、德胜门内水关、安定门外满井，名踏青。妇女如之，比之南京雨花台更盛。"[1] 这些地点长期成为端午游览胜地。清代《帝京岁时纪胜》就专门提到天坛。人们或在天坛长垣之下骑马走解（即人在马上进行表演），或进入坛内，在神乐所前吃菜喝酒，喧呼于夕阳芳树之下，迟迟不愿回家。天坛一带，场地开阔，林木繁多，是休夏的好地点，适合骑马逞艺。神乐所坐落于天坛西门内稍南侧，是明清两代专门负责培训祭祀乐舞人员的机构，建于明永乐十八年（1420），初名神乐观，清乾隆八年（1743）改称神乐所，乾隆十九年（1754）改称神乐署。神乐所很长一段时间由道士经管，所以清代有诗云："一粒丹砂九节蒲，金鱼池上

---

① ［明］沈榜：《宛署杂记》，北京古籍出版社1980年版，第191页。

就重沽。天坛道士酬佳节，亲送真人五毒图。"[1]端午踏青，女性也是主角。清人屈复有《变竹枝词》云："要青送青去，黍白杏儿黄。龙舟在何处，但说闹端阳。"并对要青和送青进行解释："五月朔后，妇女游天坛，曰'要青'，至端阳曰'送青'。"[2]女子游玩甚至形成了特定的俗语，可见其兴盛之一斑。

端午节期间，阴阳二气互相争锋，是"阴阳争，死生分"的时节。在顺天应时的逻辑下，模拟阴阳相争的竞斗活动在端午节里就格外多，如龙舟竞渡、斗草、抓鸭子等。在北京，历史上射柳、击球是十分流行的端午竞斗习俗。

射柳、击球大约都起源于辽代，金元传承。根据史书记载，金代射柳十分具有挑战性，其具体做法是：在球场上插两行柳树，参加比赛的按照尊卑顺序，各自用手帕在柳树上做好标志，并在距离地面几寸的地方，把柳树的青皮削去，露出里面发白的部分。射时前面有一人骑马引导，射者也骑马，快速用一种专门的箭射向自己的柳树，能在削去青皮的地方将柳射断，又能够将断柳接住并奔驰而去的，是优胜者；射断柳枝但不能接住驰去的，是第二等；在青处射断柳树的，或者虽然射中没有青皮的地方却没有射断的，以及没有射中的，都算失败。每当有人射箭时，都会擂鼓助威，比赛激烈而热闹。射柳是全民均可参加的比赛活动，优胜者可以得到金帛等赏赐，失败者则要脱去衣服，以示羞辱。元代射柳与金代类似。

射柳之外，又有击球之戏。金代，击球的人员分为两队，都骑乘自己常骑的马匹，手拿数尺长、头上如弯月的鞠杖，共击一球，率先将球击进网中的一方即是胜者。元代击球时都用上等骏马，且十分重视所骑之马的装饰，"系以矬尾、璎珞，紫缀镜铃、狼尾、安答海，装饰如画"，比赛十分好看。"当击球之时，盘屈旋转，倏如流电之过

---

① ［清］庞垲《长安杂兴效竹枝体》，见张勃主编：《中国端午节丛书·史料卷》，广西师范大学出版社2013年版，第436页。

② ［清］屈复：《变竹枝词》，见张勃主编：《中国端午节丛书·史料卷》，广西师范大学出版社2013年版，第436页。

目"，看得人惊心动魄，"英锐之气奋然"。①

射柳、击球既是竞斗之戏，又有习武性质。它们在北京的流行，既符合端午的时节特点，又是金元政权尚武之风的自然结果。明代仍有射柳遗风，或称为剪柳。永乐十一年（1413）五月五日，明成祖就曾经在东苑组织过击球、射柳活动，自皇太孙而下诸王、大臣都参与其中。结果皇太孙朱瞻基（后来的明宣宗）连发皆中，明成祖十分高兴。射柳之后，又出上联"万方玉帛风云会"让朱瞻基对，朱瞻基对以"一统山河日月明"。明成祖看着自己钦定的国家继承人有如此气魄，更加喜悦，赏赐了很多名马和锦绮罗纱。到清代，射柳习俗仍然存在，而且会吸引许多人观看。道光年间彭蕴章有《幽州风土吟》云"女儿节，女儿归；耍青去，送青回。球场纷纷插杨柳，去看击球牵裙走"，即是明证。

竞渡是端午节极其重要的习俗活动，由于对水的要求高，故在南方更为流行。但北京为帝都，又有海子，所以竞渡也是有的。乾隆皇帝就曾命内侍在圆明园福海举行竞渡活动，并召近侍王公一同欣赏。画船箫鼓，飞龙鹢首，络绎于波浪间，颇有江乡竞渡之意。而在通州，也有"演龙舟于运河之中以为戏"的做法。

斗草也是端午期间的竞斗之戏，南北朝时期已经出现。在北京，有武斗、文斗两种方式，武斗就是"拔老根儿"，比试草的韧性。斗草者各选草茎一根，令其相交，各自用力拉扯草茎的两

端午节斗百草（张勃翻拍自《高碑店村志》）

---

① ［元］熊梦祥著，北京图书馆善本组辑：《析津志辑佚》，北京古籍出版社1983年版，第203页。

端，草茎断的一方为负。文斗就是比试谁认识的花草多，谁采到的花草品种多。《红楼梦》六十二回"憨湘云醉眠芍药茵　呆香菱情解石榴裙"里，香菱与芳官等四五人玩的就是典型的文斗。试看小说的描写：

> 外面小螺和香菱、芳官、蕊官、藕官、荳官等四五个人，都满园中顽了一回，大家采了些花草来兜着，坐在花草堆中斗草。这一个说："我有观音柳。"那一个说："我有罗汉松。"那一个又说："我有君子竹。"这一个又说："我有美人蕉。"这个又说："我有星星翠。"那个又说："我有月月红。"这个又说："我有《牡丹亭》上的牡丹花。"那个又说："我有《琵琶记》里的枇杷果。"荳官便说："我有姐妹花。"众人没了，香菱便说："我有夫妻蕙。"

武斗是对参与者体力和判断力的测试，文斗是对参与者记忆力和反应能力的测试，无论武斗还是文斗，都引导人们亲近自然，是既有趣又有益、值得当下继续传承的好游戏。看《红楼梦》的描写，似乎热衷斗草的是女孩儿们，事实上男子也十分喜爱，民国《顺义县志》载："男子于郊原采百草，相斗赌饮。"

（三）饮食习俗

粽子是北京最重要的端午节令食品。根据西晋周处《风土记》的记载，当时的粽子是用菰叶裹黏米并掺杂粟制成，用醇浓灰汁煮熟后食用。粽子的形状是模拟夏历五月初五时节宇宙间阴阳二气"尚相苞裹未分散"的样子。明代，凡遇节令，照例都要宴请文武百官，端午宴中不可缺少的食品就有粽子。民国时期，北京粽子的口味不同，形制也有多种，按老舍先生在《四世同堂》[1]里的介绍，卖粽子

---

① 老舍：《四世同堂》，见舒乙编：《老舍画说北京》，北京出版社2005年版，第68—70页。

是有"好几个宗派"的。一种是稻香村卖的广东粽子，个儿大，馅子种类多，价钱贵，也不十分合北京人的口味，但送礼显着体面。一种是"正统"的北京粽子，个头很小，没有馅，吃的时候撒上一点白糖，虽然味道一般，但模样儿好看。还有用江米杂以红枣的，个头稍大。另有一种用黄米包成粽子，"也许放红枣，也许不放，个儿都包得很大"。吃粽子最好用冰镇凉了吃，清清爽爽，香香甜甜，是别样滋味儿。

过去卖粽子可以从四月初卖到五月底，小贩们走街串巷，大声吆喝"江米儿的，小枣儿的，凉凉的大粽子"，为节日平添了几分热闹。如今粽子的馅料更丰富，品种也更多了，南方的肉粽、蛋黄粽等都会现身在北京超市里。不过，讲究的人家还是要自己用苇叶包江米小枣粽。

除了粽子，五毒饼也是应节食品。五毒儿饼是印有蝎子、蟾蜍、蜘蛛、蜈蚣、蛇等5种毒虫图案的玫瑰饼。过去，每到夏历四月，玫瑰花开，沿街叫卖，人们用玫瑰花瓣为馅料，做成甜饼，芳香可口。著名北京民俗学者赵书记述老北京的玫瑰饼时说："以京西妙峰山当年产的玫瑰花制成的饼最为高贵。用玫瑰花和以蜂蜜拌匀做馅，制成饼，上火烙，名曰端午饽饽，分为酥皮、硬皮两种，是高档细点，价格很贵，大约每斤八块，每块的价格相当于二斤白面，一般人家是吃不起的。但是，北京人认为若是在五月节吃上玫瑰饼是非常吉利的事，买不起饽饽铺的玫瑰饼，就自己动手蒸玫瑰馅的馒头或甜卷，以应节日之俗。"[①]

端午的应节水果是桑葚和樱桃。这两种水果都不易保存，所以京谚云："樱桃桑葚，货卖当时。"过去，桑葚、樱桃、粽子和玫瑰饼一样，都既用于佛前上供，又可食用。俗以为端午节吃白桑葚，夏天不误食蛆虫，吃黑桑葚，不误食苍蝇。过去北京卫生状况差，夏天蛆虫、苍蝇十分常见，故而有这样的习俗。如今卫生条件大大好转，人

---

① 赵书：《老北京怎么过端午》，载《新安全》2004年第7期。

们照例吃桑葚和樱桃、只是已不再有上面的说法了。

吃食之外，又有饮品，其中雄黄酒、菖蒲酒最为普遍。雄黄是一种矿物质，俗称鸡冠石、黄金石，有毒。将少量雄黄加入白酒或黄酒中即是雄黄酒，具有杀菌、驱虫、解五毒的功效，所以谚云："饮了雄黄酒，百病都远走。"对于小孩子，大人会在他们的额头、耳鼻、手足心等处涂抹上雄黄酒，宫廷中也不例外。曾经在慈禧太后身边生活过的德龄就写道："照向来的规矩是太后在这天正午的时候用一只杯子盛了酒和雄黄，然后用一个小刷子蘸了，在我们鼻子、耳朵下各画上几点，这样就可以防止夏天毒虫侵入。"[1]菖蒲，又名水剑，味辛温无毒，形似剑而有香气。中医认为它开心、补五脏、通九窍、明耳目，久服轻身不忘，延年益心智，高志不老，具有药用保健价值。唐代诗人张籍有《寄菖蒲》诗云："石上生菖蒲，一寸十二节。仙人劝我食，令我头青面如雪。"南北朝时已有端午饮用菖蒲酒的习俗，《荆楚岁时记》云："以菖蒲或缕或屑，以泛酒。"[2]北京沿袭了这一习俗，《帝京景物略》中就有"渍酒以菖蒲"的明确记载。

（四）服饰习俗

在北京诸多传统节日里，端午节的服饰是格外多样的。这里的服饰既包括人的服装和配饰，也包括对房屋等的装饰，其中心思想是驱除凶邪，强健身体。

仲夏季节，菖蒲和艾叶生长茂盛，或泛酒，或充当配饰，广泛应用于端午节，以致端午有蒲节和艾节的别名。辽朝宫廷，每届端午节会将艾叶和绵放在一起做艾衣，明代宫廷则从五月初一日起到三十日整整一个月，都在门两旁放置菖蒲和艾叶，初五日当天，还要饮朱砂、雄黄、菖蒲酒，佩戴艾叶。宫廷如此，民间也用菖蒲、艾子插于门旁，以禳不祥。节后，人们会将蒲艾晒干，收藏起来备用，可以治

---

① 德龄、容龄：《在太后身边的日子：晚清宫廷见闻录》，紫禁城出版社2009年版，第96页。

② ［梁］宗懔著，宋金龙校注：《荆楚岁时记》，山西人民出版社1987年版，第47页。

疗冻疮，为新生儿举行"洗三"仪式时也要用到。在毒虫多出、细菌滋生、人易染病的端午使用蒲艾，既有避害全生的象征意义，又有益寿延年的实际效果，是人们利用自然之物满足个体需求、表达美好愿望的典范。

"一丛千朵压阑干，剪碎红绡却作团。"石榴花是端午节的应时花。石榴树是北京四合院的标配之一，富察敦崇《燕京岁时记》云："京师五月，榴花正开，鲜明照眼。凡居人等，往往与夹竹桃罗列中庭，以为清玩。榴、竹之间，必以鱼缸配之，朱鱼数头游泳其中。几于家家如此。故京师谚曰：'天篷鱼缸石榴树。'"[1]如此，石榴花就比较易得，加上花红似火，既艳丽又俗信可以驱邪，深受人们喜爱，所以"石榴花开戴满头"是传统京城端午节的一道亮丽风景。石榴花不仅将小姑娘打扮得漂漂亮亮，也让老太太们俏起来。

凤仙花也是"端阳之佳卉"。凤仙花形似蝴蝶，有粉红、大红、紫色、粉紫等多种颜色，有的品种同一株上能开数种颜色的花瓣，也叫指甲花、透骨草、女儿花。女孩们常将花瓣捣碎，用树叶包在指甲上，可以染上颜色，"鲜红透骨，经年乃消"，所以《帝京岁时纪胜》云："凤草飞红，绣女敲而染指。"[2]

上面都是人们利用自然之物的典型，除此之外，人们还专门制作一些饰物。比如将彩纸剪成各种葫芦形状，倒粘在门上，"以泄毒气"；或者用檀香、木瓜、沉香、芸香等做成香囊；又或者用绒布、线、纸、草为原料特制"神符""福儿""葫芦儿"等多种饰物。

关于"神符""福儿""葫芦儿"，让廉《京都风俗志》记载：

> 贴画虎、蝎、虾蟆或天师等图，揭之楣间，谓之神符。
> 道家亦有画符以送檀越者。人家妇女以花红绫线结成虎形、

① ［清］富察敦崇：《燕京岁时记》，见王碧滢、张勃标点：《燕京岁时记（外六种）》，北京出版社2018年版，第91页。
② ［清］潘荣陛：《帝京岁时纪胜》，见王碧滢、张勃标点：《燕京岁时记（外六种）》，北京出版社2018年版，第46页。

葫芦、樱桃、桑葚及蒲艾、瓜豆、葱蒜之属，以彩绒贯之成串，以细小者为最，缀于小儿辫背间。或剪纸，或镂纸，折纸作葫芦、蝙蝠、卍字各式，总谓之福儿。杂五色彩纸以衬之，总谓之曰葫芦儿。妇女买通草小虎、彩绒福儿，戴钗簪头上。[①]

由上可知端午节期间的饰物是多么丰富多彩！而这还不是北京端午饰物的全部。

北京端午人工饰物及其形象，大约可以分为两类，一类如樱桃、桑葚、蒲、艾、瓜、豆、葱、蒜等，是时令物品，兼有祈吉驱邪之意。另一类时令意义不强，重在祈吉，如葫芦谐音"福禄"，蝙蝠寓意"福"，"卍"字意为"吉祥万德之所集"；或者驱邪，如虎符、小虎、天师、钟馗像等。虎乃兽中之王，气宇恢宏，威风凛凛。天师即道教法师张道陵，据说能够治病救人，还能降妖捉怪，因此俗信贴虎符、戴小虎、挂天师像能够镇邪。挂钟馗像则起源于钟馗捉鬼的传说。传说唐明皇有一次从骊山回宫，得了疟疾，啥办法都用了，一个多月还不见好转。一天他做了一个梦，梦到一大一小两个鬼。小鬼穿着红裤衩，光着一只脚丫，穿一只鞋，腰里别着一只鞋，手里握着一把纸扇，偷了自己的玉笛和杨贵妃的香囊，绕着大殿奔走。大鬼头戴帽，穿蓝袍，脚蹬朝靴，一只胳膊露在外面，他一把抓住小鬼，剜出眼珠后一口吞了下去。唐明皇问他是谁，大鬼施礼回道："我是终南山的钟馗。高祖武德年间，因赴长安应武举不第，羞归故里，撞死在殿前。高祖赐我衣袍下葬，我感德不尽，立志要除尽天下妖魅，以报皇恩！"唐明皇梦中醒来，惊出一身冷汗，疟疾居然好了。他把梦里钟馗的样子告诉当时著名的画家吴道子，吴道子挥笔作画。唐明皇见其所画居然和自己梦中所见一模一样，大为惊喜，下令每到端午就挂

① 让廉：《京都风俗志》，见《帝京岁时纪胜·燕京岁时记·人海记·京都风俗志》，北京出版社2015年版，第5—6页。

钟馗像，遂成习俗。

特别值得说明的是人们对待这些饰物的态度。到初五这天，除了"神符"和"福儿"，其余的饰物都要扔到街上去，叫"扔灾"。"福儿"要留着，"灾"自然是要扔掉的。这些饰物及其对它们的处理方式，再清楚不过地揭示了人们的愿望和诉求。

儿童身体孱弱，是端午节被格外关注的对象，许多服佩都体现出对儿童的爱护。比如用五色丝线制成"长命缕"缠在小孩子的脖颈、胳膊上，让儿童穿葫芦形或带有老虎、五毒图案的肚兜、马甲等，都是俗信能驱灾避邪、令儿童健康成长的重要活动。在服饰方面还格外强调男女有别，如《帝京岁时纪胜》就特意提到针对幼女和小儿的不同习俗："幼女剪彩迭福，用软帛缉逢老健人、角黍、蒜头、五毒老虎等式，抽作大红朱雄葫芦，小儿佩之，宜夏避恶。"[1]《四世同堂》中也写到小顺子给妈妈提出端午"还得戴葫芦"时，妈妈半笑半恼地说："你臭小子，戴什么葫芦？"小顺子则回答："给小妹戴呀！"妞子也不肯落后地宣称"妈！妞妞戴！"于是，"妈妈没办法，只好抽出点工夫，给妞子作一串儿'葫芦'"[2]。

（五）社会交往

我国传统节日都是维护和更新社会关系的重要时机，端午是大节，自然少不了交往活动。在传统社会，这些交往活动既发生在宫廷，也发生在民间。《辽史》记载辽太宗会同三年（940）端午节，宴请群臣和各国使节，宴会上"命回鹘、敦煌二使作本俗舞，俾诸使观之"[3]。金朝更在拜天、射柳、击球之后，君臣宴会，岁以为常。明朝永乐年间，每遇立春、元宵、四月八日、端阳、重阳、腊八等节日，

---

① ［清］潘荣陛：《帝京岁时纪胜》，见王碧滢、张勃标点：《燕京岁时记（外六种）》，北京出版社2018年版，第43页。

② 老舍：《四世同堂》，见舒乙编：《老舍画说北京》，北京出版社2005年版，第71页。

③ 《辽史》卷4"太宗本纪"，中华书局1974年版。

都要在奉天门赐百官宴，宴会食品，上桌有"酒五般，果子、小馒头、汤三品，糕一碟，粽子一碟，菜四色，酒五钟"，中桌有"酒四般，果子、小馒头、汤三品，糕一碟，粽子一碟，菜四色，酒五钟"，教坊司乐人有"酒一般，汤、饭、酒一钟"，级别明显不同。又嘉靖年间，凡端午节，文武百官都赐予一定钱钞和五彩寿丝缕，内阁辅臣，吏、礼二部尚书及日讲官等，又额外赏赐川扇以及鲥鱼、笋藕、枇杷、杨梅之类时令物品。

德龄也讲到清末宫中端午送礼的状况：

> 从五月初一起，大家就开始忙了，因为五月初五是端午节，不但是皇室亲族、宫眷和太监，一切大小官员也都有礼物送给太后。端午节那天，宫中礼物之多，是我从未见过的。每个送礼的人，还须附上一张黄纸写明所送礼物，并在右下角写明某某人跪进。初一到初五这五天是大家最忙的日子，尤其是太监，他们用黄盒子把礼物都装好，送到太后那里去。……礼物的种类极多，有日常用品，有丝织的或宝石的装饰品，有精美的雕刻和刺绣，最多的要算是洋货。……
>
> 五月初三是宫中人送礼的日子。宫中各处都好看得很。我们整夜的忙着，还要去帮皇后的忙。第二天，我们把礼物都装进黄盒子，放在庭院里。皇后的礼物是她亲手做的：有十双绣鞋，绣花手巾，槟榔荷包。皇妃所送的也大都是这一类。宫眷们送的礼物都是不同的，因为我们可以在节前请假出去购买。不过不能一齐出去，因为宫中必须留几个人。买了回来，大家互相激动地询问各人所买的东西。我母亲、妹妹和我都没有请假出去，因为我们的礼物已预备好了，我们早就写信到巴黎去定最美丽的法国锦缎，法国最时新的全套家俱，并附有扇子、香水、香粉、肥皂及其他种种法国的化妆品，因为我们摸熟太后的脾气，知道她喜欢这些东西。宫女和太监们也都尽他们最大的力量，拣最好的礼物送给太

后。太后把每样礼物都看过一遍，逢到特别菲薄的礼物，她就要看看送礼人的姓名。太后把最喜欢的几件挑出来，其余的就命人拿开，以后永远不要再看了……

五月初四是太后赏赐王公、官员、王妃、宫女、太监等的日子。太后有超人的记忆力，她能够记得各人送得的礼物并记得送者的姓名，太后的赏赐就依照他们送礼的厚薄而定。……

太后赐给每个宫眷一件绣花衣服，几百两银子，皇后和皇妃也是这样。赏给我们的与其余宫眷稍稍不同：每人有两件绣花衣服，几件家常衣服，短袄和背心，鞋子和花。她说我们的衣服不多，所以她不给银子而给现成的衣服。此外，她还给我一副极美丽的耳环，我妹妹却没有，因为她看到我只有一副普通的金耳环，而我妹妹却戴着一副嵌宝石的珍珠环。[1]

这些充满细节的描写，让我们对清末宫廷端午节的上下交往有了更加深入的了解。

在民间，自然不像宫廷这样奢靡，但用粽子以及樱桃、桑葚、荸荠、桃、杏、五毒饼、玫瑰饼等时令节物互相馈赠十分常见。特别引人注意的是，端午节是北京的"女儿节"，出嫁的女子要在此时回娘家，清人胡宗懋有《析津竹枝词》云："杏红衫子衬身妍，插鬓榴花红欲燃。到得家来团坐啖，煿鱼鬐饼不论钱。"并做注解："五月一日至五日为女儿节，闺中盛饰小闺女，其已嫁者归宁母家，多着红绡。"[2]描绘了归宁女子与家人团聚的温馨情景。

---

① 德龄、容龄：《在太后身边的日子：晚清宫廷见闻录》，紫禁城出版社2009年版，第93—96页。
② ［清］胡宗懋：《析津竹枝词》，见张勃主编：《中国端午节丛书·史料卷》，广西师范大学出版社2013年版，第438页。

（六）采药合药

五月是采药的季节，早在《夏小正》中就已有"五月蓄药，以蠲除毒气"的记载，《荆楚岁时记》亦云是日"采杂药"。五月所采之药，名目繁多，有植物类，也有动物类。植物类如前面所说艾草、菖蒲等。动物类主要是蟾蜍，故而京城有俗语云"癞蛤蟆躲不过五月五"。明代，每到五月五日，太医院就要派遣官员到南海子捕蟾蜍，挤蟾酥，以合药，制作紫金锭，可以辟瘟解毒，有消肿止痛之功效。去时要敲锣打鼓，举着旗幡，十分热闹！有人写诗加以嘲讽："抖擞威风出凤城，喧喧鼓吹拥霓旌。穿林披蟒如虓虎，捉得虾蟆剜眼睛。"

三、北京端午节的当代传承

随着时代的变迁，传统社会的许多端午节民俗活动都黯然消失，其文化内涵也大大削弱。但近年来端午节复兴态势明显，节日传承呈现出新的特点。当代北京端午节最突出的一个变化是博物馆等公共文化服务部门往往举办端午文化活动，为人们过好端午节搭建活动的平台。比如，孔庙和国子监博物馆原是元、明、清三代国家管理教育的最高行政机构和国家设立的高等学府，近年来每到端午都会举行相关的文化活动，包括古琴演奏、背诵《离骚》，为儿童在额头上点雄黄酒，教儿童折纸船、模拟赛龙舟等。又如北京民俗博物馆，也多次举办"我们的节日·端午节系列文化活动"，内容丰富多彩。以2017年为例，主要包括：①"粽叶飘香·快乐端午"合家欢。这年端午节，恰逢六一儿童节前夕，所以不少活动都是适合孩子们参加的。比如馆里准备了粽叶、米豆等材料，游客可以带领孩子现场体验包粽子；又免费提供雄黄酒，以便在孩子额头上画"王"字；还有斗百草、端午知识竞答、端午手工体验，由多位非遗项目传承人现场展示其代表作品，并演示制作技艺，教授孩子们及游客制作香包、剪纸、风筝、泥塑、豆塑、毛猴等民间工艺技法，制作蕴含端午元素的作品。②东岳雅集·传统文化体验，包括拓片、木刻、版画、书法、太极、茶道、汉服礼仪等。③民间花会舞端阳，邀请舞龙、舞狮队伍，为游客表演。④端午情思——宸冰经典诵读，邀请著名主持人宸冰带领小学生们，诵读端午诗词，感悟端午，纪念屈原。⑤端午场景复原陈列，门楣上插菖蒲、艾草，摆放八仙桌，桌上摆放桑葚、樱桃、粽子、五毒饼等节令食品，通过营造微缩端午场景，让观众了解老北京人过端午节的方式，在今昔对比中，重拾端午佳节情趣。⑥共享记忆文物展，包括"阅旨——徐州圣旨博物馆精品文物展""降以瑞相 吾在其中——十二生肖文物展"。位于五塔寺内的北京石刻艺术博物馆，自2013年起连续举办"五色五香——五塔寺端午文化嘉年华"，活动也是多种多样。比如，2018年"第六届五色五香五塔寺端午文化嘉年华"就包括活动启动仪式，"五彩连台"民俗文艺演出，"五行八作"非物质文化遗产手工艺展示与互动，"五彩缤纷"石刻拓片现场展示与互动，五彩斑斓书法、绘画笔会，"五谷丰登"包粽子比赛，"五子登科"五子棋小棋王争霸赛，熏风五月千样景——端午历史文化展，等等。

这些活动突出体验性、娱乐性和教育性，受到游客们的一致欢迎。还记得"第六届五色五香五塔寺端午文化嘉年华"活动中，主办方提前将包粽子所需的江米、小枣洗净泡好，放在大盆里，又备好苇叶和丝线，让游客现场报名参加，5个人一组，分若干组，以速度取胜。待裁判员一声令下，大手小手齐上阵，熟练的三下五除二就是一个，模样又齐整；不熟练的则左弄右弄也缠不到一起……活动的规矩是谁包的粽子谁拿走，这着实让那些有备而来的人高兴，更让不期而遇的人欣喜。有位老者事先并不知道有包粽子比赛，结果大显身手。比赛结束后，他一手拉着五六岁的孙子，一手拎着沉甸甸的粽子，笑呵呵地回家了。

北京人在端午节原有踏青娱乐的传统，加上相关文化活动的举行，公园景区遂成为人群聚集之地。据统计，2016年、2017年端午节3天假期，北京市重点监测景区累计接待游客均在410万人次。其中，以延庆为主会场的北京端午文化节尤值一提。2006年，延庆举办了第一届端午文化节，包括赛龙舟、包粽子、花会表演、挂艾草祈福等活动。随后几年里，端午文化节内容不断丰富，市级非遗展演、端午古诗文咏诵大赛、汽车集结赛、自行车骑行等休闲性、参与性强的活动相继登场，并推出了端午吉祥物"隆隆"和"庆庆"以及《三朝御路》大型实景演出。2009年，延庆端午文化节成为北京端午文化节主会场，它以丰富的活动吸引众多游客云集妫河两岸。Serenate2013年在博客中撰文《点赞北京端午文化节》描述参加端午文化节的情景："端午节这天上午，骄阳似火，却不能阻挡人们愉快的脚步，成群结队、摩肩接踵的人潮涌向妫川广场和夏都公园。北京第七届端午文化节暨北京市第二届'非遗大观园'端午游园会在美丽的延庆城区盛装开幕。我们是第一次参加这样的活动，那精彩纷呈的场景给我们留下了深刻的印象，饱尝视觉盛宴的同时品味到了新鲜感。"①

　　除了博物馆、公园之外，社区、企业、学校也纷纷在端午节举行活动。可以说，北京端午节正处于自觉传承的新阶段。一方面，插蒲艾、戴五色丝线、雄黄酒点额、踏青游玩等传统端午习俗活动在新的空间，以新的形式重新活跃起来；另一方面，也出现了非遗展演、古诗文咏诵大赛、纪念屈原等一些新的活动，从而为北京端午节注入新的活力，使其在传承文化、教育民众等方面发挥了更直接的作用。

　　北京端午节的复兴正在路上，保持现在的势头，就会传承有序，历久弥新。

---

① 参见http://blog.sina.com.cn/s/articlelist_3936060017_0_1.html。

秋季节日篇

相比于夏、冬二季，北京秋季的大节更多一些。七夕节之后不到10天便是中元节，中元节之后一个月即是中秋节，中秋之后不过二十几天，便又到了重阳节。如今则有国庆节，常常处于中秋节与重阳节之间。秋天是北京最美的季节，这样的季节配得起更多的节日，当然也可以说，正是因为这些节日的存在，才让秋天的北京更加美丽。

燕京风俗斗穿针：七夕节

一、一个与星星有关的节日

> 迢迢牵牛星，皎皎河汉女。
> 纤纤擢素手，札札弄机杼。
> 终日不成章，泣涕零如雨。
> 河汉清且浅，相去复几许。
> 盈盈一水间，脉脉不得语。

这是汉代乐府《古诗十九首》中的一首，凄美而动人，描述了牵牛和织女两颗星星，成为后世牛郎织女传说的原型，并与传统节日七夕节的起源发展有着密切联系。

牛郎织女传说是中国四大传说之一，堪称家喻户晓。这段传说有不少异文，目前流行的版本大致如下：古时候有一个善良的小伙叫牛郎，从小没有父母，和哥嫂住在一起。哥嫂嫌弃他，便分了家。分家时牛郎只要了一头老黄牛。在老牛的帮助下，牛郎与下凡到人间的织女结成夫妻。二人男耕女织，恩恩爱爱，生下一双儿女，日子过得十分美满。王母娘娘听说织女私自下凡后勃然大怒，派天兵天将把正在织布的织女掠回天上。牛郎闻知，披上老牛死后留下的牛皮，用担子挑起两个孩子，紧紧追赶。眼看就要追上的时候，狠心的王母娘娘拔下头上的簪子在牛郎前面画了一道，霎时间一条大河横空出世，将牛郎织女隔在两岸。夜色如水的秋初，人们仰望天空，总能看见一条白茫茫的带子横贯南北，据说它就是王母娘娘画的那条大河，叫作银河。银河之东有一颗亮星，它的两边各有一颗较暗的星，那是牛郎挑着他的一对儿女；银河之西有一大四小五颗星，那是织女和她的织布梭。人们非常同情牛郎和织女的遭遇，连世间的喜鹊也为他们抱不平，于是相约每年七月七这天飞到银河上为他们架桥，从此便有了牛郎织女一年一度的七夕相会。

牛郎织女传说把人间的离合和天上的星象联系起来，是如此哀婉动人又不乏浪漫情调，民众往往被它深深打动，愿意相信织女星、牵牛星果真由织女、牛郎幻化而成，而不了解极可能是上古时期的先人们先观测到织女星、牵牛星的运行状况及位置关系，并在天文历法中赋予二者以重要地位，才演绎出发生在他们之间的曲折故事。

在上古时代，织女星和牵牛星是两颗十分重要的天象星。织女星，位于天琴座，是全天第五亮星，在北半天球的亮度仅次于牧夫座的大角星，很早就受到人们的关注，成为时间的天文点。牵牛星位于天鹰座，是夏秋夜晚非常著名的亮星，也是我国古代一颗很重要的天象星，《汉书·律历志》载："织女之纪，指牵牛之初，以纪日月，故曰星纪。"[1]

据《夏小正》，七月"汉案户"，"初昏，织女正东向"[2]。汉即银河。银河横斜，随星空回旋，其走向在不同时间各不相同，当银河从南到北横亘夜空，其下端正好对着门户即"案户"的时候，七月就来到。根据天文学者的推算，《夏小正》时代这个时节的黄昏，织女星正升到一年当中的最高点，即到了天顶附近的位置，而四颗较暗的星星正在其东南方向，这就给人"织女正东向"的感觉。而此时，在"清且浅"的"河汉"东岸，在织女的东边稍偏南的地方，也有一颗分外明亮的大星在不停闪烁，那就是牵牛星。

分居银河两岸的牵牛星和织女星一东一西，遥遥相望，此情此景定然激发了古人的想象力，于是滋生出有关牛郎织女的美丽传说。现存最早透露牛郎织女传说信息的是《诗经·小雅》里的《大东》篇，只是那时候牛郎还不叫牛郎，而叫牵牛："维天有汉，监亦有光。跂彼织女，终日七襄。虽则七襄，不成报章。睆彼牵牛，不以服箱。"

---

① 《汉书》卷21"律历志"，中华书局1962年版。

② 张汝舟：《（夏）小正校释》，载《贵州文史丛刊》1983年第1期。

天上的银河波光荡漾，看银河这边织女每天移动7次，也没有织出布来，看银河那边闪亮的牵牛也不拉车负重。可见此时织女星与牵牛星已经人化，似乎也有了一定的关系。也许早在这首诗歌形诸笔墨之前，民间就已有牵牛织女的传说在流传，只是不像后来的那样丰富充满戏剧色彩，更没有喜鹊搭桥的情节罢了。而最迟到战国末期，牛郎织女传说已经影响到当时的民俗生活，形成民间婚嫁的时间禁忌，一些日子如戊申日、己酉日，传说是牵牛迎娶织女的喜事没有办成的日子，选择这样的日子结婚不吉利，不出3年，丈夫就会抛弃妻子。

上古时期七月份的到来是以织女星的位置确定的，更有文献记载织女星出现的日期："织女三星，在天市东，常以七月一日，六七日见东方。"[1]牛郎织女传说就与七月有了无法割舍的关系。

七月七又称七夕节，是个曾经拥有众多习俗活动并且流行广泛的传统节日。相传七夕是战国时期楚怀王设置的，但事实上大约到汉代，七夕才真正成为节日，当时的主要习俗活动是晒书、晒衣服。大约也是在汉代，牛郎织女传说中有了鹊的参与。民间认为鹊重情感，将鹊脑烤熟放在酒中食用，能令人相思。由鹊重情的特性，逐渐形成搭桥的传说："织女七夕当渡河，使鹊为桥。"从此，织女、牵牛"盈盈一水间，脉脉不得语"的悲剧传说就演化为鹊桥相会的浪漫结局。

其实牵牛星、织女星及其与银河的关系不仅演化为传说，还成为都城规划的天象依据。在天成象，在地成形。象天设都，在大地上利用或营建山川、建筑模拟天象，将其化为可以感知触摸的实体，是我国古代都城设计的一个原则。至迟秦汉时期，银河、织女星、牵牛星及其相对关系，就已体现在都城的城市规划中，出现"左牵牛、右织女"的传统布局。汉武帝时期在都城长安修建昆明池，就"立牵牛、织女于池之东西，以象天河"。东汉著名的文学家和史学家班固在《西都赋》中对此描绘道："集乎豫章之宇，临乎昆明之池，左牵

---

① 《星经》，见萧放：《传统节日与非物质文化遗产》，学苑出版社2001年版，第149页。

牛而右织女，似云汉之无涯。"[①]

北京作为帝都，也有和牵牛星、织女星联系密切的布局。其中一处在今天的颐和园。当年乾隆皇帝修建园林时，借鉴大禹治水时以铁牛镇水的典故，在昆明湖东侧设铜牛，以服水患。为了表示对农耕的重视，又令在湖西按水乡农家风格造织房、染房、蚕房等景，并御题"耕织图"刻于石碑上。这一景观的营造与昆明湖东侧铜牛相对应，成为左牵牛、右织女的象征，并承载了重农务本、男耕女织的诉求，正如乾隆皇帝赋诗所云："镇水铜牛铸东岸，养蚕茅舍列西涯。昆明汉池不期合，课织重农要欲佳。"其中"昆明汉池不期合"，就是讲乾隆皇帝在昆明湖东岸、西堤设铜牛、耕织图，与汉武帝在昆明池东西修建牛郎、织女石像实属英雄所见略同。

另一处和牛郎织女星联系密切的布局在今天安门附近。明永乐年间修建紫禁城时，开辟了两条金水河，流经今故宫太和门前的为内金水河，流经承天门（今天安门）前的为外金水河。除了在金水河上修建金水桥外，还在承天门东侧即金水河下游菖蒲河上修建一座小桥，名为"牛郎桥"。在承天门西侧，即金水河上游玉河上修建一座小桥，名为"织女桥"。这些设置同样是对天象的模仿，旨在营造帝居的神圣性。清末，牛郎桥和织女桥因年久失修已破败。再后来，因为城市改建而消失。2002年，北京市恢复菖蒲河景观，重修了牛郎桥，但织女桥至今仍未得到重建，只留下"织女桥东河沿"这一地名。这对于北京博大精深的城市历史文化来讲，不能不说是一种遗憾。据说当年明成祖朱棣曾亲自在七夕节时带着后妃宫女们到金水河旁观星、祭拜牛郎织女。如果有朝一日能够复建织女桥，不仅可以更好地讲述北京作为都城的故事，也可以为当下人们过好七夕节提供一处胜地。

二、乞求、应时、爱情：北京七夕节的关键词

七夕节历史悠久，习俗多样，内涵丰富。早期七夕节的关键词是

---

① ［东汉］班固：《两都赋》，见《后汉书》卷40"班彪列传"，中华书局1965年版。

"晒"，可谓曝晒节。七月为孟秋之月，秋高气爽，适合曝晒衣服、经书等物品。东汉人崔寔在他的《四民月令》中明确提到："是日也，可合药丸及蜀漆丸；曝经书及衣裳；作干糗；采葸耳。"①

又魏晋时期有两件逸事颇能说明时人之风度，也显示了曝晒习俗的普遍。一则和竹林七贤之一的阮咸有关。话说某年七月七，道北姓阮的富户人家大晒衣服，挂出来的都是绫罗绸缎，以此夸富。阮咸居于道南，他用长竹竿挑起一块又脏又旧的破布片。有人问他为什么这样做，他说："不能免俗，应个景吧！"另一则与名士郝隆有关。郝隆生性诙谐，博览群书。七月七这天，他仰卧在日头之下，摊着肚皮晒太阳。有人问他在干什么，他说："我晒书。"

到了唐代，这一习俗仍然传承。沈佺期有诗《七夕曝衣篇》就描写了当时宫廷晒衣的盛大场面。宋代以后，七夕节曝晒的习俗明显少了，另一个节日六月六，也叫天贶节取而代之，成为中国的曝晒节。不过从目前文献记载来看，北京七夕节与"晒"的关系不大，它更多与另外三个关键词"乞求""应时""爱情"有关。

（一）乞求

七夕节是乞求神灵达成愿望的节日。

在人们心目中，牵牛星、织女星是具有自然力的神灵，可以祭拜乞求，帮助自己实现美好的愿望。西晋周处在《风土记》中为我们描述了当时民间七夕节俗的生动场景：七月七日夜，人们将庭院洒扫干净，摆上茶几饭桌，设下酒脯时果，河鼓（即牵牛）、织女二星神此夕相会。如果见到天上的银河泛出奕奕白气并光耀五色，就是吉祥之兆。见到者赶快叩拜，并表达自己的愿望，可求富、求贵、求寿、求子，但只能表达一种愿望，而且3年内不能告诉任何人，否则无效。在这里，七月七日成为欣赏天庭欢会、祈求人间幸福的良辰佳节。直到近世，一些地方还有通过祭拜织女以祈求赐巧的做法。姑娘们用彩

---

① ［汉］崔寔著，石声汉校注：《四民月令校注》，中华书局1965年版，第55页。

色纸做个小纸人，画上眼、鼻、口等五官做成"巧姐"，在巧姐前置放香案、瓜果供品后，焚香合十，闭目祈求赐巧。有的还唱乞巧歌："我请巧姐吃桃子，巧姐教我缝袍子。我请巧姐吃李子，巧姐教我学纺织。我请巧姐吃甜瓜，巧姐教我学绣花。"据说拜过巧姐，姑娘就会心灵手巧，做什么像什么。

除了牵牛、织女，魁星也是七夕节祭拜的对象。魁星为北斗七星的第一颗星，也称文昌星。俗信七月七日是魁星生日，汉族民间谓"魁星主文事"。古代士子中状元时称"大魁天下士"或"一举夺魁"，都是魁星主掌考运的缘故。有一首专门写拜魁星的竹枝词云："五彩亭前祝七娘，三家村里拜文昌。桥填乌鹊星联斗，天上人间各自忙。"①

在北京，牛郎织女是人们乞求的主要神灵。元代熊梦祥在其《析津志》中这样记载："宫庭宰辅、士庶之家咸作大棚，张挂七夕牵牛织女图，盛陈瓜、果、酒、饼、蔬菜、肉脯，邀请亲眷、小姐、女流，作巧节会，称曰女孩儿节。觇卜贞咎，饮宴尽欢，次日馈送还家。"乍一看其情其景，像极了周处在《风土记》的描写，难怪熊梦祥补充说："亦古今之通俗也。"②不过，细究起来，这里描写的七夕节还是别具特色。这不是一户一家的私人行事，而是多个家庭女子的共同参与，大家不仅乞巧，还要"饮宴尽欢"，活动大约持续一夜才结束，是真正的"女孩儿节"。明代，北京居民仍然保持着祭星宴会的做法。明末文人陆启浤在《北京岁华记》中写道："七夕，宫中最重，各家俱设宴星河下，老丑妇则否。儿女对银河作拜。"清代宫廷也保持着祭星传统。《钦定宫中现行则例》中有明文规定：

每逢太阴星君七夕 （七月七日）祭牛女星君，宫殿监豫先奏闻。届日宫殿监率各该处首领太监等设供案、奉神

---

① 钱琦：《台湾竹枝词》，见赵杏根：《中华节日风俗全书》，黄山书社1996年版，第248页。

② ［元］熊梦祥著，北京图书馆善本组辑：《析津志辑佚》，北京古籍出版社1983年版，第220—221页。

牌、备香烛、斗香、燎炉、拜褥。御茶房、御膳房设供献四十九品。届时宫殿监奏请皇上拈香，行礼毕，奏请皇后率内庭等位拈香，行礼毕，奏请皇上送燎毕还宫。[①]

容龄记述了慈禧太后祭星的情景：

初七晚上六点多钟，皇后和我们大家都穿上蟒袍，慈禧仍穿便服，她带着我们到排云殿下湖边的供桌前，拈香行礼。供桌上供着两个黄毯神位，一个写："牵牛河鼓天贵星君"；一个写："天孙织女福德星君"。供桌上摆着瓜果，慈禧和皇后依次单独行礼，以后瑾妃和我们大家一同行礼。行完礼后，我们步行随着慈禧的轿子回到颐乐殿，大家脱去蟒袍后吃饭，这时舞台上正在演南府戏。[②]

北京七夕节，乞的内涵丰富，因人而异，但主要在巧、美、子等方面。

1. 乞巧

乞求心灵手巧是七夕节最重要的诉求，故而七夕节又称乞巧节。不同时期、不同地方乞巧的方式十分不同。有穿针乞巧、观影乞巧、蜘蛛乞巧等等，不一而足。

穿针乞巧，即穿针引线，谁穿得又准又快就为得巧，带有赛巧的性质。为了增加难度和趣味，对月穿针、暗处穿针、背手穿针等方法也被发明出来。穿针所用线，一般是五色缕，也称五彩线，即用五种颜色的丝线合成一根线；所穿的针，一般数目用七，俗称"七孔针"，也有用双眼、五孔、九孔的。

从文献记载看，穿针乞巧是最早兴起的乞巧方式。相传为汉人刘

① 郝成文、董越：《清宫乞巧节演剧述略》，载《文化遗产》2018年第6期。

② 德龄、容龄：《在太后身边的日子：晚清宫廷闻见录》，紫禁城出版社2009年版，第246页。

歆撰写的《西京杂记》中已有如下记录："汉彩女常以七月七日穿七孔针于开襟楼，俱以习之。"[1]南朝人宗懔也在其《荆楚岁时记》中提到七月七日夜，"人家妇女结彩缕，穿七孔针"[2]。魏晋以降，穿针乞巧成为普遍流行的习俗，唐宋时期更达到炽热的程度。唐代诗人林杰《乞巧》诗云"家家乞巧望秋月，穿尽红丝几万条"，即是明证。"长安城中月如练，家家此夜持针线"，连宫廷之中也不能免俗，甚至还起到了引领示范的作用。史载唐玄宗时期，每到七夕，宫中都会用锦绣结成可以承载几十人的百尺高楼，陈列瓜果酒肉，在上面祭祀牛郎织女，嫔妃们则在月亮下用五色线穿九孔针。

"燕京风俗斗穿针。"穿针乞巧也曾是北京七夕节的习俗活动。不过这一习俗一度消失，如今则又复兴起来了。2018年8月17日是七夕节，华灯初上时候，紫竹院公园里，一群身穿汉服的女子正进行穿针赛巧的活动。参加者每7人一组，每人手持一根彩线、一节对半剖开的藕，每节藕上插有七孔针。只听一声令下，大家就纷纷忙了起来，争先恐后地将线穿进针眼里，有的眼疾手快，不一会儿就全部穿上，有的则稍逊一筹，还有的过了许久才穿好，不得不找多个理由为自己开释。围观的人们则指指点点，说说笑笑，一片祥和气氛。我问一个女子为什么要用藕插针，她说："藕眼多，用它就会心灵手巧啊！"

除了穿针之外，观影也是北京七夕节乞巧的方式，而且这一方式更加流行。所谓观影乞巧，就是将一些东西放入水中观察它呈现的物影来乞巧，所放东西多为针、苗之类。根据活动举行的时间，物影又有日影和月影之分。

漂针在华北一带较为流行，又称"丢花针""照巧针"等。周宝善《津门竹枝词》云"月初七日撂花针，向午瓷瓯白水斟。我欲天孙学织锦，适同乞巧阿侬心"，反映了天津一带七夕漂针的做法与诉求。北京也多在白天漂针乞巧，称为"丢巧""丢针儿"。具体做法

① ［汉］刘歆等撰：《西京杂记》卷1。
② ［南朝梁］宗懔著，宋金龙校注：《荆楚岁时记》，山西人民出版社1987年版，第55页。

就是在七夕这天中午前，盛一碗清水放在太阳下曝晒，过一段时间后，水面上就结成一层薄膜。让女子将针丢在水面，有了薄膜的支撑，有的针就能浮在上面，并在日光的照射下在碗底投下不同形状的影子。人们通过观察水底的针影来判定女子的巧与拙。诚如明代曾经担任宛平县令的沈榜在其《宛署杂记》中所说："日影或散如花，动如云，细如线，粗如槌，因以卜女之巧。"[1]一般来讲，"花针巧，棒槌拙，砖头瓦块差不多"，影子是以细长为好、粗短为劣的。不过，在实际操作中，人们会赋予针影以更多含义。比如清末宫中仍然盛行乞巧之俗，宫里年老的太后会作为裁判，评定后妃和宫女们的巧拙。有机灵的宫女为博得太后喜欢，就挑选针孔大点的针放在水上，太阳光射过针孔会投下一个小白点，就恭喜说这是织女在保佑老太后眼不花、耳不聋，能健康长寿，哄得太后开心，皆大欢喜。

当然也有以松针或极细的黍苗代替针的。北京民俗学者常人春、陈燕京在《老北京的年节》中引《旧京风俗志稿本》："是夕，用大碗盛清水一碗，放在空庭之中，以接清露，禁止摇荡。至次日，碗中即可结成一层极轻薄之水皮，俟至次日日中，另备一种极轻细黍苗，用小刀削成针形，此苗质轻，投之水面，可以不沉。小女儿环立水碗四周，轻以黍苗投入碗中，而查看碗底之影，如为细长，而宛似针形者，则谓织女已与巧矣；设为粗短等形，则谓未能得巧。"[2]

蜘蛛乞巧是将蜘蛛装于盒内或用碗覆盖，并根据一定的标准来判断是否乞得巧来，如有以是否结网为标准的，若结网就得巧；有以所结网丝多寡为标准的，网结得越密表示乞到的巧越多；有以网结得是否有条理为标准的，有条理则谓得巧；还有以蛛丝是否穿针为标准的，若蛛丝穿过针孔即为得巧。早在南北朝时期，人们就已将蜘蛛与乞巧联系起来。《荆楚岁时记》中提到，当时女子们在庭院中摆上瓜果穿针乞巧。那么通过什么方法判断已经得巧了呢？那就要看是否

---

① ［明］沈榜：《宛署杂记》，北京古籍出版社1980年版，第192页。
② 常人春、陈燕京：《老北京的年节》，中国城市出版社1999年版，第195页。

有喜子网于瓜上。喜子就是蜘蛛，有蜘蛛在瓜上结网，就是得巧的标志。不过在这里，蜘蛛还依附于穿针，而没有成为独立的乞巧方式，到唐代就不同了。据王仁裕《开元天宝遗事》记载，唐玄宗时期，李隆基和杨贵妃每到七月七日夜里，都要在华清宫游宴。宫女们则捉蜘蛛放到小盒子里，到第二天一早打开，查看蛛网的稀密，以确认是否受到神灵的眷顾。宋代以降，蜘蛛乞巧的做法十分普遍，《东京梦华录》和《梦粱录》中均有将蜘蛛置于盒内以结网圆正为得巧的记载。后世地方志中记载这一方式的非常多，可见其流行的广度。过去北京也有这一做法，《析津志》中有"星前月下遥相忆，钿盒蛛丝觇顺逆"的语句，可以为证，但传承似乎并不久远。

另外，从前七夕节时，北京市场上有售卖七巧图的，是一种节令玩具，以七块不同形状的小木块为一套，可拼成鸟兽、人物的模样，变化多样，是对智力和想象力的锻炼与考验，类似于现在的七巧板，十分有趣。

2. 乞美

追求美是女子的天性，而男子对女子容貌美的重视更激发和强化了女子对容貌美的不懈追求。七夕这个以女性为主要活动主体的节日，也承载了对美丽的诉求。较早反映美丽与七夕节关系的，是西汉窦太后的故事。窦太后原名窦漪房，吕后当政时，以良家之女选入宫中，后来成为汉文帝的皇后、汉景帝的生母。景帝的儿子刘彻（即后来的汉武帝）继位后，窦太后又被尊为太皇太后，为汉帝国走向强盛做出了杰出贡献。据说她小时候没有头发，家人都看不起她。有一年七月七日夜晚，大家都出去看织女星，独独不让她去。结果有特殊的光照到屋里，这就是她后来成为皇后的吉兆。在这里，我们清楚地看到七夕是拒绝丑陋的。甚至在明末的北京依然如此，《北京岁华记》载："七夕……各家俱设宴星河下，老丑妇则否。"[1]

七夕节，人们不仅拒绝丑陋，还努力寻找使自己美丽的办法。在

---

① ［明］陆启浤：《北京岁华记》，见王碧滢、张勃标点：《燕京岁时记（外六种）》，北京出版社2018年版，第8页。

我国许多地方都有接露水的做法，民国《路桥志略》载："'七夕'，妇女用各种鲜花盛水盆内借以承露，曰接牛女眼泪以洗眼濯发，谓能明目美鬓。"①七夕时，女子们还常捣凤仙花取汁染红指甲，色如琥珀，经久不褪，同样具有明显的乞美色彩。北京女子较少接露水，但染红指甲是普遍的做法。

3. 乞子

传统社会里生儿育女被看作女性的责任，如果为人妻者不能生子，夫家一纸休书便可将其扫地出门，没有任何争辩的余地。因此七夕节也有乞子的意图。在民俗观念中，"瓜果"意为"瓜瓞绵绵""生子结果"，包含着子孙昌盛的祝福和期待。七夕祭星仪式上几乎都离不开瓜果，具有明显的乞子内涵。北京亦不例外。

另外，七夕节时还常常出现一种叫"磨喝乐"或者"摩睺罗"的物件，宋代已有。时人孟元老《东京梦华录》记载："七月七夕。潘楼街东宋门外瓦子，州西梁门外瓦子，北门外，南朱雀门外街，及马行街内，皆卖磨喝乐，乃小塑土偶耳……"②关于"摩睺罗"，上海辞书出版社1990年版的《中国风俗辞典》解释为"宋元时汉族民间玩具娃娃"，"实即唐代化生习俗的变异"。"化生"则是"一种祝愿妇女生男孩用的蜡制婴孩偶像。……俗信，这种蜡制的婴孩偶像，于七夕置于水中玩耍，可使妇女生男孩"。由此可见，摆设"磨喝乐"同样是一种乞子的习俗，而北京也有。《析津志》记载："七月皇朝祠巧夕，化生庭院罗金璧。"当时市场上的生意人，"仍以芦苇夹棚，卖摩诃罗巧神泥塑，人物大小不等，买者纷然"③。

此外，生巧芽也带有明显的乞子意蕴。巧芽多为豆芽或麦芽，或以麦、谷、豆等数种芽合成，要提前培育。培育巧芽，在宋代叫种生："又

---

① 丁世良、赵放主编：《中国地方志民俗资料汇编·华东卷中》，书目文献出版社1995年版，第859页。

② ［宋］孟元老撰，李士彪注：《东京梦华录》，山东友谊出版社2001年版，第83页。

③ ［元］熊梦祥著，北京图书馆善本组辑：《析津志辑佚》，北京古籍出版社1983年版，第220页。

以绿豆、小豆、小麦，于磁器内以水浸之，生芽数寸，以红蓝彩缕束之，谓之'种生'。"①清代北京也有"种生"的做法，如《帝京岁时纪胜》载："七夕前数日，种麦于小瓦器，为牵牛星之神，谓之五生盆。"②

令人遗憾的是，如今这些习俗在北京已经消失了。其实，像种五生盆的习俗，将麦苗与星辰联系，颇具情趣和诗意，完全可以重新出现在我们的生活当中。

（二）应时

传统社会，无论是国家大事还是个人的日常生活起居，都以顺天应时为指导原则，而最高统治者及其居住的城市在顺天应时方面具有示范性。北京七夕节的应时体现在服饰、饮食、节令戏等多个方面。

1. 服饰

七夕节，一般老百姓在穿衣方面没有格外的讲究，但这是女子们会集在一起乞巧乞美的日子，自然不免要在穿衣打扮上费些心思。而宫廷之中，会通过改变服饰来顺应节日的到来，根据明末太监刘若愚在《酌中志》中的记载，每到七月初七，宫眷都要穿鹊桥补子，清代宫廷也用喜鹊图案表示时间的变更。

2. 饮食

"吃巧"即享用特定的食品，也是顺应时节的典型表现。每到七夕节，民间喜用麦面或粉面（糯米面）加油、糖、蜜，剪成各式花样，或炸或烙，做成各种面点，称为巧果。这种巧果宋代已经出现了，孟元老《东京梦华录》记载："又以油面糖蜜造为笑面儿，谓之'果食花样'，奇巧百端，如捺香方胜之类。若买一斤数内有一对被介胄者，如门神之像，盖自来风流，不知其从，谓之'果食将军'。"③近世胶

① ［宋］孟元老撰，李士彪注：《东京梦华录》，山东友谊出版社2001年版，第84页。

② ［清］潘荣陛：《帝京岁时纪胜》，见王碧滢、张勃标点：《燕京岁时记（外六种）》，北京出版社2018年版，第49页。

③ ［宋］孟元老撰，李士彪注：《东京梦华录》，山东友谊出版社2001年版，第83—84页。

东地区的巧果为烙制，也叫"巧花"，是用油、鸡蛋、糖等料把面粉和好，发酵后，用木质的模子（即果模）制成各种花样，有莲子、桃子、金鱼、狮子、小鸡、蝙蝠等，上锅用慢火烙熟。有的还将各种巧果子用线穿起来，挂在小孩脖子上，让其边玩边吃。江浙一带的巧果有特制成织女、财神等人物形象的，俗称"巧人"或"巧酥"，售卖时则称为"送巧人"。

北京七夕也有巧果。有文献记载，宫廷中上演《七夕佳辰》《双渡银河》等承应戏时，演员要在台上向皇帝等人跪进巧果。近年来，北京稻香村开发了巧具产品，深受民众喜欢。巧果外皮为绿豆蓉，里面是玫瑰花、核桃仁、瓜子仁等馅料，造型十分注重一个"巧"字，共有鲤鱼、窗棂、葫芦、叶子、灯笼、如意锁和贝壳等7种吉祥图案，不仅小巧精致，而且充满美好寓意。如鱼形的，寓意年年有余，生活越过越好；葫芦形的，寓意身体健康，福禄长寿；如意锁形的，寓意小孩聪明伶俐，健康茁壮等等。其包装也颇具匠心，如盒面印有女子在葡萄架下对月穿针的民俗画面，内包装中印有《乞巧歌》和7幅趣味插画，单盒还随机配有一枚乞福签，凸显了食品的文化内涵及其与节日的关联。

3. 节令戏

传统节日是复合文化，既关乎生产又关乎生活，是祭祀、农事、社会交往、娱乐休闲等的综合，以戏酬神娱人则是历史悠久的文化传统，因此每至节日往往要上演节令戏，宫廷中尤其重视。清宫乞巧节承应的剧目会在夏历六月底和七月初反复排练，乞巧节当日两次承应，一次是祭祀献戏，一次是观赏演戏。

祭祀献戏戏目通常为《七襄报章》和《仕女乞巧》。《七襄报章》的名称出自《诗经·小雅·大东》："维天有汉，监亦有光。跂彼织女，终日七襄。虽则七襄，不成报章。睆彼牵牛，不以服箱。"意思是高天上灿烂的银河，如同明镜似的熠熠闪光。看那织女星每天7次移位运转忙，终究织不成美丽的纹章。再看那颗牵牛星，也不能像人间真牛那样拉车厢。但节令戏《七襄报章》所传递的意思就与此大大不同了：适逢圣皇之世，织女织的美锦无处可用，却不能普及人间，因此希望渡河时能遇到人间聪明贤德的女子，将龙梭传授给她，一同使世间太平和美。《仕女乞巧》主要讲述：乞巧时节，织女乘祥云来到人间，所见人间尽为佳节景象。人间妇女见织女下降，一同向她跪拜，希望乞得心灵手巧、容颜美丽。两戏属于仪典戏，都没有出现牛郎，旨在献锦报瑞，歌颂盛世升平。献戏的地点，嘉庆、道光朝均在圆明园里的西峰秀色。咸丰朝以后，多在西峰秀色、紫禁城内西六宫之北的静怡轩、紫禁城重华宫内的崇敬殿、中海西侧的紫光阁、颐和园的玉澜堂等处。

观赏演戏剧目并不固定，一些甚至与乞巧节俗无关，不过也有关联密切的，如《银河鹊渡》《鹊桥密誓》等。其中《银河鹊渡》的情节是：青苗五谷神在乞巧节巡查郊野时，遇万鹊成群，以为它们作践了五谷田苗。月老出场解释，说它们正在奉旨为牛郎织女相会架桥。于是牛郎织女相见，人间也家家欣喜、户户团圆，正是"圣人有道，万姓同欢"。该剧反映了夫妻和睦、万家团圆的主题。《鹊桥密誓》的情节是：牛郎织女鹊桥相会，看到人间唐明皇与杨贵妃在长生殿乞巧，只见二人拈香行礼，焚香设誓，向双星祝告，愿生生世世结为夫妻。牛郎织女见二人恩爱情重，一片诚心，深受感动，亦相盟誓。

宫廷之外，七夕节民间也上演《天河配》（《鹊桥相会》）等节令应景戏，一进农历七月，北京家家戏园子门口就要贴出海报。京剧大师梅兰芳曾于1921年七夕节在吉祥茶园演出此戏，并在剧中设计了摆七巧图、莲池出浴、鹊桥相会等布景，最后一场从鹊桥下飞出成百只鸟雀，一时传为美谈。1949年8月1日，正值七夕，按风俗要上演《鹊桥相会》。由于此前一个月平津两地的戏剧界刚刚提出旧剧改革的口号，为做出表率，就去掉了"天帝下旨赐婚"一场戏。结果许多观众不能接受。据一位外国记者回忆，落幕时，因为没有看到天帝下旨，许多人大叫："戏没完！戏没完！""当剧团的一位工作人员出来解释说，删去最后那场戏是为了破除迷信时，观众还拒绝退场……前排的观众甚至把瓜子抛到他的身上。大概十分钟后，观众才闷闷不乐地离开剧场。"①这个发生在七夕节的小插曲，折射出民众对于大团圆结局的热情期盼。如今，在京的剧院如长安大戏院等，每到七夕节还会上演牛郎织女的传奇故事，传递天下有情人终成眷属的美好祈愿。

戏院之外，民间还口耳相传牛郎织女的传说故事。2000多年以来，围绕着牛郎织女形成了许许多多的传说，故事情节多有不同，所要表达的主题也各有千秋。陈泳超主编《中国牛郎织女传说·民间传说卷》，收录了流传在全国各地的传说，充分反映了牛郎织女传说的整体样貌。在诸多传说异文中，反映两人不离不弃、喜鹊架桥助其相会的故事情节最能打动人心，也在北京流传最广。所以北京有谚语云"七月七，喜鹊稀"，意思是七夕节这天地上很难见到喜鹊的影子，因为它们都到天上搭桥去了。又有夜间在葡萄架下静听"天语"的做法，据说能听到牛郎织女隐隐的哭声。

（三）爱情

传统社会，七夕节是个以女性为主体，以乞巧、乞美、乞子为主要内容的节日，关乎男女爱情的内容并不多，但进入21世纪以来，七夕节明显转向爱情节，已成为当代中国人表达爱情的重要日子。这种突出爱情主题的转变，也得到官方的认可，2010年中宣部、中央文明办等7部门发布的《关于印发〈关于深化"我们的节日"主题活动的方案〉的通知》中就明确提出："七夕节、重阳节期间，突出爱情忠贞、家庭幸福、敬老孝亲的主题……引导人们追求爱情美满、家庭和睦的美好生活，大力弘扬尊老敬老的传统美德。"②在北京，近十余年来，每到节日来临，各大商店、酒店、饭店都会推出以爱情为主题

① 张霖：《新文艺进城——"大众文艺创研会"与五十年代北京通俗文艺改造》，载《文学评论》2006年第6期。

② 中宣部、中央文明办等7部门关于印发《关于深化"我们的节日"主题活动的方案的通知（2010年）》，见http://www.wenming.cn/ziliao/wenjian/jigou/zhongxuanbu/201203/t20120307_543725.shtml。

的活动，并打出各种活动海报招徕顾客。

传统上，七夕节虽然是女孩子的佳节，但对于结婚而言并非是个好日子，甚至出生在七月七日也不吉利。《红楼梦》里王熙凤让刘姥姥给自己的女儿起名字时就说："正是生日的日子不好呢，可巧是七月初七日。"后来，刘姥姥给她起名巧哥儿，才"以毒攻毒，以火攻火"，遇难成祥，逢凶化吉了。但是近来由于爱情主题的突显，七夕节已成为结婚的吉日良辰，许多年轻人会选择这天登记。

自2013年以来，首都精神文明建设委员会办公室、中共北京市通州区委员会、北京市通州区人民政府每年都联合主办北京七夕文化节活动，营造七夕温馨浪漫的爱情氛围，宣传爱情忠贞、家庭和睦的婚恋观念，推动形成爱国爱家、向上向善的社会风尚。至2019年已举办7届。每一届文化节上，主办方都设计多种多样的活动供市民参与，已成为京城盛事。以2018年第六届为例，其活动包括"情定运河　圆梦七夕"——第六届北京七夕文化节主题活动（开幕式）；七夕文化经典影片展播；七夕文化鹊桥会；七夕文化互动体验活动；七夕文化讲堂系列活动；等等。七夕文化鹊桥会连续举办两天，是为广大未婚男女提供交友空间的大型相亲活动；七夕文化互动体验活动，内容包括通州民俗特色的手工艺制品展示、优秀书画作品、晒幸福照片等。这些活动深化了人们对七夕节的理解，丰富了人们的节日文化生活，也用真情打动了人心。

三、结语

在多方的共同努力下，北京七夕节正在呈现崭新的面貌。一方面，乞巧、拜星、吃巧果、上演节令戏等传统习俗部分正在得到恢复；另一方面，突显爱情的创造性转换和创新性发展也在进行。人民是文化的创造者，我们完全可以期待一个兼具传统味和现代感的、更美好的七夕节。

水陆盂兰作道场：中元节

> 七月十五是个鬼节，死了的冤魂怨鬼，不得托生，缠绵在地狱里非常苦，想托生，又找不着路。这一天若是有个死鬼托着一盏河灯，就得托生。

这是现代作家萧红在《呼兰河传》中的一段文字，写的是中元节放河灯的习俗。中元节，也就是夏历七月十五日，民间又称为"七月半"，是一个慰藉逝去灵魂的节日。

一、从"秋社"说起

立秋后的第5个戊日是社日，是祭祀土地神的节日。汉代以前只有春社，汉代开始则有春秋二社。春社主要是祈求土地神保佑农业丰收，秋社则以收获报答感谢神明，即所谓春祈秋报。宋时还有食糕、饮酒、妇女归宁（回娘家）之俗，如《东京梦华录》所载：

> 八月秋社，各以社糕、社酒相赍送贵戚。宫院以猪羊肉、腰子、奶房、肚肺、鸭饼、瓜姜之属，切作棋子片样，滋味调和，铺于饭上，渭之"社饭"，请客供养。人家妇女皆归外家，晚归，即外公妻舅皆以新葫芦儿、枣儿为遗，俗云宜良外甥。市学先生预敛诸生钱作社会，以致雇倩祇应、白席、歌唱之人，归时各携花篮、果实、食物、社糕而散。春社、重午、重九，亦是如此。①

后来，秋社渐微。至清代，顾禄将秋社与中元挂上了钩，其在

---

① ［宋］孟元老撰，李士彪注：《东京梦华录》，山东友谊出版社2001年版，第86—87页。

中元思亲

《清嘉录》写道："中元，农家祀田神，各俱粉团、鸡黍、瓜蔬之属，于田间十字路口再拜而祝，谓之斋田头。按：韩昌黎诗：'共向田头乐社神。'又云'愿为同社人，鸡豚宴春秋'。……则是今之七月十五日之祀，犹古之秋社耳。"①如其所说，中元节包含农家祭祀田神的内容，很像旧时的秋社以丰收敬告神明。明代北京乡间，过中元节有一个重要的习俗便是祭麻谷。祭麻谷的风俗是农家祭祀的一种方式，也有告秋成之意，主要流行于河北、山东等地。明代沈榜《宛署杂记》中载曰："乡民以十五日取葛黍苗、麻苗、粟苗，以连带土，敷竖门之左右，别束三丛，立之门外，供以面果，呼为'祭麻谷'。"②清代于敏中《日下旧闻考》引《月令广义》也说："七月十五日，燕城乡民，葛黍苗、麻粟苗连根及土缚竖门之左右，别束三丛立之门外，供以面果，呼为祭麻谷。"③这种将各类禾苗立在门旁进行供奉的习俗有可能便是古代秋社的遗存，或也是顾禄将中元与秋社联系在一起的缘由。

二、绕城秋水河灯满

在明清北京的城市中，中元节的习俗与乡间不太一样。城市里的中元节多跟各类灯彩有关，这又与七月十五日同佛道两教的关系密不

① ［清］顾禄：《清嘉录》，王迈校点，江苏古籍出版社1999年版，第155页。
② ［明］沈榜：《宛署杂记》，北京古籍出版社1980年版，第192页。
③ ［清］于敏中等编纂：《日下旧闻考》，北京古籍出版社1985年版，第2346页。

可分。

佛教以莲花为法物，盂兰盆会多在河中燃莲花灯，主旨是拜祭先祖，超度亡灵，送走灾祸疾病，祈求吉祥平安。盂兰盆会原是佛教信徒为慰藉亡灵而设的一种宗教仪式，称为"屋兰玛纳"（ULLAMBANA），即盂兰盆会，本义是"倒悬之苦"，为了拯救苦难而进行的法会，其源于《佛说盂兰盆经》记载目连救母的传说。中国最初举行盂兰盆会的是南朝梁大同四年（538）梁武帝于同泰寺设盂兰盆斋。此后，历代崇信佛教的帝王亦在宫内设道场举办盂兰盆会。清代潘荣陛在《帝京岁时纪胜》"七月"中记述"每岁中元建盂兰道场，自十三日至十五日放河灯，使小内监持荷叶燃烛其中，罗列两岸，以数千计。又用琉璃作荷花灯数千盏，随波上下"。然后，"中流荡龙舟，奏梵乐，作禅诵，自瀛台过金鳌玉蛛桥，绕万岁山至五龙亭而回"[①]。清代《日下旧闻考》和《燕京岁时记》等北京地方文献，都记载了北京民间百姓夏历七月十五过盂兰盆节这一天点莲花灯的习俗。

旧时的中元节还要烧法船。法船是大型明器，小者一米多，大者十几米，一般是由冥衣铺匠人用秫秸扎架以彩纸裱糊而成。船头为猛虎图案，船的桅杆上挂一百旗子，正面写"盂兰圣会"，背面则写"慈航普度"，还要糊掌舵的一人，持桨划船的几人至十几人。夏历七月十五，盂兰盆会开坛，午前由首座方丈讲经，午后僧众和居士们一起祭送法船，也就是将法船放在河渠湖泊水面上焚化。清宣统元年（1909）七月十五日，清政府在紫禁城为慈禧太后烧了一艘华贵无比的法船：用上等木料做架，月绫罗绸缎糊成船体，糊制殿堂楼阁，内设桌案几榻、帐幕等，船上各部位还立有数十个绢制童男侍女、船工舵手，几乎相当于把一座宫殿搬进了船。

事实上，中元节之称来源于道教的三元说。道教信徒以佛经中的

① ［清］潘荣陛：《帝京岁时纪胜》，见王碧滢、张勃标点：《燕京岁时记（外六种）》，北京出版社2018年版，第49—50页。

说法为蓝本，附会七月十五日为地官下降，以定人间善恶，因于夜间斋醮诵经，使饿鬼解脱，因此创造出一个颇具道教色彩的节日。东汉末年，道教就有天、地、水三官的说法，北魏时三官与三元相结合，北魏著名道士寇谦之创造了三元的神话：有一位叫陈子祷的人，与龙王三公主结为夫妇，分别于正月十五、七月十五和十月十五日生下了天官、地官、水官三兄弟，分掌赐福、赦罪、解厄三事，被称为"三元大帝"。天官生日在正月十五日，其主要职责是为人间赐福，称上元节；地官生日在七月十五日，其主要职责是为人间赦罪，称中元节；水官生日在十月十五日，其主要职责是为人间解厄，称为下元节。

后来，"古老的秋尝祭祖和盂兰盆会都让位于道教的中元节，中元节已变成一个具有道教色彩的宗教节日，并固定于每年的七月十五日。它的形成正好体现了这一时期节日风俗中各种文化因素相互融合的特点，而这也正好是唐代文化兼容并蓄的最好体现"[1]。时间一长，人们已忽略七月十五这一天究竟是佛教来源还是道教来源的节日，而是作为一个传统民俗节日保留下来。

如前所述，七月十五这一天，明清北京的城市中最常见的便是放河灯。河灯也叫"荷花灯"，一般用木板做底，灯体为防水纸，底座上放灯盏或蜡烛，中元夜点亮放于河中或湖中，让其顺水漂流，以此祭奠先人，寄托对亲人的缅怀之情。春秋时代，《诗经》记载了秦洧两水秉烛招魂续魄的民俗活动。南朝梁武帝崇拜佛教，倡导举办水陆法会，僧人在放生池放河灯普度众生。宋代道教得到提倡，中元节各地放河灯济孤魂。明代刘侗、于奕正《帝京景物略》记京都："（七月）十五日，诸寺建盂兰盆会，夜于水次放灯，曰放河灯。"[2]中元节放河灯随道教、佛教传播而流行甚广，现代已经成为集祈福与娱乐于

---

① 何春燕、王晨娜：《中元节流变探析》，见李松、张士闪主编，张刚、刘宗迪副主编：《节日研究（第2辑）》，山东大学出版社2010年版，第193页。

② ［明］刘侗、于奕正著，孙小力校注：《帝京景物略》，上海古籍出版社2001年版，第104页。

一体的民俗活动。

中元节恰逢北京的初秋时节，各类瓜果成熟，许多植物都有可能被制成式样独特的灯具，除以鱼、鹅、鸭、莲花、荷叶等水禽、水中植物为形状外，还有"茄子灯"。据说，当年北京通惠河的二闸地域最流行"茄子灯"。中元节前几天，河岸船家主事人会挨门挨户集钱买茄子和红蜡烛，然后请各家妇女将紫茄子用刀切成厚片，装在竹筐里。待放灯时，船家划上几条船聚在一起，几个人分别用细竹劈儿在茄子片上插红蜡烛，点燃后平放于水面，一只只茄子灯连成片顺河漂浮而下，每年都会吸引四面八方的人们蜂拥而至观赏灯景。还有诸如苤蓝灯、西瓜灯、南瓜灯、葫芦灯等，一般是选半个西瓜、南瓜或苤蓝，将其中心掏空，当中插上点好的红蜡烛，往河里一送，也是随波荡漾，顺水漂流。当时，凡有河渠湖泊之处，如积水潭、什刹海等地都非常流行，最热闹的便是水关。有的孩子还会自己动手做一盏蒿子灯。在中元节前几天，小孩子到香火旺盛的庙里或从有的人家烧香后清扫倒掉的香灰里捡拾未燃尽的香头，裹纸条粘在蒿子枝上，天黑后星星点点，也有的小孩子用手举着满街跑，也称"星星灯"。从七月十三至十七日晚上，各家儿童及少数成年人均呼伴结群执灯游行，小孩子们还喊着"莲花灯，莲花灯，今儿点了明儿扔"，人们将此称为"斗灯会"。孩子们提着莲花灯，举着蒿子灯，打着荷叶灯，还有西瓜灯、冬瓜灯、南瓜灯、茄子灯等各式彩灯，成群结队在街上游玩，直到深夜为止。他们不管什么鬼不鬼的，只知道中元节是个愉快热闹

斗灯会

的日子。^①当然，除了上述可以自己动手制作的灯外，市面上比较多见的是灯彩业能工巧匠精心制作异彩纷呈的花灯。工匠用自己的精巧手艺，扎出各种河灯，从七夕后即开始售卖，任人选购。

在北京怀柔杨宋镇西树行村，人们为了祈求龙王爷、河神公少发大水，会在七月十五这天晚上用家里的水瓢放一只灯芯，再倒点煤油（有的人家还放上供品），然后将其放入河水中点燃，叫祭河神。后来随着生活水平的提高，放河灯的内容也变得丰富多彩了，还有了规模较大的放河灯队伍：打头的是一位老者，手里举着一面旗子，整个队伍都要听他的指挥；后面是敲锣打鼓的，叫鸣锣开道；再后是吹唢呐的、唱戏的；最后是秧歌队。娱乐之后，夜幕降临，人们再纷纷拿出各自做好的灯放入水中。^②

三、今夜中元似上元

因为起源和传播的问题，每逢夏历的七月十五，北京地区的佛道两教的寺观均有盛大的法事活动。直至晚清，北京尚有840多座寺庙，凡略有条件的都举办规模不同的盂兰盆会和中元法会。《京师竹枝词》曾描绘北京中元节盛况曰"坊巷游人入夜喧，左连哈德右前门。绕城秋水河灯满，今夜中元似上元"，道出了京师中元节的繁华与喜庆，如同元宵节一样美妙。

如今，北京地区还有道观和寺庙举行中元法事活动。北京西城区地安门外的火德真君庙会举行相应的法事活动：白天一般是隆重的拜"官"礼仪，即用设斋、诵经、进表等科仪庆贺清虚大帝诞辰；夜晚则设坛，以燃灯、施食、诵《萨祖铁罐度施食焰口》等科仪，超度十方孤魂野鬼。

同样坐落在北京西城区的广化寺，每年夏历七月十五都要举办盛

---

① 关于中元节的灯彩，详见李苍彦编著：《中华灯彩》，北京工艺美术出版社2013年版，第52—62页。

② 关于北京怀柔"七月十五放河灯"的描述，参见怀柔区非物质文化遗产保护工作办公室编：《北京市非物质文化遗产普查项目汇编（怀柔卷）下》，2006年，第475页。

大的盂兰盆会。旧时，广化寺盂兰盆会佛教仪式包括讲经、诵经、放生、放焰口、烧法船、点河灯，虽然名义上是超度亡魂，但事实上也会救助一些衣不蔽体、食不裹腹的乞丐。在抗日战争时期，广化寺曾在寺院中建立了医院，寺院僧众全力投入到救护伤兵的工作中，充分体现了佛教僧众的民族精神和爱国主义精神。抗日战争胜利后，国民党爱国将领也曾在北海太液池畔举办盂兰盆会，请广化寺法师为阵亡将士诵经并烧法船、放河灯。此外，因为广化寺临近后海，可放河灯，所以京城百姓来此观瞻或参与佛事活动的人络绎不绝。

七月十五仍然是人们追忆逝者、表达思念之情的重要时间节点。中元时节，顺水漂流的河灯也罢，熊熊燃烧的纸船也好，生活在和平与安宁环境里的人们依然做着一些事情，或是为了美，抑或是为了爱。

庆赏中秋结彩棚：中秋节

2016年9月14日，中秋节前一天，以"月圆中秋·情暖朝阳"为主题的"我们的节日·中秋节"系列文化活动在北京民俗博物馆举行。人们按照老北京传统习俗，复原了民间的传统拜月场景；又将大大小小形态各异、生动可爱的兔儿爷、兔儿奶奶汇成了色彩烂漫的兔儿爷山；又安排了月饼制作体验区，在这里，男女老少齐上阵，揉面、包馅、入模、"打"月饼、烘烤，忙得不亦乐乎……又有知识讲座、灯谜竞猜、经典诵读、制作传统手工艺品、太极拳表演、书画表演、民俗舞蹈表演、中秋习俗知识有奖竞猜等各种活动。游客们被深深吸引，沉浸于其中，并普遍反映"感到了乐趣，品出了'节'味儿"。

2016年9月15日，中秋节，昌平区回龙观街道龙城社区居委会活动室，首届"中秋邻里节"活动在这里举行。从早上8点多开始，居委会的成员和社区志愿者就开始紧锣密鼓地布置。9点之后居民陆续来到现场，9点30分活动正式开始。第一个环节是"听教授讲中秋趣闻"，大家边吃月饼、瓜果，边听中国人民大学退休教授刘耿生先生讲解中秋文化。第二个环节是"跟大厨做美味月饼"，来自龙城丽宫国际酒店的特级大厨常安先生向大家展示了各式各样的月饼，并示范了制作月饼的全过程。第三个环节是"DIY——自做冰皮月饼"，由社区居民亲手制作属于自己的冰皮月饼。整个活动持续了两个多小时，最后大家一起合影留念，其乐融融。"中秋人团圆，月饼来牵线。人人心欢笑，龙城邻里亲。"中秋邻里节活动，为居民搭建了一个更充满人情味的交往时空，不少居民都表示很高兴能有这样的活动。龙城花园3期的王女士就说："大家都在小区里住，平时也能见面，像这样这么多人聚在一起就只能靠居委会来组织了……中秋节嘛，就是讲究个团圆，像这样一起过节，我觉得挺好的。"①

　　同样是2016年9月15日，下午，北京朝阳区小红门博大路甲一号钢材加工厂（现已搬迁），来自湖北省阳新县龙港镇的十几位湖北人正在为晚宴热火朝天地做着准备。其中一项工作是打糍粑。"八月里，中秋到，家家户户打糍粑；快喊爹，快喊娘，烧开水，蒸糯米。蒸熟倒进碓窝里，拿起粑槌鹐糯米。"糍粑是龙港镇中秋节的象征，甚至比月饼更重要。送糍粑作为秋礼，一是为分享喜悦、庆祝丰收，希望来年都有丰年；二是用新粮感谢农忙季节里的互帮互助，加深彼此的感情。而今天，他们将家乡的习俗搬到了客居的异乡。据组织这次活动的陈女士介绍："整个过程进行了三四个小时，而且城里不比家乡方便，打糍粑的工具、过程就没那么讲究，虽然麻烦，但是大家都很享受城里的这种体验和乐趣。……乡里人出来打工不容易，这么多老乡在外地聚在一起更难得，大家一起趁着中秋节团聚团聚，动手做做这个家乡的传统食品，多好呀。"这天晚上6点左右，陈女士领着大家落座就餐，同乡们围坐在两张合并在一起的长桌四周，聊天喝酒，食用美味佳肴，在一片欢乐祥和中共享团圆。②

　　在同一个节日框架下，来自不同地方的人们带着自己的文化因子，过着有差异的节日生活，这就是当下北京人过中秋的基本样貌。时间的流逝没有黯淡中秋的光辉，这个生成于1000多年前的传统节日仍然活跃在人们的生活中。

一、一个与月亮有关的节日

　　中秋节，又称八月十五、八月节、月亮节、团圆节等，时在夏历八月十五日，深受国人重视，堪称中华传统节日第二大节，也是我国传统节日中与月亮关系最为密切的一个。

---

　　① 参见刘会靖：《中秋节的文化内涵及其当代传承研究》，北京联合大学硕士毕业论文，2017年。

　　② 参见刘会靖：《中秋节的文化内涵及其当代传承研究》，北京联合大学硕士毕业论文，2017年。

"中秋"一词早在先秦时期已经出现，《周礼》中有"中秋献良裘""中秋夜迎寒"的记载，但这里的中秋并无节日之意。中秋作为节日的出现，是发生在唐代的事情。唐代人一方面延续了中国关注月亮的古老传统，另一方面又在特定的时代背景中赋予了月亮以非同寻常的价值，并发明了八月十五赏月、玩月的习俗活动，中秋节由此形成并延续至今。

（一）中国素有关注月亮的传统

历代王朝都重视对月亮的祭祀。早在先秦时期就有相关的礼制规定。如《礼记·祭义》所云："祭日于坛，祭月于坎，以别幽明，以制上下。祭日于东，祭月于西，以别外内，以端其位。日出于东，月生于西。阴阳长短，终始相巡，以致天下之和。"北京的阜成门外有月坛，就是明代嘉靖时期修建的皇家祭月的专门场所。不过，特别值得一提的是，皇家在月坛祭月的时间并非在夏历八月十五中秋节，而是在二十四节气中的秋分日。由于祭月的具体时间是在晚上，故又称为"夕月"。

秋分夕月属于皇家祭祀活动，民众难以参与。然而，这并不影响民众对月亮普遍抱有神秘而美好的情感。民间流传不少关于月亮的传说和故事，如嫦娥奔月、玉兔捣药、吴刚伐桂等。

我国拥有大量吟咏月亮以及借月抒怀的文学作品，从《诗经·陈风·月出》到刘宋谢灵运的《怨晓月赋》、谢庄的《月赋》，再到梁元帝的《望江中月诗》、梁沈约的《咏月诗》等，月亮成为一个颇具中国特色的文学意象。

关注月亮的传统在唐代依然延续。在国家层面，依然重视对月亮的祭祀，根据《大唐开元礼》，政府要在秋分日于西郊祭月，卷26、卷27分别有关于"皇帝秋分夕月于西郊""秋分夕月于西郊有司摄事"的详细规定。在民众层面，一方面，人们依然讲述着先前已有的月亮故事，李白的《古朗月行》可谓这方面的明证，"小时不识月，呼作白玉盘。又疑瑶台镜，飞在白云端。仙人垂两足，桂树何团团。白兔捣药成，问言与谁餐。蟾蜍蚀圆影，大明夜已残。羿昔落九乌，天人清且安。阴精此沦惑，去去不足观。忧来其如何，凄怆摧心肝。"在仙人、桂树、白兔、蟾蜍等词汇的背后，都隐藏着关于月亮的美丽传说和想象。另一方面，则有拜新月的习俗，吉中孚妻所作《杂曲歌辞·拜新月》就描绘了女子们拜新月的生动情景。至于唐代文人对月亮的描绘，有新月、初月，有春月、秋月、关山月，更是不胜枚举，均显示出月亮在人们心目中的重要地位。

（二）赏月集中于八月十五夜：唐代人的文化选择

除了延续已有传统，唐代人在月亮习俗方面的重要贡献是突出了中秋月亮的价值，并将八月十五赏月发展成为一种社会上广泛流行的风俗。贞元十二年（796）八月十五夜，诗人欧阳詹与众文士聚集于长安永崇里华阳观观月赋诗，留下了一首有名的《玩月》诗："八月十五夕，旧嘉蟾兔光。斯从古人好，共下今宵堂。素魄皎孤凝，芳辉纷四扬。裴回林上头，泛滟天中央。皓露助流华，轻风佐浮凉。清冷到肌骨，洁白盈衣裳。惜此苦宜玩，揽之非可将。含情顾广庭，愿勿沉西方。"他还为这首诗写了一个长长的序言，阐释了中秋月亮特殊的审美价值。在他看来，八月十五"稽于天道，则寒暑均，取于月数，则蟾兔圆"，这时候，"埃墀不流，太空悠悠，婵娟裴回，桂华上浮。升东林，入西楼。肌骨与之疏凉，神魂与之清冷"①，正是赏玩的最佳时机。无独有偶，栖白也在他的《八月十五夜玩月》中格外强调了中秋月亮的特殊性："寻常三五夜，不是不婵娟。及至中秋满，还胜别夜圆。清光凝有露，皓魄爽无烟。自古人皆望，年来又一年。"②

基于这种审美，"爱玩"的唐代人形成了八月十五赏月的社会风气，诗人王建《十五夜望月寄杜郎中》诗云"今夜月明人尽望"，张

---

① ［清］彭定求等编：《全唐诗》卷349，中华书局1960年版，第3899页。
② ［清］彭定求等编：《全唐诗》卷823，中华书局1960年版，第9276页。

南史《和崔中丞中秋月》诗云"千家看露湿"，刘禹锡《奉和中书崔舍人八月十五日夜玩月二十韵》诗云"远近同时望"，均可为证。中秋节由此初步形成。此后其地位迅速提升，宋元时期成为民俗大节。

二、北京中秋节的核心习俗

老舍先生说中秋前后是北京最美丽的时候："天气正好不冷不热，昼夜的长短也划分得平匀。没有冬季从蒙古吹来的黄风，也没有伏天里挟着冰雹的暴雨。天是那么高，那么蓝，那么亮。"不唯如此，这时也是瓜果丰收的季节："各种各样的葡萄，各种各样的梨，各种各样的苹果，已经叫人够看够闻够吃的了，偏偏又加上那些又好看好闻好吃的特有的葫芦形的大枣，清香甜脆的小白梨，像花红那样大的白海棠，还有只供闻香儿的海棠木瓜，与通体有金星的香槟子，再配上为拜月用的，贴着金纸条的枕形西瓜，与黄的红的鸡冠花，可就使人顾不得只去享口福，而是已经辨不清哪一种香味更好闻，哪一种颜色更好看，微微地有些醉意了！"

中秋节是在北京最美丽的时候展开的民俗大节。北京的中秋节，热闹欢乐祥和，习俗活动丰富，因此又增加了北京的美，它让北京在最美丽的时候变得更加动人。

（一）千里人心共赏时

赏月玩月是中秋节的重要习俗活动，也是中秋节最早流行的习俗活动，唐代已然盛行，宋元以降，此风不减，南宋吴自牧著《梦粱录》记载："八月十五日中秋节，此日三秋恰半，故谓之'中秋'。此夜月色倍明于常时，又谓之'月夕'。此际金风荐爽，玉露生凉，丹桂香飘，银蟾光满，王孙公子，富家巨室，莫不登危楼，临轩玩月，或开广榭，玳筵罗列，琴瑟铿锵，酌酒高歌，以卜竟夕之欢。"[1]可见当时全民赏月玩月的盛况。而为了更好地品味欣赏月亮之美，人

---

[1] ［宋］吴自牧：《梦粱录》，商务印书馆1939年版，第25页。

们总是十分讲究玩月的地点。山上、船里、水边，空旷高远之处，最宜赏月，由此形成许多著名的赏月场所和景观，如上海陆家石桥，杭州西湖，扬州二十四桥，苏州网师园"月到风来亭"等等。在北京，卢沟桥、什刹海、颐和园、北海等处，都是赏月胜地。

以卢沟桥为例。卢沟桥位于丰台区，横跨永定河上，金代修建，是北京现存最古老的石造联拱桥。桥头立有石制华表，桥面两旁有石栏杆，栏杆望柱头上雕刻着石狮子，因其数多，且小狮子多雕于隐蔽处，故有"卢沟桥的狮子——数不清"的歇后语。每当黎明时分，明月倒映水中，愈显明媚皎洁。自金章宗年间"卢沟晓月"就被列为"燕京八景"之一。目前桥东头还立有清乾隆帝亲笔题写的"卢沟晓月"碑。在由中央电视台新闻中心发起的"最美赏月地"的投票活动中，卢沟桥以晓月、古桥、近水、远山并存相融的美丽意境位列榜首，也成为北京中秋节的赏月胜地。自2008年起，这里每年都会举办"卢沟晓月"中秋赏月会。活动丰富多彩，包括卢沟寻古、祈福望月、中秋诗会、做月饼、花车巡游、水舞秀、"点亮家灯·传递祝福"仪式等，受到广泛欢迎，也引起了大众的情感共鸣。清风徐来，圆月当空，站立在永定河滨、卢沟桥畔，在优美的咏月诗歌中感受来自千年古都的民俗风情和浪漫中秋，不由人思接千载，神游八荒。这样的活动，既有助于和谐社会关系，也是传统中秋文化在当代社会传承的表现。

再如什刹海。什刹海总水域面积33.6万平方米，是今天北京内城唯一具有开阔水面的开放型景区，保存有风貌完整的胡同院落、庙宇堂馆、王府园林和名人故居等文物保护单位40余处，秀丽的自然风光与厚重的历史文化积淀、浓郁的传统民俗风情、绚烂的现代色彩在这里共存相融，吸引着大批京内外游客慕名而来，是北京市最受青睐的历史文化旅游景区之一。中秋节期间，什刹海是一个很好的赏月场所。自1996年起，景区开始提供摇橹船赏月服务，并陆续推出多种多样的活动，如演奏二胡、琵琶和古琴等民乐，放荷花灯，安排中秋团圆宴等。在流光溢彩的灯色月影里，在摇橹船的欸乃桨声里，与游人一起听民乐、吃月饼、赏圆月，享受着浓浓北京味儿的迷人中秋。

北京人中秋爱赏月，除了风俗使然外，还在于此时气候宜人，风景绝佳，最适合户外活动。诚如张江裁《北平岁时志》所说："年节虽履端肇始，户所夙重，第风寒刺人，冰雪载道，驾言出游，行者则苦。八月冷煖适中，正足怡情悦性，夜色天街，其凉如水，一轮皓魄，照彻人寰，十丈软红中，值斯美景，益未可掷负良辰，此中秋一节之所以首胜，而在此数百年首善之区之北平，尤当首与沥著者也。"在这里，张江裁将中秋节与年节即今天的春节相比，甚至认为它比春节更宜于出游，更能够"怡情悦性"。

赏月可去户外，也可在家里。很多时候，赏月是与家庭团聚联系在一起的。民国《平谷县志》记载："夕设瓜果于庭院，坐待月华，供群饮为乐，谓之赏月。"饮食，所以合欢也。中秋节重家庭团圆，通过宴会相聚一堂，共享天伦之乐，是阖家团圆最好的表达方式。天上月圆，地上人圆，月圆共人圆，这就是北京人心目中的美满。

赏月往往还伴随着一些游戏，以增加过节的趣味。出生于恭王府花园并在园中生活了9年的著名画家爱新觉罗·毓峘先生回忆：每逢中秋之夜，全家老小在大主山秘云洞上边的邀月台宴罢，一起赏月，不仅主人之间诗词唱和，一些识文断字的仆人也参与作"宝塔诗"以和韵。《红楼梦》第七十五回写荣国府里中秋赏月，也有游戏："贾母便命折一枝桂花来，命一媳妇在屏后击鼓传花。若花到谁手中，饮酒一杯，罚说笑话一个。"

"中秋夜，饮玉卮，满酌不须辞。沉醉后，仰望时，月明儿，便似个青铜镜儿。"[1]月下欢饮，边饮边赏，是中秋乐事。今天的北京，夜晚华灯光明，月亮黯然失色，今天的北京人也难以像唐代人那样痴迷于中秋月，以至"立多地湿异床坐，看过墙西寸寸迟"，但许多人

---

[1] 《商调·梧叶儿·十二月》，见隋树森：《全元散曲》，中华书局1964年版，第1684页。

依然重视月亮，并保有一份凝望月亮的雅兴和情怀，为此不妨在中秋夜特意熄灭一段时间的灯光，以突显月亮的光辉，为赏月营造更好的自然环境与人文氛围。

（二）西瓜月饼供神前

"八月十五月儿圆，西瓜月饼供神前。"除了玩月，祭月也是中秋节的重要习俗活动。中秋节皇家也祭月。根据苑洪琪的研究，清代中秋节会在紫禁城中的乾清宫前设供案，"供桌上摆月宫符象，还要一个直径五十五公分、十斤重的大月饼。月饼上印有'郁仪宫'字样及玉兔捣药图案。大月饼左右，各摆一三斤重的月饼，摆各样小月饼数盘，摆酒、茶数盅。供桌上还要摆应时鲜花和应时鲜果"[①]。其中要有九节藕。九节藕，是指西苑三海（中南海、北海）莲花池内所出的九节生在一根上的果藕，取"九九"至尊意。又"供月西瓜必参差切之，如莲花瓣形"。摆好月供，就要燃香，皇帝、皇后等人依次对月光马行礼。待香燃尽，将月光马焚烧，撤下供品，祭月礼毕。

乾隆四十一年（1776）的中秋节，乾隆皇帝是在前往盛京的途中度过的，关于这次中秋节，档案中有详细记载：

> 八月十五日酉初，在莲花套大营西洋房东院内坐西北、向东南设摆月光花插一个，挨插屏前，摆条桌二张，一字摆着。用黄缎桌套一个（月花插屏、供桌、供器等样俱系打扫处随营带来的）。安毕，茶膳房随摆供一桌，十九品，摆三路。从里往外摆。月光祃两边，供子母藕一对（用斑竹杆，上捆鲜花，捆在月光祃插屏架上）。供桌后桌边上供黄豆角两把（高一尺五寸，挨着月光祃供）。头一路（供桌后桌边）中间设斗一个，上供大月饼一个（重十斤，彩画圆光）。斗

---

① 苑洪琪：《清宫宫廷庆中秋》，见彭国梁、杨里昂：《我们的中秋》，岳麓书社2004年版，第13页。

左边鲜果三品，西瓜一品。右边鲜果三品，西瓜一品。二路，中间设香炉一个，左边茶三盅，西瓜一品。右边酒三盅，西瓜一品。三路，香炉前，中间设檀香炉一个，炉左边，月饼一品二个（每个月饼重三斤），蜡台一个（此供子母藕，豆角，十斤重月饼，三斤重月饼，俱系随果报发来）。

万岁爷至供前拈香行礼，还西洋房少坐。

酉正，小太监常宁传送上用黄盘野意酒膳一桌，十五品。用茶房紫檀木折叠矮桌摆。

酉正二刻十分，香尽，养心殿首领刘秉忠请万岁爷送焚化。

总管萧云鹏用茶房如意茶盘请茶三盅、酒三杯。跪进，与上奠茶、酒，送焚化。毕，随撤供一桌。[①]

从上面的文字可以很清楚地了解皇家的祭月仪式，包括陈设、祭品、祭器、仪式程序等等。特别值得一提的是，一般认为北京有"男不拜月，女不祭灶"的习俗规制，然而上面的记述却告诉我们并非如此。至少在清朝中期，皇帝不仅要对月拈香行礼，而且要焚化月宫符像。"供月时男子多不叩拜"，大约是清末才形成的风俗。

在民间，中秋节祭月的盛行始于宋代，当时都城人家的小孩子，从刚刚开始会走路的，到十二三岁的，不论贫富，不论男女，都要穿上成人的服饰、怀揣各自的愿望行拜月之礼："男则愿早步蟾宫，高攀仙桂……女则澹伫妆饰，则愿貌似常娥，员（圆）如皓月。"[②]北京民间祭月也是十分讲究的。根据刘侗、于奕正《帝京景物略》记载："其祭果饼必圆；分瓜必牙错瓣刻之，如莲华。"此外，还要设摆专门的月宫符像："纸肆市月光纸，绘满月像，趺坐莲花者，月光遍照菩萨也。华下月轮桂殿，有兔杵而人立，捣药臼中。纸小者三寸，大

---

① 苑洪琪：《清宫宫廷庆中秋》，见彭国梁、杨里昂：《我们的中秋》，岳麓书社2004年版，第14—15页。

② ［宋］金盈之：《新编醉翁谈录》，辽宁教育出版社1998年版，第16页。

者丈余，致工者金碧缤纷。"① 月宫符像可以在市场上买到，做工精致，大小不一，上面有圆月，有菩萨，有宫殿，有捣药的兔子，祭月时摆放在月亮出现的方位，祭月后焚烧。这是明朝末年民间祭月的一般情形，颇与清代宫廷中的相仿佛。也许清宫中秋节的过法正是仿效民间习俗的结果，只是规模更大、仪式更谨严罢了。

近世民间依然有祭月习俗，据常人春、陈燕京介绍：

民间各户例于八月十五日晚上，在自家花园或庭院中设一矮桌，作为供桌。有将"请"来的"月光马儿"立于桌后者；有将从饽饽铺买来的刻有蟾宫玉兔图案的大月饼，谓之"团圆饼"插在木架上，当作神位者；还有既不设纸像，也不设神牌，只望空对月设供者。供品大都是中秋月饼中的"素品"——"自来红"（不供"自来白"）和各种鲜果。……有的人家还要蒸一张白面红糖馅的大饼，上面用麻果蘸胭脂，印上红花，亦谓之"团圆饼"，摆在各种供品中间。如果是讲究的人家，要将柿与苹果成对供上，取谐音"事事平安"之意；桃与石榴为对，以取"桃献千年寿，榴开百子图"之意；枣子、鲜栗子可撒于苹果、柿子之间，以寓"早早平安""利市"等意。供桌的外层是香炉、蜡扦和花瓶。蜡扦上有红烛，下压敬神钱粮（黄纸、元宝、千张）。花瓶内不插供花，而是一瓶插上毛豆枝，用以祀玉兔儿；另一瓶则插上紫红色的鸡冠花，以象征月亮里的婆娑树。②

可见不同人家在祭月方面的做法虽然有所不同，但都认真对待，在供品上颇费心思，通过讲究供品的颜色、形状、发音、味道及其搭配等，来表达内心的敬意与美好诉求。

---

① ［明］刘侗、于奕正著，孙小力校注：《帝京景物略》，上海古籍出版社2001年版，第104页。

② 常人春、陈燕京：《老北京的年节》，中国城市出版社2000年版，第230—231页。

20世纪50年代以后，祭月习俗消失了一段时间，进入21世纪以来，伴随着中华传统节日的普遍重振则又有复兴之势。自2008年起，西城区文物保护研究所会同国家图书馆，整理收集了各类有关月坛历史、祭祀文化的文献和研究资料，汇编成册，并依据清代《钦定礼部则例》《皇朝礼器图》《钦定大清通礼》等文献对祭祀音乐古谱进行了翻译、编曲和录制，复原了祭祀舞蹈，复制了祭器，对祭月礼仪程序进行了编排，于庚寅年中秋节（2010年9月21日）前夕，首次举行了国家祭月仪式表演活动。2011年中秋节，月坛公园正式举行了祭月仪式仿古表演，这一表演被官方命名为"夕月典礼"，属于"'月下欢歌'——2011中秋月坛祭月赏月文化活动"的一部分。其情形大致如下：

事先搭建仿古的月坛坛台，在祭桌上安排好神位与祝文。等到良辰到来，参加祭祀表演的演员便根据角色身着清代祭月服饰，各就各位。赞礼唱："祭月。"扮演皇帝的主祭出位，到奠席前，跪于席上，在赞礼的主持下上香、献酒，诵读赞美月亮的祝文，并对月行礼。之后，主祭及参祭者一起向月神行"再拜"之礼。赞礼唱："从献。"主祭离开奠席，参祭者按照长幼之序依次到奠席前，跪，上香，默默祈祷心中所愿，然后向月亮行拜礼一次。最后赞礼唱"礼成"，祭月仪式表演即告结束。在仪式表演进程中，也有乐舞。在司乐的赞引下，乐生奏乐，舞生依次行武功、文德之舞。祭月舞用八佾，文武舞生各64人，在仪式的不同环节唱不同的歌，有《迎光之章》《升光之章》《瑶光之章》《瑞光之章》《涵光之章》和《保光之章》，其中《瑞光之章》部分乐辞为："戛瑟鸣琴兮銷玉锵，神嘉虞兮申三觞。金波穆穆兮珠煜煌，休嘉砰隐兮溢四方。"

这种祭月仪式表演当然称不上真正的仪式，但它无疑丰富了北京居民的中秋节生活，也凸显了北京的古都风韵和城市特色。

值得关注的是近年来一些寺庙也出现了祭月仪式。比如地处西城区西便门外的白云观是著名的道教活动场所，每到中秋便举办祭月法会，吸引数以百计的市民前来参与。也有企业单位举行祭月祈福典礼。其中有家企业在陈设、祭品、祭仪、服装方面都试图复原北京传统的祭月仪式，还专门在供桌后面的大屏幕上设计了"月宫马儿"，并创新性地设计了分发福包的环节，祝愿朋友们生意兴隆，生活幸福，令参与者产生了十分特别而温馨的感受。但稍稍令人遗憾的是，"月宫马儿"上既没有月光菩萨，也没有捣药的玉兔，却有一匹昂首奋蹄的骏马，这大概是仅从字面意思上理解"月宫马儿"的缘故，也反映了人们因传统祭月习俗一度中断而产生了疏离。习俗的传承是环环相扣的链条，重振中秋节，需要大家对传统文化的深入了解。

对月亮的祭祀，本来根源于人们的感恩意识，后来人们又在祭月中增加了美好的愿景，进一步密切了人世与月亮的联系。秋风送凉，桂花飘香时节，怀揣对未来的憧憬，向一轮圆月致意，是多么美妙的景致呀！

（三）红白翻毛制造精

每个节日都有相应的食品，是中华传统节日的一个典型特征。中秋节最具代表性的节日食品是月饼，因其形圆似月而得名，也称"月团""团圆饼"等。圆圆的月饼象征着天上的满月和人间的团圆，寄托着人们追求人生美满的良好心愿。

一般认为，月饼的前身是汉魏以降以胡饼为代表的圆形面食，至于"月饼"这一名称，则最早见于南宋周密的《武林旧事》，不过，当时月饼并没有与中秋联系起来。大约到了明代，月饼在中秋节中的地位才得以确定。关于月饼的传说很多，北京地区流行的是"八月十五杀鞑子"的故事。话说元末时候，蒙古兵欺压汉人，人们不堪屈辱，决定联合起来共同抗元。为了统一行动，就将起义时间写在纸条上，夹到麦饼里，互相赠送以传递信息。后来为了纪念起义成功，就有了中秋节送月饼、吃月饼的习俗，而月饼中的青红丝，就是模拟当年传递信息的纸条……

我国月饼的种类，按产地分，有苏式、广式、京式、宁式、潮式、滇式等，各有所长；按饼皮分，则有酥皮、浆皮（即提浆）、混糖皮三大类；就造型论，又有光面月饼、花边月饼和图案月饼等；就口味而言，有甜味、咸味、咸甜味、麻辣味等；从馅心讲，有五仁、椒盐、豆沙、冰糖、芝麻、火腿等；不一而足。近年来，月饼的品种更是不断推陈出新，也更加符合人们追求饮食营养健康的标准。京式月饼即北京的月饼，其形制颇不相同，价格也有高有低。沈榜《宛署杂记》载："八月馈月饼。士庶家俱以是月造面饼相遗，大小不等，呼为月饼。市肆至以果为馅，巧名异状，有一饼值数百钱者。"[①]这是关于北京月饼较早的记载，可见明代万历年间，北京的月饼既有无馅的，也有有馅的，前者以家庭自制为主，后者在市场上多有销售。家庭自制的月饼大小不等，但口味相对简单，市场销售的月饼不仅形状多样，而且味道不同。也许可以说商人逐利的特性促进了月饼的丰富多彩。在城市中商业活动总会对节日习俗产生重要影响，在北京这样的首都城市，表现就更加突出。北京中秋节的繁荣景象是离不开活跃繁荣的市场的。

传统社会，北京的中秋月饼特指"自来红""自来白"及用于供月的大月饼"团圆饼"，它们都是北京饽饽铺的应时糕点，又称"月华糕"。每年从夏历八月初一起，饽饽铺就开始出售，其中又以前门外正明斋、东西牌楼芙蓉斋、东四北瑞芳斋、西单北毓美斋、地安门外桂英斋最负盛名。自来红又称红月饼，烤得颜色较深，清一色白糖、冰糖渣、果仁为馅，外皮上打一个红色圆圈，圈内扎几个小孔。自来白又称白月饼，制作原料主要有猪油、白糖、山楂、枣泥等。团圆饼，白面为皮，白糖、冰糖渣、果仁、青红丝为馅，以香油和面烤成，个头大，小的直径也有五六寸，大的直径更达尺余，上有月宫、玉兔等图案。团圆饼也有家庭制作的，多以白面为皮，红糖为馅，外面用胭脂印上红花。旧时京式月饼饼皮很硬，馅心也硬，口感并不很好。现代自来红、自来白已有革新，馅中加入桂花、青红丝、桃仁、瓜子仁等北京特产的果脯果料，质地也酥松，口感就好多了。

---

① ［明］沈榜：《宛署杂记》，北京古籍出版社1980年版，第192页。

宫中的月饼，由内膳房承做，精工细做，配料适中，并在皮上压有云朵、月宫、桂树、玉兔等图案，还有各种颜色，有彩绘的，也有红心白边的、白心红边的，或全红的或全白的，创造了宫廷月饼的独特风格。据档案记载，月饼上色用的颜色是飞金、银砂、大绿、石青、彩黄、靛粉、广胶、苏六。月饼规格，有直径55厘米的，重10斤；41厘米的，重3斤；25厘米的，重1斤；9厘米的，重5两；6厘米的，重3两；最小的月饼重1.5两。

为了更好更快地制作出美观的月饼，人们还发明了月饼模子。月饼模子多用枣木、梨木等坚实耐用、纹理细密的木料雕刻而成，图案主要表现中秋节的节令特点、文化内涵和美好诉求，如嫦娥、玉兔、桂树、云朵、花草等纹饰以及"中秋""福""禄""寿""禧""五谷丰登""阖家团圆""丰收"等文字。现在故宫博物院保存着宫廷御膳房做月饼的模子多件，规格不等，大小齐全，十分精美。

月饼是祭月时不可或缺的供品。用于祭月的，可以是团圆饼，也可以是自来红，但不能是自来白，其一，因为它是荤品，其二，因为"白"字受忌讳。还有一种月饼叫"提浆月饼"，特点是有大小号，可以从大到小叠码起来，如同一座小塔。清代杨米人有《都门竹枝词》云："团圆果共枕头瓜，香蜡庭前敬月华。月饼高堆尖宝塔，家家都供兔儿爷。"[①]

中秋是大节，人们往往在节日期间互赠礼品、互相宴请以加强联系，增进感情。正如著名北京民俗学者蔡省吾在其《北京岁时记》所载："大家互送节礼，送馆师节敬，放学三日。"[②]月饼是节礼中不可或缺之物。清代有竹枝词云"红白翻毛制造精，中秋送礼遍都城"，说的就是用月饼送礼的盛况。容龄在《清宫琐记》中讲述中秋节礼物馈赠的情形，也说到月饼："慈禧给我们每人八盒月饼和一些水果。

① ［清］杨米人：《都门竹枝词》，见［清］杨米人等著．路工编选：《清代北京竹枝词》，北京出版社2005年版，第19页。

② 蔡省吾：《北京岁时记》，见王碧滢、张勃标点：《燕京岁时记（外六种）》，北京出版社2018年版，第233页。

我们每人也进贡八盒月饼和水果。"中秋送月饼，这种风俗至今仍在沿传。只是随着电子商务的发达，许多人送月饼不再亲自登门，而是在网络上订制月饼，由经营企业直接快递给所送之家了。

（四）满街争摆兔儿山

"爷们儿，喜欢过八月节吗？"

"喜欢呀！"

"干吗喜欢呢？"

"能吃月饼、买兔儿爷呀！"

这是笔者小时候一到八月节就能听到的大人逗小孩子时的对话。

长期生活在北京的张国庆在一篇名为"老北京的八月节"的文章中这样写道：

> 每年只有到八月节，饽饽铺（即糕点店）才卖月饼，人们也才能吃到月饼；才能买到兔儿爷，摆在桌子上看着玩。热闹的八月节，是小孩子最期盼的节日之一，也是数十年后我对老北京最鲜明的记忆。[1]

兔儿爷是北京中秋节的标志物，也是接受人们祭拜的对象，明末文人纪坤在其《花王阁剩稿》中记载："京师中秋节多以泥抟兔形，衣冠踞坐如人状，儿女祀而拜之。"并有《戏题》诗云："向来闻捣药，此日竟为神。"[2]清末徐珂在《清稗类钞·时令类》中介绍："中秋日，京师以泥塑兔神，兔面人身，面贴金泥，身施彩绘，巨者高三四尺，值近万钱。贵家巨室多购归，以香花饼果供养之，禁中亦

---

① 《民间记忆：老北京的八月节》，见北晚新视觉 https://www.takefoto.cn/viewnews—912757.html。

② ［明］纪坤：《花王阁剩稿》，商务印书馆1938年版，第18页。

然。"①也表明了兔儿爷作为祭拜对象的本性。

兔儿爷的原型当是神话传说中在西王母身边执杵捣制神药的玉兔，后来成为月亮神话的一部分。大约由于玉兔捣药治病的职能与民众祈求健康长寿的心理诉求相吻合，故而能够受到人们格外的敬奉，民间流传的关于为什么祭祀兔儿爷的传说，就表明了这一点。相传很久很久以前，北京地区暴发了一场严重的瘟疫，许多人因此丧生，恐惧、绝望的气氛弥漫于京城。月宫中的嫦娥目睹这些于心不忍，就派玉兔下凡为百姓排忧解难。可是玉兔一身素白，人们忌讳，不让它进门。玉兔便借了寺庙中神像的战袍和铠甲穿上，将自己打扮一番，这下敲门就不再被拒了。病人吃了玉兔给的红、白两种面饼，竟奇迹般地好了起来。为了给更多人家送去良药，玉兔不断变换坐骑，奔波于大街小巷，消灭了瘟疫，治好了百姓的病痛。为了纪念玉兔的功德，人们就仿照它的样子做成塑像，摆在供桌之上，每年中秋祭月加以祭拜。

兔儿爷1（张勃翻拍自《双氏兔儿爷》）

兔儿爷2（张勃翻拍自《双氏兔儿爷》）

---

① ［清］徐珂编撰：《清稗类钞》第1册，中华书局1986年版，第32—33页。

大概因为儿童弱小，更易遭受疾病的威胁，也更需要兔儿爷的保佑，所以从目前文献记载来看，祭拜兔儿爷的主要是孩子，所谓"别有无知小儿女，烧香罗拜兔儿神"。清乾隆年间的"桂序升平"年画，则用更加直观形象的方式展现了儿童与兔儿爷的关系：威武的兔儿爷高踞案上，前面摆着月饼、西瓜、石榴、桃子、莲藕、鸡冠花等多种节令物品，旁边有一个小孩正在击磬；案几之下，两个孩子正在屈身跪拜兔儿爷，神情可爱，憨态可掬。

兔儿爷形象可爱，也是孩子们十分喜爱的玩具。我国著名学者、画家和书法家启功先生，1912年生于北京，并长期生活于北京，老年时曾坦言自己"打小时候起就喜欢兔儿爷"，并记得："童年过中秋节，我的一位老长亲舅姥姥还送给我好大的一个兔儿爷，那个头比床还高，足有一米来长，可把我乐坏了！旧时的北京城，一到八月中秋，东安市场就变得格外热闹，在整条街道的两旁，店铺一家接着一家，里面摆满了大大小小的兔儿爷，不只是琳琅满目，简直是铺天盖地，那场面好讲究啊！"当北京为2008年奥运会征集吉祥物时，启功先生曾毫不犹豫地要"投兔儿爷一票"[1]！

兔儿爷有泥塑者，或用砖模刻塑，或用手工捏成，也有用布扎制或用纸绘制的，多姿多态，"有顶盔束甲如将军者，有短衫担物如小贩者，有坐立起舞如饮酒燕乐者"，也有骑各种坐骑，如象、虎、鹿或麒麟的，各有寓意。如象谐音"祥"，寓意吉祥如意；虎为百兽之王，兔儿爷能降龙伏虎，寓意所向披靡；鹿谐音"禄"，寓意升官发财；麒麟是"兽之圣也"，出没之处，必有祥瑞等等。还有一种肘关节和下颌能够活动的，"其制空腔，活安上唇，中系以线，下扯其线，则唇乱捣"，俗称"呱嗒呱嗒嘴"。兔儿爷兔面人身，衣着华丽，两耳竖立，双目直视，嘴巴紧闭，手执药杵，英气勃发，威武中不失俊秀。关于兔儿爷的性别，仁者见仁，智者见智，莫衷一是，但大多数

---

① 钟少华：《"我投兔儿爷一票"：听启功先生谈兔儿爷》，载《文化交流》2004年第4期。

人觉得应是男性，所以艺人们又造了形形色色的兔儿奶奶与其配对，以免其在中秋之夜形单影只。您瞧，北京人总是将美好的愿望寄寓于各种载体之上，并不吝用善意的想象去实现。

兔儿爷是老北京的文化特产，并深刻地影响着北京的生活文化，它不仅让中秋节充满意趣，而且形成不少歇后语，点缀着人们的日常生活，如"兔儿爷的靠背——单挑""兔儿爷掏耳朵——崴泥""兔儿爷洗澡——瘫啦""兔儿爷打架——散摊子""兔儿爷拍心口——没心没肺""兔儿爷戴胡子——假充老人儿""兔儿爷过河——自身难保"等。

"瞥眼忽惊佳节近，满街争摆兔儿山。"将各式各样的兔儿爷摆放一起，堆成蔚为大观的"兔儿爷山"，是老北京中秋街头胜景，只是20世纪50年代之后迅速衰落了。令人欣喜的是，近年来中秋节日益受到国家和社会的普遍重视，一些传统习俗重新活跃，兔儿爷也成为北京人认可的非物质文化遗产。虽然当前制作兔儿爷的艺人不如当年那样多，但毕竟重新得到传承，对此泥塑大师双起翔起到了重要作用。双起翔出生于崇文门外花市二条一个手艺人家庭，13岁时拜有"泥人圣手"之称的李荣山为师，学习泥彩塑技艺，以制作脸谱为主。20世纪80年代开始制作兔儿爷，并受到广泛认可。如今，兔儿爷已在京城复活。2014年，西城区"浓情中秋节·情系什刹海"中秋节主题活动不仅推出卡通兔儿爷作为"中秋"形象大使，而且搭建了由88个小兔儿爷组成的2米高的"兔儿爷山"。其实不仅中秋节可以见到，春节庙会或一些景区的平常时间也会出现它的身影。由此，兔儿爷不再是简单的应节物品，而成为北京的一个文化符号，并起着装点节日气氛、美化人民生活的作用。

除了上述习俗活动外，京城每逢中秋节，还会上演节令戏。比如清宫中多上演《天香庆节》《丹桂飘香》《会蟾宫》等。槐隐有《内廷中秋节演戏之回忆》文，记载光绪二十二年（1896）的中秋节，自己"蒙两宫颁赏红绸袍夹衣料二轴，及月饼果品。当即随班趋入乐寿堂谢恩，旋传旨赏在德和园观剧。入座后先演《赐福》《万国来朝》

《四海升平》等戏，又逾数分钟，则《天香庆节》开幕矣"①。《天香庆节》讲述玉兔至凡间传下丹桂树种，金乌与赤兔先后向玉兔求婚，继而诸乌与诸兔大战，并引发了缅甸和暹罗两国的战争，最后太阳星君和太阴星君下界平定了争斗，热闹而有趣。随着清王朝的灭亡，宫廷演戏已成历史，但中秋上演节令戏的做法并没有消失。1915年，京剧大师梅兰芳就创作了《嫦娥奔月》作为中秋节的节令戏。他曾经回忆创作这出戏的缘起与经过：

> 民国四年的旧历七月七日，我唱完了《天河配》，又跟几位熟朋友下小馆子。我们志不在吃，随便点过几样菜，各人开了自己的话匣子，照例是讨论关于我的演技和业务。这一天即景生情地就谈到了"应节戏"。李释戡先生说："戏班里五月五日是演《五毒传》、《白蛇传》、《混元盒》等戏，七月七日是演《天河配》，七月十五日是演《盂兰会》，八月十五日是演《天香庆节》，俗名都叫做应节戏。这里面《白蛇传》和《天河配》是南北普遍流行的。《天香庆节》就徒有戏名，没看见过人演唱的了。我们有一个现成而又理想的嫦娥在此，大可以拿她来编一出中秋佳节的应节新戏。"大家听了一致赞同。②

经过40天的努力，1915年10月31日，《嫦娥奔月》在吉祥园举行首演，大获成功。如今，每逢中秋来临之际，各大演出场所还会安排中秋戏曲晚会、乐享中秋——中外名曲交响音乐会、月亮代表我的心——经典名歌中秋合唱音乐会、"花好月圆"中国广播民族乐团中秋音乐会、"国风绕梁"中央民族乐团中秋节特别音乐会、我的祖国——圆梦中秋·名家名曲大型演唱音乐会、甜蜜蜜——纪念邓丽君

---

① 槐隐：《内廷中秋节演戏之回忆》，见宁霄：《清宫中秋戏剧观演活动》，载《紫禁城》2017年第10期。

② 梅兰芳：《梅兰芳回忆录》，东方出版社2012年版，第246页。

经典金曲中秋音乐会、逍遥月色中秋歌舞盛典等各种演出，虽然不是严格意义上的节令戏，却极具应节色彩，深得节令戏真谛。

三、北京中秋节的文化内涵

（一）重团圆

在我国，明月很早就与思恋亲人、怀念故乡联系在一起。而中秋月，既圆且明，又处于万物开始变得萧索的仲秋季节，更容易触动人们的心弦。由天上月圆延及人间团圆，在中秋节兴起之初即成为人们萦绕难去的情怀。宋代以后更成为我国最具团圆意味的一个传统节日。北京中秋节同样具有浓厚的团圆意蕴。

首先，从节日名称上看，中秋节在北京又叫八月节、团圆节，节日以"团圆"命名，足见团圆之于中秋节的重要性。其次，从习俗用品和活动上看，一方面，是逛过为节日用品命名、赋形来体现对团圆的追求，在北京，"饼如圆影得佳名"，月饼其形圆，并被称为"团圆饼"。另一方面，则通过诸多习俗活动来体现。比如特别讲究全家人相聚一堂、共度良宵，而一家人面对面的团聚相守最能体现团圆的真义。为了保证阖家团圆的实现，北京还有出嫁女必须回到夫家的习俗规定，所谓："宁留女一秋，不留女中秋。"聚会时，家具的摆设、座次的安排也特别讲究，《红楼梦》第七十五回写荣国府过中秋时，专门写道："凡桌椅形式皆是圆的，特取团圆之意。上面居中贾母坐下，左垂首贾赦，贾珍，贾琏，贾蓉，右垂首贾政，宝玉，贾环，贾兰，团团围坐。"

再比如，北京人十分讲究分食祭月的月饼。明末刘若愚《酌中志》载："十五日，家家供月饼瓜果，候月上焚香，后即大肆饮啖，多竟夜始散席者。如有剩月饼，仍整收于干燥风凉之处，至岁暮合家分用之，曰团圆饼也。"[1] 清末富察敦崇《燕京岁时记》也记载："至

---

① ［明］刘若愚：《酌中志》卷20，北京古籍出版社1994年版，第181页。

供月月饼，到处皆有。大者尺余，上绘月宫蟾兔之形。有祭毕而食者，有留至除夕而食者，谓之团圆饼。"[1]可见对于祭月月饼的处理主要有两种方式，一是撤供后全家分而食之，一是留到除夕夜全家分而食之。前引档案里记载乾隆四十一年（1776）皇帝在去盛京路上的中秋节也是这样处理祭月月饼的："大月饼（十斤重）遵例收贮，除夕共进。随将三斤重月饼二个呈送。切一个，托一个，用金龙盒盛，送上进。毕，赏随营妃嫔等位。整个月饼果报来之日，随果报带进京去，交与养心殿内总管王成，赏京内妃嫔、阿哥、公主等位。"也就是说，供月用的10斤重的大月饼要存放起来，待到除夕时候食用。2个3斤重的月饼，用金龙盒呈进给皇帝，其中一个切开，由皇帝和跟随的妃嫔分享；另一个没有切开的带回京城去，由京内的妃嫔、阿哥、公主等分享。中秋和除夕是中华传统节日中最讲究阖家团圆的两个节日，祭月月饼一定要在这两个节日里共享，再清楚不过地昭示了人们对于团圆的渴望。

中秋节是团圆节，渴望团圆的情感使它为亲人团聚提供时机，而团聚进一步强化了人们的团圆意识，培养了人们的家国情怀。由团圆而团聚而团结，中秋节让人们从内心生长对亲人、乡土和国家、民族的爱，并凝聚成强大的精神力量。

（二）庆丰收

春种秋收。八月是收获的季节。庄稼成熟，瓜果飘香。一到八月，各种各样的瓜果就开始摆上街头，到了初十之后，则越发多了起来，以至北京的中秋节有了果子节之称。

《京都风俗志》载："前三五日，通衢大市搭盖芦棚，内设高案盒筐，满置鲜果瓜瓞，如桃、榴、梨、枣、葡萄、苹果之类。晚间灯

---

① ［清］富察敦崇：《燕京岁时记》，见王碧滢、张勃标点：《燕京岁时记（外六种）》，北京出版社2018年版，第99页。

166

下一望，红绿相间，香气袭人。卖果者高声叫鬻，一路不断。"①他们大声吆喝着："哎——毛钱儿来耶，你就挑一堆我的小白梨儿，皮儿又嫩，水儿又甜，没有一个虫眼儿，我的小嫩白梨儿耶！""脆枣嘞，郎家园的岁岁枣儿嘞，买枣儿有鲜尝！"有韵味的声音更增添了节日气息，让北京的街头笼罩在丰收和喜庆的氛围里。而那些购买者，则"倾筐盈荚"，满载而归。亦有不买只为了来看热闹的，俗称"逛果摊"。

"月饼圆，苹果鲜，西瓜切成花口莲。毛豆枝，九节藕，我把兔儿爷从中间。迎中秋，记感恩，家家团团又圆圆。"②人们用买来的时令节物祭月祭兔儿爷，用秋天的收获表达感恩之心，也寄寓着对美好生活的祝福。

人们也用瓜果互相馈赠，这是加强社会联系、增进亲情友情的途径，也是分享劳动果实、共享丰收的方式。依靠天时地利，用辛勤的汗水获得好收成，无疑是值得庆贺的事情。中秋节在恰当的时机让劳动得到回报。还有什么比在花好月圆、瓜果飘香的宜人时节里，共同享用劳动果实，感受人情和美更好的生活呢？难怪老舍先生说："北平之秋就是人间的天堂，也许比天堂更繁荣一点呢！"

---

① ［清］让廉：《京都风俗志》，见［清］潘荣陛、［清］富察敦崇、［清］查慎行、［清］让廉《帝京岁时纪胜·燕京岁时记·人海记·京都风俗志》，北京出版社2015年版，第7页。

② 韩春鸣编著：《双氏兔儿爷》，北京美术摄影出版社2014年版，第29—30页。

薏酒添来菊叶新：重阳节

一、从女儿节到老年节

"中秋才过又重阳。"夏历九月初九是重阳节。

关于重阳节的起源，学界仁者见仁，智者见智，有辟邪说、求寿说、尝新说、祭祀大火说等不同意见，但在起源时间上，大多同意重阳节是汉代就已经出现的传统节日，至今已有约2000年的历史。

相传汉朝开国皇帝刘邦的妃子戚夫人被吕后陷害后，其侍女贾佩兰嫁于民间，曾谈及宫中已有佩茱萸、食蓬饵、饮菊花酒的做法。对此，晋人干宝在其《搜神记》中这样记载：

> 戚夫人侍儿贾佩兰，后出为扶风人段儒妻。说在宫内时……九月，佩茱萸，食蓬饵，饮菊花酒，令人长命。菊花舒时，并采茎叶，杂黍米酿之，至来年九月九日始熟，就饮焉。故谓之菊花酒。[①]

另一则解释重阳节及其习俗来历的传说故事也发生在汉代。东汉汝南人桓景拜仙人费长房为师。有一次，费长房对桓景说某年九月九日有重大灾难，让他和家里人这天都要在胳膊上佩戴装有茱萸的香包，外出登山，并且饮用菊花酒，如此即能躲避灾祸。桓景遵照仙人的嘱咐，九月九日全家佩茱萸登山饮酒，傍晚返回时，看到家中鸡犬牛羊全部暴死，才知道全家躲过了一场灾难，由此形成了重阳节的诸多习俗。

这样的传说当然未必可信，但它反映了当时人们对于夏历九月九日的基本看法，即这是一个需要人们采取多种措施以积极应对的凶日

---

① ［晋］干宝撰，汪绍楹校注：《搜神记》卷2，中华书局1979年版，第24页。

子。那么九月九日为什么是凶日子呢？这大约是此时地气上升、天气下降、阴盛阳衰，而这在中国人重视阴阳和谐的传统宇宙观念中是不吉的缘故。

魏晋南北朝时，重阳节已经流行，成为官民共享的大节，如南朝宗懔《荆楚岁时记》记载九月九日，民众都在野外饮酒宴会，而且迅速由凶日向吉日转变。某年重阳节，魏文帝曹丕在他的《与钟繇书》中明确说："岁往月来，忽复九月九日。九为阳数，而日月并应，俗嘉其名，以为宜于长久。"[1]

重阳节到唐代更加兴盛，地位重要，当时有"秋贵重阳冬贵腊"的说法，是政府明文规定的"三令节"之一。这天文武官吏放假，并可以得到赐钱以宴赏游乐。上层统治者的提倡使唐代重阳宴饮之风极盛，其中有名的如"重阳曲江宴""重阳鹿鸣宴"等。此时秋稼已获，秋色宜人，农民也得休息。所以诗人孟浩然《过故人庄》写的重阳节生活令人神往："故人具鸡黍，邀我至田家。绿树村边合，青山郭外斜。开轩面场圃，把酒话桑麻。待到重阳日，还来就菊花。"至于17岁的少年王维能写出脍炙人口的《九月九日忆山东兄弟》，也是以此为社会背景的。

重阳节在宋代依然兴盛，少数民族政权辽、金两朝下人们也将其过得有模有样，元明清时期依然传承。但进入民国以后，伴随着剧烈的社会动荡、文化变迁以及历法变革，重阳节明显式微，诚如民国《冠县志》所载："登高远眺，间有行之者。至于佩茱萸囊、蒸菊糕，皆古来文人学士之韵事，已成白头宫女之闲话矣。"[2]1941年民国政府曾将重阳节改造为体育节，但终究盛况难再。20世纪60年代以后，由于种种因素的作用，更陷入名存实亡的生存困境。但20世纪80年代以来，伴随着传统文化的复兴和重阳节的重新命名，又有了新的

---

① ［三国］曹丕：《与钟繇书》，见［唐］徐坚等辑：《初学记》，京华出版社2000年版，第132页。

② 丁世良、赵放主编：《中国地方志民俗资料汇编·华东卷》，书目文献出版社1995年版，第331页。

转机。

重阳节有许多别名，如九九节、重九节、登高节、菊花节、茱萸节，各有因由。九九节、重九节得名于节日所在历法中的时间，这如同将时在五月五日的端午节称作"重五"一样；登高节得名于登高是节日的核心习俗；菊花节、茱萸节得名于菊花、茱萸是节日的重要用品；重阳节，则从重九而来，在中国人的心目中，数有阴阳，偶数为阴，奇数为阳，九为最大的阳数，便称作重阳了。

特别值得注意的是在北京传统社会，重阳节又有"女儿节"的别名。据刘侗、于奕正《帝京景物略》记载，每到重阳，"父母家必迎女来食花糕，或不得迎，母则诟，女则怨，小妹则泣，望其姊姨，亦曰'女儿节'"①。这天，出嫁的女子一定要回娘家过节，如果不能来，母亲会骂，妹妹会哭，出嫁女子则充满怨气，可见这一习俗在当时受重视程度之高。清朝康熙年间张茂节、李开泰编纂的《大兴岁时志稿》和王养廉、李开泰编纂的《宛平岁时志稿》也都提到，九月九日这天父母家必迎女归。考虑到京城中秋节原有出嫁女"是日必返其夫家，曰团圆节"的规定，重阳节重视女子归宁，无疑可以视为对出嫁女及其娘家人的一种精神补偿。当然，从社会意义的角度讲，重阳节与中秋节又没有根本差别。联络、密切姻亲关系，从来都是民俗节日的重要功能。不同的是，重阳节以"女儿节"的名义，表达了对出嫁女子这类社会群体的特别关心。一首歌谣很好地道出了出嫁女与娘家的共同心声：中秋刚过去，又为重阳忙，巧巧花花糕，只为女想娘。直到今天，女子归宁的习俗还在北京郊区一些地方流传。

不过，今天若有人再说北京重阳节是女儿节，恐怕会受到质疑：重阳节不是老年节吗？的确如此。可以说北京的重阳节已经发生了由女儿节向老年节的演变，这是一种文化事实，也折射了社会的巨大变迁。

---

① ［明］刘侗、于奕正著，孙小力校注：《帝京景物略》，上海古籍出版社2001年版，第104—105页。

重阳节向老年节的转变是全国范围内发生的事情，但首都北京率风气之先，起了引领示范作用。早在1985年重阳节，中国军队离休老干部办公室、中国老年体育运动委员会、北京市总工会、体育运动委员会、北京老年健康中心，就联合发起并在陶然亭公园举办了首届首都"重阳老人日"活动。大约两年之后，1987年6月23日，北京市人民代表大会常务委员会通过决议，确定每年农历九月九日为北京市敬老日。之后，甘肃、山西、广东、浙江、上海、天津等省、直辖市纷纷出台法律、政策，将重阳节规定为本地的"敬老日""老人节"或"老年节"。2012年12月28日，第十一届全国人民代表大会常务委员会第三十次会议修订通过《中华人民共和国老年人权益保障法》，明确规定每年农历九月初九为老年节。至此，这一由地方开始的对重阳节重新命名的活动，在国家层面结出了丰硕的成果。

　　重阳节由"女儿节"向"老年节"的转变反映了重大的社会变迁。传统社会，夫唱妇随，出嫁女子一般从夫居住，与公婆一起生活，加上交通不便，她们需要节日提供时空，得以回到娘家与自己的亲生父母团聚，略尽孝心，解除相思之苦，共享天伦之乐。重阳节作为"女儿节"，正是这种社会背景下的产物。如今，女性地位大大提升，出嫁女与娘家的关系发生巨大变化，不再需要特别关注。相比之下，老年人问题突显出来。按一个地区60岁以上老人达到总人口的10%，或65岁老人占总人口的7%，该地区即进入老龄化社会的国际标准衡量，我国2000年已步入老龄化社会。到2017年，全国人口中60周岁及以上人口已占总人口的17.3%，其中65周岁及以上人口占总人口的11.4%，并呈现出日益加剧的态势。在北京，人口老龄化趋势更加明显。据统计，截至2016年底，全市60岁及以上户籍老年人口已占户籍总人口的24.1%。随着老龄化社会的到来，养老成为一个亟待解决的社会问题。正是在这样的背景下，"老年节"应运而生，只是它并非一个全新的节日，而是重阳节创造性转换的产物。

　　在北京，重阳节由"女儿节"向"老年节"的转变，对重阳节产生了重要影响，使其从休眠中醒来，重新焕发出蓬勃生机，并出现诸多变化。敬老孝亲成为节日主题，老年人这一特殊年龄群体得到关注，节日里出现了许多围绕老人展开的新活动，比如组织老年文化活动、慰问、看望、宴请老年人等，由此重阳节成为"保障老年人合法权益，发展老龄事业，弘扬中华民族敬老、养老、助老的美德"的有力举措。而由于政府、慈善组织、志愿者等对重阳节活动的组织和参与，也使重阳节具有了更多公共性，成为培育大众公共关怀意识的重要时空。

二、土城关上去登高：节日习俗

（一）审美娱乐活动

"土城关上去登高，载酒吟诗兴致豪。遥望蓟门烟树外，几人惆怅尚题糕。"[①]对于北京人而言，重阳节登高游宴，观菊赏红，载酒吟诗，具有鲜明的娱乐审美性质。

1. 登高游宴

登高是重阳节最具代表性的活动。北京地势东南低，西北高，东南部是一片缓缓向渤海倾斜的平原，西部、北部和东北部则三面环山，加上是典型的暖温带半湿润大陆性季风气候，四季分明，夏历九月，秋色斑斓，颇宜赏玩，为登高提供了良好的自然环境条件。尤其西山一带，自然条件十分优越，它"内接太行，外属诸边，磅礴数千里，林麓苍莽，溪涧镂错，其物产甚饶，古称神皋奥区也。卢沟、琉璃、胡良三河，山水所洩，多归其中。其水皆藻绿异常，风日荡漾，水叶递映，倚阑浏览，令人欣然有欲赋京都之意"[②]。另一方面，早在金代，以皇家为首的群体就开始在这里营建庙宇，元明时期，寺庙、园林、别墅日益普及，尤其是清代三山五园皇家园林及别墅的修建，更增加了西山的人文之美。优美的自然风光和深厚的文化底蕴成就了

---

① ［清］李静山：《重阳》，［清］李静山：《增补都门杂咏》，见［清］杨米人等著，路工编选：《清代北京竹枝词》，北京出版社2005年版，第95页。

② ［清］于敏中等编纂：《日下旧闻考》，北京古籍出版社1985年版，第1673页。

西山的历史地位。著名诗人徐志摩就曾赞美"北京的灵性，全在西山那一抹晚霞"。西山四季均有风景，而秋天格外引人注目，最能成为北京秋天的代表，乃至所有秋天的代表。所以著名文学家郁达夫写《北平的四季》，于秋天，便在西山上用笔最多，用情最深：

> 秋高气爽，风日晴和的早晨，你且骑着一匹驴子，上西山八大处或玉泉山碧云寺去走走看；山上的红柿，远处的烟树人家，郊野里的芦苇黍稷，以及在驴背上驮着生果进城来卖的农户佃家，包管你看一个月也不会看厌。

又说：

> 你且去西山脚下，农民的家里或古寺的殿前，自阴历八月至十月下旬，去住它三个月看看。古人的"悲哉秋之为气"以及"胡笳互动，牧马悲鸣"的那一种哀感，在南方是不大感觉得到的，但在北平，尤其是在郊外，你真会得感至极而涕零，思千里兮命驾。所以我说，北平的秋，才是真正的秋。[①]

西山秋天的风景，最令人瞩目的是红叶。现代剧作家熊佛西写道："北平郊外西山的红叶，在重阳的时候正红透了心，真使人迷醉！从香山（静宜园）沿着石板小道，穿过松林登山，几乎满谷都是红透了的红叶！……仅是一遍红还不够，还得有蔚蓝的青天陪衬着，金绿的阳光洒射着，葱翠的松林烘托着！这样才够艳丽，才够美，才够味儿！但是这样的景色只是北平的西山有！"因此，重阳登高，自

---

① 郁达夫：《北平的四季》，见姜德明编：《梦回北京：现代作家笔下的北京（1919—1949）》，生活·读书·新知三联书店2009年版，第138页。

然以西山为妙。[1]

登高可以是山，但不必一定是山，大凡高处，如寺观庙宇、亭阁楼台，均可作登高之处。由风俗所尚，形成了一些专门登高的地点。《帝京景物略》提到了法藏寺、显灵宫、报国寺，《帝京岁时纪胜》提到了法藏寺和真觉寺，《燕京岁时记》提到的更多："南则在天宁寺、陶然亭、龙爪槐等处，北则蓟门烟树、清净化城等处，远则西山八刹等处。"[2]这些文人作品中提到的地方如今有些已经无存，如法藏寺、龙爪槐，有些仍存却难以登临，如天宁寺、真觉寺，有些则仍在继续发挥作用，如陶然亭、蓟门烟树、西山八大处。

陶然亭位于陶然亭公园中心岛西北面最高处，并非真正的凉亭，而是南北向稍长的敞轩。亭是清康熙年间工部侍郎江藻在此督造陶器砖瓦时所造，名取自唐诗。对此江藻《陶然吟引》做了详细记载：

> 京城南隅有慈悲庵，居南厂之中。康熙乙亥岁，余以工部郎官监督厂事，公余清暇，登临览观，得至其地。庵不数楹，中供大士像，面西有陂池，多水草，极望清幽，无一点尘埃气，恍置身于山溪沼沚间，坐而乐之，时时往游焉，因构小轩于庵之西偏。偶忆白乐天有"一醉一陶然"之句，余虽不饮酒，然从九衢尘土中来此，亦复有心醉者，遂颜曰陶然。

"一醉一陶然"句出自白居易的诗作《与梦得沽酒闲饮且约后期》，全诗云："少时犹不忧生计，老后谁能惜酒钱？共把十千沽一斗，相看七十欠三年。闲征雅令穷经史，醉听清吟胜管弦。更待菊黄家酝熟，共君一醉一陶然。"大约因为"菊黄家酝熟"本与重阳节相

①　熊佛西：《北平西山的红叶》，见姜德明编：《梦回北京：现代作家笔下的北京（1919—1949）》，生活·读书·新知三联书店2009年版，第280—281页。

②　[清]富察敦崇：《燕京岁时记》，见王碧滢、张勃标点：《燕京岁时记（外六种）》，北京出版社2018年版，第100页。

关，且"共君一醉一陶然"又是人生最大乐趣，兼以此处地势高敞，故而成为重阳节期间普通百姓的欢聚之所和文人墨客的雅集之地。清乾隆十九年（1754）重阳节，大学士纪晓岚就与好友在此共度佳节。这次聚会在他心中留下了极其深刻的印象，以至30年后还赋诗回忆："左持绿酒右持螯，对此真堪赋老饕。记得红萸黄菊节，陶然亭上共登高。"①

今天，陶然亭已成公园，仍然是京城人重阳登高的好去处。1985年首届首都"重阳老人日"活动就是在这里进行的。当天，5万多位离退休老人，在这里登高望远，对弈拼杀，湖边放舟，岸边垂钓，剧院听戏，不亦乐乎。其中至少有2万老人登上了山头。除了陶然亭，西山八大处公园也经常举行重阳游山活动，至2018年已举办了31届。许多单位组织老年人登高，也会选择在西山八大处。

蓟门烟树为"燕京八景"之一，指西直门以北的元大都城墙遗址西段。这段城墙为夯土构建，元末明军攻陷大都后，将元大都北城墙南移5里，蓟门烟树所指一段城墙遂遭荒废，树木在这里野蛮生长，遂称蓟门烟树。清乾隆皇帝作有《蓟门烟树》诗，刻于碑碣，《燕京岁时记》记载云："旧有楼馆并废，但门存二土阜，旁多林木，蓊翳苍翠，故为八景之一。今已无存，林木亦憔悴，惟乾隆诗碣巍然独立耳。"②其诗曰："十里轻杨烟霭浮，蓟门指点认荒邱。青帘贳酒于何少？黄土埋人即渐稠。牵客未能留远别，听鹂谁解作清游？梵钟欲醒红尘梦，断续常飘云外楼。"③2019年5月15日中午，我曾到这里一观，但见树木葱郁，碑碣耸立，碑阳乾隆帝手书"蓟门烟树"四字历历可见，碑阴诗则漫漶不清。目前这里是元大都城垣（土城）遗址公

---

① 《陶然亭与京城文人雅集》，见http://www.bjwmb.gov.cn/zxfw/wmwx/wskt/t20181022_885081.html。

② ［清］富察敦崇：《燕京岁时记》，见王碧滢、张勃标点：《燕京岁时记（外六种）》，北京出版社2018年版，第100页。

③ ［清］富察敦崇：《燕京岁时记》，见王碧滢、张勃标点：《燕京岁时记（外六种）》，北京出版社2018年版，第72页。

园的一部分。

　　2012年，一位名叫"清欢有味"的网友在其《遥念蓟门烟树》一文中这样写道："蓟门烟树一直都是游人稀少，印象中只有在每年的重阳节热闹些。"[①]昔年重阳节蓟门烟树烤肉分糕的风景已经不再，但似乎仍然保持着与京城重阳节的某种联系，而这就是文脉的传承不绝吧。

　　传统社会，不仅士子文人普通民众要登高，皇家也不能免俗。皇家登高的地点多在御园之中，最出名的是兔儿山、堆秀山、景山、香山、玉泉山、万寿山等。兔儿山，又称小山子、小蓬莱，在西安门内（今府右街图样山胡同附近），明朝属西苑。天启五年（1625）重阳节，明熹宗朱由校携带宫眷在兔儿山登高，《天启宫词》有诗云："美人眉黛月同弯，侍驾登高薄暮还。共讶洛阳桥下曲，年年声绕兔儿山。"堆秀山位于故宫御花园东北部，为人工堆砌的假山，九月初九重阳之时，明清两代的帝后妃嫔常在此登高眺望。景山即明代的万岁山，坐落于北京城中轴线上，为全城制高点，站在山顶可俯视全城。明代史玄《旧京遗事》记载："圣上重九日登高于此。"清代帝王也多到此登高，康熙皇帝有《九日幸景山登高》诗曰："秋色净楼台，登高紫禁隈。千门鸣雁度，万井霁烟开。翠拂銮舆上，云随豹尾来。佳辰欣宴赏，满泛菊花杯。"香山、玉泉山、万寿山是京西名山，清代依三山建有静明园、静宜园、清漪园（颐和园）、畅春园和圆明园，统称"三山五园"，也是皇家登高的好去处。乾隆帝就多次与皇太后在重阳节当天同登香山，其《重阳日奉皇太后香山登高》诗云："名山初试菊花筵，九日登高古所传。"

　　在桓景避灾的传说里，登高是躲避灾难的有效方式，但在北京，主要目的是玩。所以人们不满足于寻个高处能登即可，更讲究寻个好的去处，做些诗酒风流之事，方显得有趣。诚如富察敦崇《燕京岁时

---

　　① 《遥念蓟门烟树》，见http://www.vsread.com/index.php/article/showread?id=219659。

记》中所说："每届九月九日，则都人士提壶携榼，出郭登高……赋诗饮酒，烤肉分糕，洵一时之快事也。"[①]特别需要一提的是，这种活动在北京还称作"辞青"。端午踏青，重阳辞青，一踏一辞，这是时间的轮回，也是生命意识的觉醒。

2. 赏菊

京城重阳重赏菊。

一是因为九月正是菊花盛开的季节，老北京人称其为"九花"，此时其他花则多过了时节。恰如唐代诗人元稹所说："不是花中偏爱菊，此花开尽更无花。"

二是因为菊花的精神。物各有性，花自有时，本是自然现象。但中国古人偏喜欢将自然与人事相比附，于是便有梅兰竹菊四君子。"一夜新霜著瓦轻，芭蕉新折败荷倾。耐寒唯有东篱菊，金粟初开晓更清。"夜里寒霜袭来，本来就衰落枯败的芭蕉和荷叶更加不堪。只有篱笆边金黄的菊花，在清晨的阳光下看起来更加光彩照人。白居易的这首《咏菊》诗礼赞了菊花傲霜凌寒、坚贞不屈的高尚品格。这令人们对它报以更多青睐的目光。

三是因为赏菊自陶渊明始便成了重阳节的一个传统。陶渊明（约365—427），字元亮（又一说名潜，字渊明），号五柳先生，私谥"靖节"，世称靖节先生，浔阳柴桑（今江西省九江市）人，著名文学家。曾任江州祭酒、建威参军、彭泽县令等职，最后不愿为五斗米折腰，从彭泽县令任上辞职，归隐田园。他"少有高趣，博学，善属文；颖脱不群，任真自得"[②]。陶渊明好酒，更爱菊。他的诗文中出现最多的植物就是菊，如"芳菊开林耀""秋菊有佳色""采菊东篱下"等。不仅如此，他还直接与重阳节的菊有关，其《九日闲居序》云："余闲居，爱重九之名。秋菊盈园，而持醪靡由，空服九华，寄怀于言。"诗中则有"菊花知我心，九月九日开；客人知我意，重阳一日

---

① ［清］富察敦崇：《燕京岁时记》，见王碧滢、张勃标点：《燕京岁时记（外六种）》，北京出版社2018年版，第100页。

② ［南朝］萧统：《陶渊明传》，见严可均辑：《全梁文》，商务印书馆1999年版。

① ［清］富察敦崇：《燕京岁时记》，见王碧滢、张勃标点：《燕京岁时记（外六种）》，北京出版社2018年版，第100页。

② ［南朝］萧统：《陶渊明传》，见严可均辑：《全梁文》，商务印书馆1999年版。

来"句。至于白衣送酒的故事就更是重阳佳话。有年重阳节，陶渊明酒兴大发，却无酒可饮，只得采摘了一大束菊花，坐在那里惆怅许久。突然他看见一个身着白衣的人走来，原来是江州刺史王弘派来送酒的。陶渊明大喜，立即开坛畅饮，一醉方休。

陶渊明及其和菊花的关系深刻地影响着后世的重阳节习俗，无论是唐代大诗人李白《九日登山》中吟咏"因招白衣人，笑酌黄花菊"，还是南宋诗人范成大吟咏"寂寞东篱湿露华，依前金靥照泥沙。世情儿女无高韵，只看重阳一日花"，均是明证。清朝末年成立于北京的著涒吟社，是一个重要的文学社团，常在节日里开展社集活动，其中也包括重阳节，社员周兆兰《献菊》诗中就云："渊明老去花能寿，补出东篱一角山。"①

北京菊花种类很多，五彩缤纷，千姿百态。"名类纷繁色色嘉，秋来芳菊最堪夸。如何偏改幽人号？高唤街头卖九花。"节届重阳，人家多会买上几盆以应时令，富贵人家更将多种菊花摆放在一起，形成"九花山子"或"九花塔"，供人欣赏，富察敦崇《燕京岁时记》对此有很好的描述，并通过引用的方式列举了133个菊花品种：

> 九花者，菊花也。每届重阳，富贵之家以九花数百盆，架度广厦中，前轩后轻，望之若山，曰九花山子。四面堆积者曰九花塔。
>
> 谨按，《日下旧闻考》：陈理诗注曰：花城即今之花山也。盖京师之菊种极繁，有陈秧、新秧、粗秧、细秧之别。如蜜连环、银红针、桃花扇……藕色霓裳、伽蓝袈裟等，皆陈秧中之细种也。如大红宝珠、金连环……柳线垂金、重阳居住等，皆新秧中之细种也。如金佛座、金钩挂玉……蜜蜂窝、合家欢乐等，皆新秧中之粗种也。共一百三十三种，皆予所记忆者。其余新陈粗细之类，尚有二百余种，他日得

---

① 孙浩宇：《清末北京著涒吟社岁时活动考》，载《中国文化研究》2016年第3期。

暇，当为黄花订谱也。①

一些酒楼茶社，也搭设菊花山，并在街巷贴告示，某馆肆新堆菊花山可观，以招徕顾客。

赏菊也有一些相对固定的地点，著名者如天宁寺。天宁寺位于今天西城区广安门外护城河西岸北滨河路西侧的天宁寺前街上，创建于北魏孝文帝延兴年间（471—476），其后多次重修。寺中有北京最高的密檐式砖塔，为辽代所建。大约从明朝末年始，天宁寺就逐渐成为京城赏花的好去处。到了清代，寺中设有花圃，种有芍药、桂花，尤以荷花、菊花最为著名。清人李静山《增补都门杂咏》诗云："天宁寺里好楼台，每到深秋菊又开。赢得倾城车马动，看花犹带玉人来。"②可见天宁寺菊花当时如何受到男女老少的普遍欢迎！

自20世纪80年代起，北海、天坛、北京植物园等北京各大公园开始陆续举办各类菊展活动，为重阳节注入了浓浓的诗情画意。尤其2009年，北京市以举办第七届中国花卉博览会为契机，开始每年定期举办全市规模的菊花文化节相关文化活动，引导市民观赏菊花之美，体验菊花文化，至今已经举办10余届。在2017年北京第九届菊花文化节上，北海公园、天坛公园、北京植物园、北京国际鲜花港、世界花卉大观园、世界葡萄博览园、北京市花木公司园艺中心七大菊花展区展示了千余种、近百万盆美轮美奂的菊花精品，举办了50余项花事活动。其中天坛公园以"秋菊佳色竞重阳"为主题，展出品种菊、案头菊、悬崖菊、艺菊盆景等品类的菊花500个品种，同时，将菊花展与科普宣传、中小学赛诗会与花瓣画制作等相结合，普及菊花栽培知识，宣传优秀传统文化。北京国际鲜花港菊花展以"老北京·新京韵"为主题，室内展分为精粹·京韵、红墙·古都、非凡·时

---

① ［清］富察敦崇：《燕京岁时记》，见王碧滢、张劲标点：《燕京岁时记（外六种）》，北京出版社2018年版，第102—103页。

② ［清］李静山：《重阳》，［清］李静山：《增补都门杂咏》，见［清］杨米人等著，路工编选：《清代北京竹枝词》，北京出版社2005年版，第100页。

尚、金鸡报喜四大区域，展示北京历史文化和重阳民俗等等。这些菊花展虽然持续时间较长，并非只在重阳节期间展出，但赏菊无疑构成了京城人们过重阳的重要内容。

当然，菊该如何赏，不同人的看法并不一致，很多人喜欢"九花山"的气派壮观，当代著名作家汪曾祺先生却说："我不赞成搞菊山菊海，让菊花都按部就班，排排坐，或挤成一堆，闹闹嚷嚷。菊花还是得一棵一棵地看，一朵一朵地看。更不赞成把菊花缚扎成龙、成狮子，这简直是糟蹋了菊花。"[①]可见赏菊也是一门大学问。

（二）饮食

无吃喝，不过节。重阳节是京城人家饮酒食糕吃烤肉的日子。在《帝京景物略》的作者看来，所谓"登高"，也不过是"载酒具、茶罐、食榼"罢了。

1. 重阳糕，长寿桃

《西京杂记》最早提到九月九日食蓬饵。蓬是一种植物，所谓饵，就是糕，蓬饵就是重阳糕的早期形态。重阳节吃糕，大约有两种含义：一是"糕"与"高"同音，吃糕与登高有异曲同工之妙；二是重阳节时，庄稼已收，用新收庄稼做糕食用，便有尝新庆丰之意，也包含着人们"步步高升"的良好愿景。隋代杜台卿《玉烛宝典》解释重阳节为什么要食蓬饵、饮菊花酒的时候，就说："其时黍秫并收，因以黏米嘉味，触类尝新，遂成积习。"[②]唐宋时期重阳糕获得了很大发展，尤其宋代，讲究糕的原料与装饰，十分精美，将重阳糕的制作推向新的阶段。

"中秋才过又重阳，又见花糕各处忙。面夹双层多枣栗，当筵题

---

① 《北京最好的菊花在老舍家里》，见汪曾祺散文集《人间草木》，见http://book.people.com.cn/n/2014/1015/c69398—25840130.html。

② ［隋］杜台卿：《玉烛宝典》，见［唐］徐坚等辑：《初学记》，京华出版社2000年版，第129页。

句傲刘郎。"①清代一首竹枝词描绘了京城重阳糕的盛况。重阳节是出嫁闺女回娘家团圆的日子，一定要吃糕。明代沈榜《宛署杂记》记载："九月蒸花糕，用面为糕，大如盆，铺枣二三层，有女者迎归，共食之。"②花糕也是祀神供品，清代，自九月初一起，内廷各殿神龛和奉先殿祖庙都要供立节花糕，"御膳房预备各种花糕上供，有菊花的、枣泥的、八宝的，及各式各样的饽饽"。士庶人家也用花糕等应节食品给神佛和祖先上供，所以重阳糕是京城必备食品，地位之重要如同中秋节的月饼。

据《燕京岁时记》记载，当时重阳糕有两种："其一以糖面为之，中夹细果，两层、三层不同，乃花糕之美者；其一蒸饼之上星星然缀以枣栗，乃糕之次者也。每届重阳，市肆间预为制造以供用。"③当代著名作家梁实秋记忆中的重阳糕则与此不同，在《雅舍谈吃》中他写道："主要的是两片枣泥馅的饼，用模子制成，两片之间夹列胡桃、红枣、松子、缩葡之类的干果，上面盖一个红戳子，贴几片芫荽叶"，乃"北平独有之美点"。其实京城重阳糕是多样的，还有做成九层高的宝塔状；也有的在上面塑两只小羊，以羊谐音"阳"，代表重阳；又有在糕上插一支彩色小旗，并点燃蜡烛灯，取登高义；都颇具匠心，意味深长。

今天花糕不再迎女，但仍是应节食品。近年来，每到重阳，北京稻香村都有花糕出售，糕三层，以枣泥为馅，配以青梅、核桃仁、金糕条、桃脯等适合秋季食用的果料，既应景，又好吃，很有北京味道。

随着重阳节向老年节的转换，近年来又出现了专门为老人祝福用的长寿桃、长寿菜等一些节令产品。在中国传统文化中，桃是一个多

　　① ［清］李静山：《花糕》，［清］李静山：《增补都门杂咏》，见［清］杨米人等著，路工编选：《清代北京竹枝词》，北京出版社2005年版，第100页。
　　② ［明］沈榜：《宛署杂记》，北京古籍出版社1980年版，第192页。
　　③ ［清］富察敦崇：《燕京岁时记》，见王碧滢、张勃标点：《燕京岁时记（外六种）》，北京出版社2018年版，第101页。

义的象征体系，花朵象征春天、爱情、美丽与理想世界；枝叶用于驱邪求吉；果实象征长寿、健康。民间年画上的老寿星，手里总是拿着一个大大的寿桃，为老人做寿也要蒸桃形的馒头，并将上半部分染成红色。如今，重阳节成了大家共同的敬老节，用长寿桃祝福老人健康长寿便应运而生。在北京，长寿桃以中华老字号护国寺小吃店的最受关注。他们按照老北京"千年寿桃，百年寿面，团圆寿饼"的讲究，烹制出包括9颗寿桃、9根9.9米长的寿面和9个寿饼在内的"五福寿桃提篮"，包括豆沙、五仁、南瓜、紫薯等10种口味的寿桃、寿饼在内的"十全十美寿桃提篮"等等，颇受欢迎。为了满足节日期间人们对寿桃的需求，店里的工作人员只能加班加点，以"歇人不歇锅"的方式轮流制作。

此外，一些老字号还为老人推出了"长寿菜"。比如2018年，中华老字号同春园饭店推出了蜜豆窝头、蔬菜窝头、老汤豆腐和银鱼焖蛋，曲园酒楼推出了万年青菜团子和酱香荞麦卷等。

2.良乡酒，菊花锅

酒可助兴，也能解忧，是节日里不能缺少的饮品。但不同的节日里有不同的"标配"，名称不同，意味也不同。过大年要喝椒柏酒、屠苏酒，辞旧迎新；端午节要喝雄黄酒、菖蒲酒，驱邪禳灾；重阳节要喝菊花酒、茱萸酒，延年益寿。宋人吴自牧《梦粱录》卷五"九月"记载："今世人以菊花、茱萸，浮于酒饮之，盖茱萸名'避邪翁'，菊花为'延寿客'，故假此两物服之，以消阳九之厄。"[1]

菊花堪赏，也可食。早在战国时期，伟大诗人屈原就有"朝饮木兰之坠露兮，夕餐秋菊之落英"的吟咏。中医谓其久服，利血气、轻身、耐老、延年。菊花的食用方法很多，可做羹，可做菜，可泡茶，也可制酒。菊花酒可以将菊花与粮食放在一起酿制，经年方成，如《西京杂记》就记载，待菊花开放时，将茎叶一起采摘下来，杂以黍米，到来年九月九日正好饮用。也可直接将菊花瓣放在酒里，即所谓

---

① ［宋］吴自牧：《梦粱录》，浙江人民出版社1984年版，第30页。

泛酒，方便易行。唐代诗人李峤《九日应制得欢字》云："令节三秋晚，重阳九日欢。仙杯还泛菊，宝馔且调兰。"就是这种简易做法。老北京人也泛酒，也酿制。如民国《平谷县志》载："'重九日'，登高，制花糕相馈，酿菊酒。"值得一提的是北京还有本地产的良乡酒，"重阳时，以良乡酒配糟蟹等而尝之，最为甘美。良乡酒者，本产于良乡，近京师亦能造之。其味清醇，饮之舒扬，但畏热不能过夏尔"①。

京城还有重阳时节吃菊花锅的习俗。曾经长期生活于北京后来去了台湾的白铁铮，在《灯前话旧叙重阳》中专门记述了菊花锅的食用方法：

> 菊花锅上半截是白铜的，锅子里放好了高汤、山鸡片儿、鱼片儿、口蘑、葱花、菊花瓣儿和少许的盐，不用木炭，用烧酒或酒精，火柴一点，火焰扑锅，片刻汤便开了，用羹匙喝，其味鲜美。②

3. 凌霜侯

柿子是重阳时节成熟的水果，或红或黄，迎风经霜后越发鲜亮，犹如一盏盏小灯挂在树上，装点秋色，十分漂亮。

我国是柿树的故乡，20世纪70年代初考古学家在湖南长沙马王堆三号汉墓中发现了柿饼和柿核，说明至少2000多年前柿树就已经开始栽培了。明代柿树栽培很盛，作为备荒之用。相传明代开国皇帝朱元璋幼时家贫，常以乞讨为生，有一次饿得头昏眼花，突然发现一棵柿树，上面尚有几个果子，他想方设法把果子摘下来吃掉，得以活命。后来，朱元璋当了皇帝，不忘柿树救命之恩，为它披挂黄袍，封

---

① ［清］富察敦崇：《燕京岁时记》，见王碧滢、张勃标点：《燕京岁时记（外六种）》，北京出版社2018年版，第103页。

② 白铁铮：《灯前话旧叙重阳》，见白铁铮：《老北平的故古典儿》，百花文艺出版社2010年版，第220页。

为"凌霜侯"，令天下人在重阳节食用，以示纪念。这种传说作为重阳节食柿的来源当然是附会，但它显示了柿子可以备荒的作用。古人对柿树的评价很高，说它具有"七德"：活得时间长、树荫多、树上没有鸟窝、不遭虫害、霜叶可供玩赏、果子好、落叶肥大。

北京种植柿树的历史悠久，唐代已有，明清更盛，北京不少地方如房山的张坊、昌平的十三陵都有大面积的柿林。老北京人也喜欢在四合院里种植，其中最著名的，当数位于东城区灯市口西街丰富胡同的老舍先生故居，因院中有两棵柿树，径直以柿命名，称作"丹柿小院"。这两棵树是1953年老舍先生特意托人从西山林场移植而来，刚栽种的时候只有拇指粗，但枝繁叶茂，长势喜人。秋天柿子成熟时，老舍先生会送给朋友与街坊。诗人臧克家曾收到馈赠，但实在舍不得吃掉，就放在盘子里当摆设。著名戏曲表演艺术家荀慧生先生爱种果树，其中也包括柿树。老舍先生常送鲜花给他，荀先生则赠以果实。柿子经霜红透后，发软不好摘送，荀先生就请老舍先生来其小留香馆，老舍先生总要吃上几个"一嘟蜜"再走，说比他家的柿子还甜。

"当夏阴涵绿，临秋色变红。君看药草喻，何减太阳功。"柿子营养丰富，甘甜可口，重阳节正是食用的好时候。值得一提的是，老北京人摘柿子，讲究每棵树上都留下几个，说是帮助鸟儿过冬。这种关爱鸟类、讲求人与自然和谐共处的日常之举实在值得传承发扬。

4. 烤肉与螃蟹

大约和北方游牧民族入主中原有关，北京的节日饮食中融合了草原文化的特色，烤肉在京城的流行便是一例。重阳登高，旧朋新友，择宽敞处，边烤边吃，是大快朵颐的美好享受，皇家也十分喜欢。裕容龄讲与慈禧太后在颐和园过重阳节时就提到："在排云殿上面吃烧饼夹烤肉，烤肉是用木炭和松树枝烤的。"松为百木之长，气味清香，具有药用价值，松树枝烤的肉，自当别有一番风味。

白铁铮也在《灯前话旧叙重阳》中回忆了京城吃烤肉的情形：

从前在故都北平，一过中秋，烤、涮羊肉上市，各饭馆挂出烤、涮招牌，出了名卖烤肉的，诸如宣武门内安儿胡同"烤肉宛"、后门一溜儿胡同"烤肉季"以及宣武门外陶然亭烤肉馆相继开张，前门外正阳楼坊大螃蟹上市，西单、骡马市大街及后门大街的爆肉摊子、烤肉车子沿人行道一家挨一家摆满。华灯初上，当您走在路旁，松烟弥漫，肉香扑鼻，架子上挂着二尺长的长白儿大葱、红白分明的羊后腿，铛下冒出熠熠的火苗儿，卖主儿用铲子当当地敲着铛边儿，您鼻子闻的，眼睛看的，耳朵听的，都足以逗您馋虫，不由得您也去烤上他四两羊肉，要二两"白干儿"，站在车子旁边品尝一番。①

在作者的笔下，烤肉是如此活色生香，不由我们心向往之，而对于作者，怕是勾起了他的乡愁，又安慰了他的乡愁吧。如今烤肉宛、烤肉季仍在，生意兴隆，只是重阳烤肉的习俗，却鲜有人去践行了。

但螃蟹仍是讲究在重阳吃的。"秋高蟹正肥"，重阳最是吃螃蟹的好时节。过去有小贩挑着螃蟹篓子沿街叫卖，如今超市里、便民菜市场上多有出售，那些专营螃蟹的店铺此时也格外忙活起来。买到家里，洗得净了，上锅蒸熟，备些姜醋，斟杯黄酒，持螯大嚼，自有一番言说不出的人生趣味。

（三）服佩

改变服装和佩饰是节日习俗的重要内容。重阳节的做法是戴菊花，贴菊花，插茱萸，佩茱萸囊。

"尘世难逢开口笑，菊花须插满头归。"这是唐代杜牧《九日齐山登高》中的两句诗，写出了戴菊的习俗，也写出了诗人的潇洒风流。不过，这种潇洒风流大约只属于少数人，在北京也很少见到相关

---

① 白铁铮：《灯前话旧叙重阳》，见白铁铮：《老北平的故古典儿》，百花文艺出版社2010年版，第220页。

的记述，我们只能在《红楼梦》的故事里找寻些蛛丝马迹，比如第三十八回《林潇湘魁夺菊花诗　薛蘅芜讽和螃蟹咏》中写史湘云与薛宝钗拟定题目让大家写诗，共成"忆、访、种、对、供、咏、画、问、簪、菊影、菊梦、残菊"12首，咏物兼赋事，表现了不同人物的个性与命运，也展示了曹雪芹艺术构思的精妙，其中探春所作《簪菊》描写的就是戴菊花：

> 瓶供篱栽日日忙，折来休认镜中妆。
> 长安公子因花癖，彭泽先生是酒狂。
> 短鬓冷沾三径露，葛巾香染九秋霜。
> 高情不入时人眼，拍手凭他笑路旁。

尾联意思是戴菊这种高雅的情致，难免会被当下人看着不顺眼，那就让他们在路旁拍手笑话好了。诗作抒怀言志，表明了探春我行我素、特立独行的个性特征，同时显示了戴菊的确稀少罕见。其实菊花品种多样，美不胜收，今天人们过节，未必不可以插戴头上呢。而贴菊也是值得传承的习俗。《帝京岁时纪胜》记载："以菊花叶贴户牖，解除凶秽，以招吉祥。"[1]菊花易得，将其花、叶贴在窗户上，既应节，又美观，还驱邪招祥，何乐而不为呢？

　　相比于簪菊、贴菊，插茱萸、佩茱萸囊在古代是更为普遍的做法。早在晋人周处的《风土记》中就已经提到："九月九日，律中无射而数九，俗尚此月，折茱萸房以插头，言辟除恶气，而御初寒。"[2]到唐代更加盛行，王维那首著名的《九月九日忆山东兄弟》云"遥知兄弟登高处，遍插茱萸少一人"，便是明证。茱萸可插在头上，唐代王昌龄有诗云："茱萸插发花宜寿，翡翠横钗舞作愁。"也可做成茱萸囊系于臂上，宋代洪皓有词云："臂上萸囊悬已满，杯中菊蕊浮

　　① ［清］潘荣陛：《帝京岁时纪胜》，见王碧滢、张勃标点：《燕京岁时记（外六种）》，北京出版社2018年版，第55页。
　　② ［唐］欧阳询撰：《艺文类聚》卷4，上海古籍出版社2013年版，第146页。

无限。"

但现在被称为"茱萸"的植物有数种，如山茱萸、吴茱萸、食茱萸等，那么古人使用的茱萸是哪一种呢？这成了今天学者讨论的话题。主流观点认为重阳茱萸应当是吴茱萸。因为吴茱萸有浓烈的香气，具有温中、散寒、助阳、止痛、止泻、降逆止呕的作用，且果期与重阳节日期相符，秋季气温变化，容易发生一些疾病，佩戴和药用吴茱萸有一定的疾病预防意义。

历史上关于重阳节北京一带如何用茱萸的记载并不多见，倒是近年来，伴随着重阳节的复兴，人们对传统习俗的挖掘越来越多，茱萸囊也出现在节日生活之中。2008年10月7日重阳节，北京东四街道办事处的工作人员为社区老人送上自己制作的茱萸囊，祝愿老人重阳节愉快！2018年第31届八大处重阳游山会期间，卯溪山房环廊内的重阳敬老园内，举办了品重阳糕、菊花酒、菊花茶等活动。活动组委会还准备了具有"登高取吉　戴福还家"寓意的茱萸囊，赠送给现场的每一位老人。

除了菊花、茱萸外，重阳节人们还在头上戴"吉祥"二字。如明末陆启浤《北京岁华记》载："头戴吉祥字。"这一习俗在清代亦有传承，稍有不同的是，似乎只是卖糕人才贴，有首竹枝词就说："吉祥字贴卖糕人，薏酒添来菊叶新。"

（四）社会交往

节日是维护和更新社会关系的重要时间，节日期间的社会交往十分普遍，在北京，无论在传统社会将其称为"女儿节"，还是现代社会将其称为"老年节"，都重在从社会关系的角度来看待重阳节。

1. 礼物馈赠

礼物馈赠是社会交往的重要方式，节日期间的礼物馈赠尤其多，而且多以节物作为礼物。在北京，重阳糕是最常见的礼物。元代《析津志》已有记载："九月九日，都中以面为糕馈遗，作重阳节。"清代宫廷在重阳节要举行花糕宴，是皇帝对大臣的赏赐。所以张朝墉有

《燕京岁时杂咏》云："百官已赐花糕宴，宴罢登高不算迟。"

2. 女儿归宁

女儿归宁，即出嫁女回娘家，这是北京重阳节的一个特点，也是重阳节之所以称为"女儿节"的原因。这是沟通姻亲关系的重要手段，也是社会安排中关爱女性的表现。只是随着时代的变化，这一习俗已经没落。

3. 孝亲敬老

与女儿归宁的没落形成鲜明对比的是孝亲敬老活动的盛行。2006年11月4日《北京社会报》刊登了一篇综合新闻《重阳节城乡敬老活动形式多内容新》，很能够反映北京重阳节的新情况。这年重阳节是阳历10月30日，10月27日西城区举办"让人间充满爱"重阳节敬老活动，区老龄委、民政局、慈善协会等单位向区属敬老院以及生活有困难的低保老人赠送了百辆轮椅及其他慰问品。10月30日，宣武区老龄委在陶然亭公园举行了"九九"重阳节敬老服务游园活动，3万余名老人参加，7名北京市敬老、爱老、助老先进个人受到表彰，一些中老年人参加了才艺展示与文艺演出。东城区各街道分别采取上门慰问和文艺演出等形式，慰问劳模、新中国成立前老工人、高知和特困人员。此外，还组织郊区游、登山、棋类比赛等活动，并以志愿者结对形式与空巢、特困人员建立长期帮困关系，为90岁以上老年人免费体检等。大兴区则发起了家庭敬老"十个一"行动，所谓"十个一"，指备好佳肴，陪老人吃一顿饭；坐在老人身边，倾听老人一次长谈；给远在他乡的老人打一次问候电话；给老人做一次家庭环境和个人卫生；带老人做一次健康检查；想尽一切办法，帮老人实现一个愿望；在老人膝前给自己的孩子进行一次敬老教育；为老人整理一本相册；给老人添置一件新衣；有条件的子女带老人外出观光一次等等。再比如2018年重阳节期间，北京市委宣传部、市文化局、市文物局、首都文明办、市网信办、市文联、市公园管理中心等单位以"孝满京城　德润人心"为主题，在全市广泛组织开展群众节日文化活动，通过游园赏秋、登高祈福、吟诵雅集、文化展演、民俗体验、志愿服务等系列活动，彰显尊老敬老、厚德仁爱的社会风尚，营造老有所养、老有所依、老有所乐、老有所为的和谐氛围。

可见从政府到社区，都在利用重阳节表达对老人的关爱。其实企业、学校等事业单位也有很多贡献。比如，2017年，庆丰包子铺23家门店，推出"老年营养餐"服务。老人持老年证消费不仅可以每款套餐立减2元，还可以享受线上点餐的送餐上门服务。2018年，在惠丰门丁肉饼店，重阳节当天50岁以上老人进店消费可获赠清甜可口的招牌荷叶粥一碗，若子女陪同父母就餐，可享受折扣价格，主张重阳节对老人的关怀不仅在于菜品，更在于陪伴。

位于北京东城区安定门内国子监街13号的北京孔庙，又名先师庙，是我国元、明、清三代祭祀孔子的场所，已经连续举办了10余届重阳节敬老礼活动。重阳节敬老礼内容丰富，以2012年第6届为例，活动在孔庙大成殿前举行。中华儿童文化艺术促进会会长范崇嬿，著名艺术家李光曦、陈铎，北京诗词朗诵协会会长曹灿，著名播音主持艺术家虹云以及国子监中学、成贤国学馆学生、家长代表等近200人出席活动。孔庙和国子监博物馆馆长吴志友首先宣读告文："于重阳日举行敬老礼，倡导敬老尊贤。示范节俗传统，弘扬礼乐精神，成就国风民俗。以顺天时，以应地利，以从人心。"之后按照个人、家庭、社会3个层面进行了3个环节的活动。首先，全体来宾起立，向普天下华夏长者，行三鞠躬拜礼；然后请现场年龄最长者84岁的老艺术家李光曦先生上台，吴志友馆长行奉杖礼，并由李光曦先生讲话。行家庭敬老礼环节，主要包括子辈为父辈行跪拜礼，孙辈献重阳糕和敬菊花茶。在第三个环节，由4位长辈为现场的孩子们佩戴刻着"至德要道"四字的铭志牌，孔庙和国子监博物馆书记徐明宣读《敬老倡议书》，倡议全社会将敬老、奉老的传统传承万代。最后，由老艺术家瞿弦和领读，现场所有人高声诵读《礼记·大同篇》。如此讲究礼仪的重阳节活动在京城尚不多见，其中跪拜父母的做法也受到一些人的非议，但是通过庄重的仪式表达对孝亲敬老的提倡，却是我们这个时代的所需。

三、结语

当然，孝亲敬老未必在重阳，日常生活中点点滴滴的关怀更重要，比如坐公交车给老人让座，开门让老人先走，都是在细微之处秉承敬老的优秀传统。而重阳节其实也不一定非要过成老年节。

从上面列举的内容我们就可以看到，在北京，重阳节有着丰富多彩的习俗活动。而这还不是全部。过去还有围猎、赛马、斗鹌鹑、斗蟋蟀、放风筝等做法。此外，重阳节还是染坊的行业节日，届时染匠祭祀缸神。《帝京岁时纪胜》载这天"染铺赈济饥贫，哄然如市"①。多样的习俗活动，承载着远比敬老孝亲更为丰富的文化诉求，表明重阳节是驱邪避灾的日子，是祈求吉祥长寿的日子，是亲友相聚、把酒言欢的日子，是登高望远、欣赏自然之美的日子，是远足"辞青"、以畅秋志的日子。虽然一些传统习俗衰微了，但又有新的习俗生成，而且一些曾经衰微的习俗也在破茧重生。因此，重阳节不应为老年人所独享，也应为所有群体所共享，事实上，它本来就是一个全民性的节日。

当前我国正实施传统节日振兴工程，重阳节受到普遍的重视，正处于迅速复兴之中。在这种背景中，一方面，有必要将重阳节新近创造性转化的成果发扬光大，发挥它作为老年节在倡导尊老敬老、养老助老社会风气方面的重要作用；另一方面，也需要全面认识重阳节的文化内涵，对重阳节的传统习俗做进一步的挖掘，并广泛应用于生活之中，诸如登高、赏菊、吃糕、佩茱萸、饮菊花酒这些给古人带来诗情画意、怡情快意、温情暖意的活动，同样可以强健当代人的体魄，滋养当代人的心灵，而这对于重阳节的当下振兴必然具有积极作用。

---

① ［清］潘荣陛：《帝京岁时纪胜》，见王碧滢、张勃标点：《燕京岁时记（外六种）》，北京出版社2018年版，第53页。

全国人民齐祝兴：国庆节

2019年10月1日上午。

北京天安门广场——世界上最大的城市广场，成为全世界瞩目的地方。

庆祝中华人民共和国成立70周年大会在这里隆重举行。

"国庆节，你在不在北京？"这是一句国庆节期间流行的问候语，但它又不是简单的问候语，而是包含着深厚的情感，蕴藏着对北京与国庆节和中华人民共和国之关系的深刻认知。在中华人民共和国960万平方千米的土地上，在国庆节期间，没有哪一个城市能够像首都北京这样成为亿万人心中的向往。

一、国庆节的由来

我们现在一提国庆节，就会想到10月1日。不过，国庆节作为举国欢庆的节日是世界范围内的一种现象。举国欢庆通常以国的独立存在为前提，因此，许多国家便以国家的诞生日或独立日为国庆节，在这里，国庆节之于国家的意义如同生日之于个人的意义。

1949年12月2日，中央人民政府委员会第四次会议接受全国政协的建议，通过了《关于中华人民共和国国庆日的决议》，全文如下：

中国人民政治协商会议第一届全国委员会在一九四九年十月九日的第一次会议中，通过《请政府明定十月一日为中华人民共和国国庆日，以代替十月十日的旧国庆日》的建议案，送请中央人民政府采择施行。

中央人民政府委员会认为中国人民政治协商会议第一届全国委员会的这个建议是符合历史实际和代表人民意志的，决定加以采纳。

中央人民政府委员会兹宣告：自一九五○年起，即以每年的十月一日，即中华人民共和国宣告成立的伟大的日子，为中华人民共和国的国庆日。

自此，每年10月1日就成为全国各族人民隆重欢庆的节日了。

二、国庆节的过法

作为政治性节日，国庆节承载了反映国家、民族凝聚力的功能。中华人民共和国成立70年，在风云变幻的世界舞台上，中国共产党带领全国人民筚路蓝缕，艰苦创业，取得了伟大的成绩。经过70年的发展，在首都北京，也逐步形成了相对稳定的国庆节的过法。

（一）休假

是否放假是当下评判一个节日是否受到重视的重要指标。以此衡量，国庆节始终处于被高度重视的地位。我国现行《全国年节及纪念日放假办法》是对1949年政务院发布的《全国年节及纪念日放假办法》不断修订的结果。1949年版规定"属于全体者"的节日共有4个，即新年、春节、劳动节和国庆纪念日，分别放假1天、3天、1天和2天，国庆纪念日是"十月一日、二日放假"；1999年版确定"全体公民放假的节日"为新年、春节、劳动节和国庆节，其中新年放假1天，其余三节均放假3天；2007年版发布"全体公民放假的节日"为新年、春节、清明节、劳动节、端午节、中秋节和国庆节，其中春节和国庆节放假各3天，其余节日放假1天。现行的办法于2013年公布，放假的节日及各自的天数与2007年版保持一致。由上述可知，国庆节放假天数在各节中始终位居前列，这显示了它在我国当代节日体系中的重要地位。

尤值一提的是，伴随着1999年对1949年《全国年节及纪念日放假办法》的修订，我国政府对国庆节、春节和劳动节3个节日的休假时间进行了统一调整，移动节日前后的两个周末4天和法定假期3天集中休假，形成3个长达7天的长假，分别称为十一长假、春节长假和五一长假。由于制定长假的主要目的是推动假日经济，通过长假启动内需，刺激消费，拉动国内经济，促进国内旅游的发展，因此五一长假又被称为"五一黄金周"，十一长假又被称为"十一黄金周"。2007年再次修订《全国年节及纪念日放假办法》，五一国际劳动节由3天调整为1天，取消7天长假，而十一长假仍然保留下来。

无论是放假3天还是休假7天，都为人们过好国庆节提供了必要的时间条件。也正因此，每到国庆节，大量外地人得以来到北京游览参观，大量北京人也得以到达其他地方。人是消费的主体，也是文化的载体，由此国庆节不仅成为实实在在的黄金周，也成为文化交流的纽带与时空。

（二）升旗摆花

节日是特殊名称、特殊时间、特殊空间、特殊活动和特殊内涵的五位一体。悬挂国旗、摆放鲜花，既是为国庆节营造特殊空间的手段，也是庆祝国庆节的特殊活动。

天安门广场上的升国旗仪式可谓当下北京国庆节期间最引人注目的活动。不过，对这一仪式的重视也是一个逐渐发展的过程。中华人民共和国成立之初，天安门广场的升旗系统由电力控制，升旗的任务由北京电力局负责。逢节假日和外国重要元首来访时升旗。1977年5月之后，卫戍部队接手升旗的工作，担负起升国旗任务。1982年12月28日，原武警北京总队第六支队十一中队五班进驻天安门，担负升降国旗等任务。从此，我国有了第一套规范的国旗升降仪式。升旗工作由3人完成，其中1人擎旗，2人护旗，正步前进。1990年6月，第七届全国人民代表大会常务委员会第十四次会议通过《中华人民共和国国旗法》（以下简称《国旗法》），明确了国旗是"中华人民共和国的象征和标志"，"每个公民和组织，都应当尊重和爱护国旗"，并规定北京天安门广场、新华门，全国人民代表大会常务委员会、国务院、中央军事委员会、最高人民法院、最高人民检察院，中国人民政治协商会议全国委员会，外交部，出境入境的机场、港口、火车站和其他边境口岸，边防海防哨所等场所或者机构所在地，应当每日升挂国旗。《国旗法》的颁布实施大大提升了人们对于国旗的认识，天安门升国旗仪式开始受到普遍重视。到天安门看升国旗日渐成为到北京旅游的一个重要项目。1991年，国旗旗杆得以重修，高度达32.6米，天安门国旗护卫队也正式成立，并从当年5月1日起实行新的升降国旗仪式。后来经党中央批准，自2018年1月1日起，由中国人民解放军担负国旗护卫和礼炮鸣放任务，升国旗仪式变得更加庄严隆重。

《国旗法》还规定"国庆节、国际劳动节、元旦和春节，各级国家机关和各人民团体应当升挂国旗；企业事业组织，村民委员会、居民委员会，城镇居民院（楼）以及广场、公园等公共活动场所，有条件的可以升挂国旗"，这使得每届节日来临，机关、学校、商家、居民多将国旗悬挂在显眼的地方，尤其北京老城区悬挂得更多。2019年国庆节，全市升挂国旗约23万面，插挂红旗彩旗约6.5万面。鲜艳的五星红旗在蔚蓝天空的映衬下格外美丽，它渲染着国庆节的气氛，也突出着国庆节的特点。

国旗之外，许多单位和家庭还在门口悬挂大红的灯笼，灯笼上多写有"欢度国庆"或"庆祝国庆"四字，也为节日增添了浓厚的喜庆欢乐气氛。

摆放鲜花是烘托气氛的另一种有效方式。首都人民喜爱用盛开的鲜花为国庆节增添亮色，这既包括普通市民在家门口摆放，也包括北京各大公园举办花卉节，更包括设置专门的花坛庆祝国庆。届时各区主要街道和路口以及主要建筑前都摆设大量形状各异的花坛、花带，可谓鲜花满城，五彩缤纷，其中天安门广场是花坛摆放的重点。

天安门广场是祖国的"心脏"，是国庆节期间举办重大礼仪活动的重要场所，自1986年开始，这里每年都会围绕当年国家经济、社会发展的新特点设计布置广场中心主题大型花坛。比如1986年是首次在天安门广场摆花，以"天安丽日"为主题，共用花10万盆。广场中央建起直径60米、高3米的以大松柏为主景的大花坛，6个巨大的花瓣由中心向外辐射，花心用50多盆龙柏球组成，每个花瓣长25

米、宽11米，花瓣之间配置6个三角形花坛，用300多个品种的各色月季组成。由于当年是中华人民共和国成立37周年，广场东、西、北3面摆有37个花坛，花坛边装有6个人工喷泉，旁边各有2个小喷泉，中心花坛南面有8个8平方米的鱼池，池中放养龙睛、锦鲤等8种名贵观赏鱼。鱼池东侧有高7米、长16米的黄色金龙，西侧有用菊花做的3米多高、16米长的"孔雀开屏"，周围配置柚子、石榴、橘子等具有吉祥寓意的观果植物。另外，在人民大会堂和历史博物馆的树木间还摆有200多个小花坛，人民英雄纪念碑前孙中山画像四周摆有各种鲜花，东西两侧各有37个以槟榔竹为主的圆形花坛。此外，天安门往东至建国门，往西至复兴门，沿街用5万盆串红和天冬草装饰。

再比如2018年是改革开放40周年，广场中心布置了"祝福祖国"巨型花篮，寓意团结奋进。花坛顶高17米，篮体高15.3米，篮盘直径15米，花坛底部直径50米。篮体南侧书写"祝福祖国，1949—2018"，篮体北侧书写"欢度国庆，1949—2018"。巨型花篮里最大的一朵仿真花直径约为4米，重量达到150千克，十分壮观。另在天安门广场两侧绿地，布置了12根花柱、18个花球及3800平方米花带。长安街沿线也布置了10处花坛，"以建国门的庆祝改革开放40周年为序幕，复兴门的畅想美好未来收尾，东长安街花坛体现新时代新形象新作为，塑造大国形象，西长安街花坛体现为人民谋幸福，共建共享美好生活的光明前景"[①]。

经过30多年的积淀，天安门广场的花坛早已不仅是装点秋色的节庆摆设，而成为时代的缩影和亿万同胞情感的载体。来天安门广场的人，总会与花坛合影，借以留下对祖国和首都的一片深情。

---

① 《带你揭秘天安门广场花坛的故事》，见http://www.xinhuanet.com/talking/character/2018092908.html。

（三）阅兵与游行

阅兵是影响广泛、历史悠久的一种盛大仪式。在我国，先秦时期就有了"观兵以威诸侯"的记载。

为庆祝中华人民共和国的成立，阅兵被列为开国大典的重要内容。几经讨论，最后确定在天安门广场举行大阅兵。1949年10月1日，30万人齐聚天安门广场。下午3时，林伯渠宣布典礼开始后，毛泽东庄严宣布中华人民共和国中央人民政府的成立，并亲自按动电钮升起了中华人民共和国第一面五星红旗。不久，开国大典的重头戏——阅兵式就开始了。这次阅兵是中国人民解放军海陆空第一次公开亮相，彰显了军威国威。

此后，一直到1959年，每年国庆都举行大型庆典活动，同时举行阅兵式。1999年、2009年、2019年的国庆节阅兵在世人面前展示了中国力量和中国进步，对于树立民族自信心和自豪感产生了积极影响。

除了阅兵之外，群众大规模国庆游行，也是庆祝国庆的重要活动。1950—1959年，每年10月1日上午10时，国家领导人、国际友人等就会登上天安门城楼。阅兵式后，便是大规模的群众游行。人们多手举红旗、红灯笼，高呼着"毛主席万岁"，浩浩荡荡地经过天安门城楼。1960年阅兵式取消，群众游行成为国庆活动的主体，每年在天安门广场游行的人数都在40万以上。有组织的群众游行彰显了国家的力量，人民的力量，时隔多年以后，它们往往成为当事人珍贵的历史记忆。刘晓华在《1965年的国庆游行——我童年时代最美好的记忆》一文中充满感情地回忆道：

> 国庆节这天，我们一清早就来到了长安街，登上了彩车。彩车是三层，我有幸站在了最高一层巨型的少先队火炬下。我们穿着领子上带花边儿、灯笼袖儿的白绸子衬衣，粉红色的背带裙，就是用现在的眼光看，也很漂亮。鲜艳的红

领巾衬托着我们红扑扑的小脸蛋儿，两条又粗又黑的辫子搭在胸前，显得我们是那么的精神可爱。老师给我们化了淡淡的妆，小姑娘们手里拿着五颜六色的花束，快活得像鸟儿一样。

……庆祝游行开始了，国歌奏响时，全伍少先队员们都行举手礼，我的眼前是一片手臂的海洋，小小年龄的我，被这宏大的场面感动得热泪盈眶。

浩浩荡荡的队伍迈着整齐的步伐通过天安门广场，接受毛主席的检阅。少先队员们的队伍通过时，我们在"好好学习，天天向上""毛主席万岁"的口号中欢呼雀跃。虽然只能看到毛主席他老人家一个轮廓，但对我们这群孩子来说，已经是令人万分激动、倍感幸运的大事了……①

曾经以游行群众和组织工作者身份参加过20次国庆群众国庆游行活动的倪天祚回忆了游行活动组织的不易：

国庆游行活动的组织者多是北京市委、市政府系统各部门的工作人员。每当中央作出举行国庆游行的决定后，他们就被临时抽调到国庆游行指挥部工作，通常是提前两三个月，逢五逢十的国庆节则提前五六个月开始准备筹备工作。……我们这些参加游行组织工作的同志都深深地感到自己肩上的责任重大，任务光荣，为了国家的荣誉，必须尽自己最大的努力，以最高的工作热情，最强的组织纪律性，最佳的精神状态，团结一致、全力以赴、一丝不苟、精益求精、全身心地投入工作。②

① 刘晓华：《1965年的国庆游行——我童年时代最美好的记忆》，载《文史月刊》2013年第2期。

② 倪天祚：《我所亲历的国庆群众游行活动》，载《中共党史资料》2009年第4期。

进入20世纪70年代以后，游园活动取代了大规模的国庆群众游行，庆祝的主要场所也由天安门广场转移至北京市劳动人民文化宫、中山公园、颐和园、天坛公园、陶然亭公园、紫竹院公园等更具休闲娱乐功能的公共场所之中。这些公园往往安排各种活动，从而极大地丰富了人们的节日生活。

以1994年北海公园为例，当年为庆祝中华人民共和国成立45周年，四川省和辽宁省联袂承办了北海公园游园庆祝活动。其中四川设置了五大展区。"碧波荡漾的水面上，两条象征巴蜀腾飞的巨龙凌空而起，与北海白塔交相辉映；一座造型别致的天府门，横跨在永安桥上，门楣上用玻璃钢铸造的芙蓉花仙飘逸欲飞。"永安桥西侧广场，来自多个民族的演员跳起富有浓郁民族特色的舞蹈；北海天王殿和北门西侧，是四川省名优特新产品的展销会，集中展示了机械、电子、轻工、食品等15个大类420多个品种的产品；北海东侧是四川名食展销区，80余种四川小吃让人们大饱口福。北海西面是自贡大型水上神女灯组，植物园内则有四川经济与社会发展成就展。国庆期间，40多万群众游览了北海公园。①

大规模、有组织的游行游园活动沿用了群众动员模式，以官方组织、群体参与的方式展开，是具有集体狂欢性质的盛大仪式，极大地显示了集体的力量和国家的力量，激发了人们对共和国的认同和热爱之情。随着中国社会的深刻变革、个体生活自主性的增加，这一庆祝方式不再像中华人民共和国成立初期那样频繁出现了。与之形成鲜明对比的，是以个体和家庭为单位的旅游休闲活动的盛行。尤其是1999年公布十一长假之后，可以看到，无论天安门广场还是北京各大公园，国庆节都会人数众多，熙熙攘攘，但大多数时候人们并非出于国家动员和官方组织，而是自发地参与其中。与此同时，各大公园也组织丰富多彩的文化活动。以2018年国庆节为例，北京市属11家

---

① 石以：《为首都献上一片巴蜀情——四川赴京国庆游园参展追记》，载《今日四川》1994年第4期。

公园共布置花坛27组，摆放较大型花钵盆栽3000盆（组），花卉布置面积近130万平方米，同时还开展了文化文创展览、特色园艺花展、科普体验项目、红色爱国游等4大类30项活动。丰富多彩的活动吸引了大量游客，据统计，当年国庆假日7天，北京市属11家公园及中国园林博物馆累计接待游客多达367万人次。由此可以看出，国庆已越来越成为人们感受美好生活、享受人生幸福、休闲娱乐的节假日。

（四）为国庆献礼

民间习俗祝寿都伴随着礼物的赠送，表达对过生者的尊敬、关爱与祝福，为国庆献礼的意义和功能与此类似。为国庆献礼，有多种方式，可以是撰写文章歌唱祖国，可以是发行邮票以示纪念，也可以组织各种各样的庆祝活动，或者用优秀的成绩作为礼物。逢十的国庆节，献礼活动最为隆重。著名的"十大建筑"，即人民大会堂、中国革命博物馆和历史博物馆、军事博物馆、农业展览馆、民族文化宫、北京工人体育场、北京火车站、民族饭店、华侨大厦和钓鱼台国宾馆，又称"国庆十大工程"，落成于1959年国庆节之际，就是为庆祝中华人民共和国成立10周年准备的一份厚礼。

（五）向人民英雄敬献花篮仪式

人民英雄纪念碑自奠基到竣工，历时长达9年，直到1958年5月1日才正式揭幕。人民英雄纪念碑共分台座、须弥座和碑身3部分，总高约38米。碑顶是上有卷云下有重幔的小庑殿顶。台座分2层，四周环绕汉白玉栏杆，四面均有台阶。台座上是大小2层须弥座，上层小须弥座四周镌刻以牡丹、荷花、菊花、垂幔等组成的8个花环，象征着品质高贵纯洁，表示全国人民对英雄的永远怀念和敬仰之情。下层须弥座束腰部四面镶嵌8幅巨大的汉白玉浮雕，分别以虎门销烟、金田起义、武昌起义、五四运动、五卅运动、南昌起义、抗日游击战争、胜利渡长江为主题，在胜利渡长江浮雕两侧，另有两幅以"支援前线""欢迎中国人民解放军"为题的装饰性浮雕，生动而概括地表现出中国人民100多年来，特别是在中国共产党领导下反帝反封建的伟大革命斗争史实。碑身的正面（北面）镌刻有毛泽东的题词"人民英雄永垂不朽"8个金箔大字；背面是毛泽东起草、周恩来题写的碑文。碑身东西两侧上部，则刻着以红星、松柏和旗帜组成的装饰花纹。

吃水不忘挖井人。雄伟壮观的人民英雄纪念碑用17000多块坚固的花岗石和汉白玉砌成，巍然耸立在天安门广场中心，铭记着人民英雄的奋斗史，也镌刻着人民的缅怀与敬仰，宣示着先烈们的革命精神万年长存。2018年通过的《中华人民共和国英雄烈士保护法》明文规定："矗立在首都北京天安门广场的人民英雄纪念碑，是近代以来中国人民和中华民族争取民族独立解放、人民自由幸福和国家繁荣富强精神的象征，是国家和人民纪念、缅怀英雄烈士的永久性纪念设施。人民英雄纪念碑及其名称、碑题、碑文、浮雕、图形、标志等受法律保护。"

自2010年起，每到国庆日，中国共产党和国家领导人都要同首都各界代表一起举行向人民英雄纪念碑敬献花篮仪式。

2014年8月31日，第十二届全国人大常委会第十次会议一致表决通过关于设立烈士纪念日的决定，首次以法律形式将9月30日设立为烈士纪念日。此后，向人民英雄纪念碑敬献花篮仪式便改于9月30日举行。这一仪式为国庆节活动的重要组成部分。没有烈士的抛头颅洒热血，前仆后继，英勇斗争，便没有中国人民的解放，没有中华民族的繁荣富强。今天人们所享受的社会和谐、生活幸福，都是无数先烈用生命换来的。缅怀烈士与庆祝国庆，理应成为国庆节的两大主题。

而在其他地方，瞻仰祭扫烈士墓、缅怀英雄先烈，也正发展成为一项重要的仪式活动。

除上述之外，国家层面，每到国庆节，还会举行大规模的国庆招待会。正如有学者所说，国庆招待会是中国的一场重大政治活动，它不仅仅是一顿晚宴，更是各民族、港澳台同胞、各界人士普天同庆的团圆时刻。

三、结语

中华人民共和国的成立具有深远而重大的历史意义和历史影响，它标志着中国人从此站起来了，标志着近代以来帝国主义列强侵略压迫中国、欺凌奴役中国人民的苦难历史彻底结束；它改变了中国的发展方向，也改变了中华民族的地位，掀开了中华民族伟大复兴的新篇章；它鼓舞了中国人信心，使国人充满了对新生活和新世界的渴望。也因此，纪念中华人民共和国成立的国庆节一经诞生，就受到广大民众的热烈欢迎，从国家到民众都掀起了欢度国庆的热潮。

懂得国庆，方知国家。国庆节作为庆祝国家成立的节日，不是一般的假日，而是有着政治关怀和人文诉求的节日，它有着特殊的精神内涵，在缅怀先贤、教育后代、培养爱国主义精神、铸牢中华民族共同体意识、建设各民族共有精神家园方面具有特殊的功能与价值。

冬季节日篇

万里寒光生积雪。在老百姓的生活中，冬天虽然寒冷，但却是一年中极为重要的末尾时段。旧时，北京的冬季节日并没有因为天气而显得凄冷，反而都洋溢着一股温暖的感觉：人们会在寒衣节的时候为先亡之人送去御寒的衣物；会隆重地庆祝"大如年"的冬至；会固执地坚守着传统历法下的节日习俗，即便是最终接纳了公历的元旦；会在腊八节的时候前往寺庙讨上一碗粥，并把它当成"报信儿"的使者，就此开始忙年的过程。人们依然希望这一冬给新的一年做好准备。

寒衣好向孟冬烧：十月一

　　"寒衣节"是中国传统的祭扫节日，为了给客户提供更安全、更周到的服务，八达岭陵园全体工作人员提前一小时上岗，以热情、饱满的精神面貌，迎接每一位祭扫客户。"寒衣节"当天，八达岭陵园完成鲜花代客祭扫280份，免费接送客户300多人次，顺利圆满完成了当天的接待任务，营造安全、有序的祭扫氛围，使祭扫客户满意而归。

　　这是2019年北京市政府信息公开专栏上《八达岭陵园迎接"寒衣节"祭扫高峰》的信息，展示的是传统祭祀节日里对人们祭扫形式的改善，透露的是传统节日文化在现代社会的传承。

　　寒衣节又叫作十月朝，北京地区也称为冥阴节。在寒冬开始的时候，人们为先亡之人送去御寒的衣物，寄托哀思，民间便将其叫作送寒衣。

一、作为"岁首"的十月朔

　　旧时，十月初一又有"十月朔""十月朝"的名号，曾经是新旧之交的节点。秦时实行颛顼历，十月朔是始皇定的岁首。据《礼记·月令》："（十月）是月也，大饮烝。天子乃祈来年于天宗。大割祠于公社及门闾，腊先祖五祀；劳农以休息之。"[1]对此，孔颖达疏曰："腊先祖五祀者，腊，猎也。谓猎取禽兽以祭先祖五祀也。此等之祭，总谓之腊。若细别之，天宗、公社、门闾谓之蜡，其祭则皮弁、素服、葛带、榛杖；其腊先祖五祀，谓之息民之祭，其服则黄衣、黄冠。"说明"腊"即祭祀，祭祀的礼节有详细规定。秋收结束，地方官要亲自慰劳农民，让人们去打猎并且安排宴饮，让人们休

---

[1] 《礼记》，见陈戌国校注：《礼记校注》，岳麓书社2004年版，第124页。

息和娱乐，同时对祖先、日月星辰、公社、门闾等进行祭祀。这一习俗为汉人传承，汉高祖在长乐宫贺新年，就是在十月一日。直到汉武帝太初元年（前104）改正朔，以正月为岁首。但是，十月朝祭祀仍有记载。《太平御览》卷八四二引《祢衡别传》云"十月朝黄祖在艨冲上会设黍臛"①，可见东汉末年十月初一这一天还要煮黄米肉粥祭献祖先。据宗懔《荆楚岁时记》载"十月朔日，黍臛，俗谓之秦岁首"②，黍臛是黄米子混合肉煮成的肉粥。秦代的节日食品以谷物为主，岁首的时候食肉粥，黍臛正是秦人过年食俗的遗存。

十月初一还有颁历的习俗，也算是计算时间的另一种含义。清代，每年夏历十月钦天监都要颁发第二年的历书，称为宪书，因为是皇家钦定的历书，所以又叫皇历。皇历上详细地规定了每一天人们的起居行止、婚丧嫁娶的时宜，能做什么、不能做什么，方便百姓安排下一年的生活。皇历由书铺印刷，然后批发给书贩们。所以一到十月，胡同里就出现了身背褡裢、手里拿着历书的小贩，尖声吆喝："卖皇历！卖皇历！"清代富察敦崇《燕京岁时记》中有"卖宪书"条曰："十月颁历以后，大小书肆出售宪书。衢巷之间，亦有负箱唱卖者。"③如今，皇历倒是不再如过去那样重要，可每逢年末的十一、十二月，人们盼来了下一年的假期时间，也

卖历书

---

① 《钦定四库全书·子部·太平御览·卷八四二》（影印本）。

② ［南朝梁］宗懔著，宋金龙校注：《荆楚岁时记》，山西人民出版社1987年版，第61页。

③ ［清］富察敦崇：《燕京岁时记》，见王碧滢、张勃标点：《燕京岁时记（外六种）》，北京出版社2018年版，第105页。

是安排休闲生活的一种参考，甚至有很多人立马算出"请假攻略"以期获得更多的闲暇。

老北京的十月初一还有些特殊的占卜习俗。据明代沈榜《宛署杂记》载："祀靴，卖靴人以是日（十月一日）为靴生日，预集而钱供具，祭之，以其阴晴卜一冬寒暖。"①售卖鞋靴的人在这一天占卜冬天的气温，以预测这一冬生意的好坏。而据清代潘荣陛《帝京岁时纪胜》载，十月初一还有"占风"之俗："皮客于九月晦，聚众商治酌陈肴，候至三更交子，则为冬朔。望西北风急烈，则卜冬令严寒，皮革得价，交相酹酢，尽欢达旦。"②跟卖鞋靴的预测一样，如果这天大刮西北风，说明这个冬天会很冷，那么皮货就容易卖出好的价钱。

二、新寒剪纸作衣襟

以黍臛祭祀祖先的节俗慢慢隐逸以后，十月朔成为人们为逝者寄送寒衣的节日。十月初一，北方渐入冬季，人们会惦念身在远方的亲朋好友，又会思念故去的亲人。于是，寄寒衣也成为这个时间段落里的重要活动。

元代开始，关于京城"寒衣节"的记载比比皆是。元代熊梦祥《析津志》中载："富人家祀，先用麻秸奠酒为诚，买纸钱冥衣烧化于坟。谓元送寒衣，仍以新土复墓。"③书中将该条记于七夕中，常建华教授认其为中元之俗。④虽然日期有所不同，但是京师存在"送寒衣"的习俗不言而喻。明代刘侗、于奕正《帝京景物略》中载："十月一日，纸肆裁纸五色，作男女衣，长尺有咫，曰寒衣。有疏印缄，识其姓字行辈，如寄书然，家家修具夜奠，呼而焚之其门，曰送寒

① ［明］沈榜：《宛署杂记》，北京古籍出版社1980年版，第192页。

② ［清］潘荣陛：《帝京岁时纪胜》，见王碧滢、张勃标点：《燕京岁时记（外六种）》，北京出版社2018年版，第56页。

③ ［元］熊梦祥著，北京图书馆善本组辑：《析津志辑佚》，北京古籍出版社1983年版，第223页。

④ 常建华：《岁时节日里的中国：古代社会生活图记》，中华书局2006年版。

卖纸包袱

衣。"①这时，送寒衣已经成为十月初一的节俗，后世依然。比如，清代富察敦崇《燕京岁时记》载："十月初一日，乃都人祭扫之候，俗谓之送寒衣。"②清代潘荣陛《帝京岁时纪胜》载："十月朔，孟冬时享宗庙，颁宪书，乃国之大典。士民家祭祖扫墓，如中元仪。晚夕缄书冥楮，加以五色彩帛作成冠带衣履，于门外奠而焚之，曰送寒衣。"③

在北京平谷，十月一的习俗被称为"烧鬼袄"。家家户户都要买些彩纸（紫色、绿色、黄色不等），将其裁剪成大小不等、棉袄形状的样式，将小个的套进大个的里面，到庄头野外或到十字路口去焚烧。

红学元老邓云乡曾回忆过其母"烧包袱"的过程并发表感叹：

母亲是外祖母的独生女儿，当时对于已经去世的外祖母，她以极为虔诚的感情纪念着，每年到十月一，总预先糊好"寒衣包""金银锞子包袱"，完全像《帝京景物略》说的那样，让我给她在"包袱"外面写上地址，"某县、某村、某处"，写上外祖父、母的称谓、姓氏，另外还要写个小包袱"土地酒资五锭"。慢慢我大了一些，受到科学教育，就

① ［明］刘侗、于奕正著，孙小力校注：《帝京景物略》，上海古籍出版社2001年版，第105页。

② ［清］富察敦崇：《燕京岁时记》，见王碧滢、张勃标点：《燕京岁时记（外六种）》，北京出版社2018年版，第104页。

③ ［清］潘荣陛：《帝京岁时纪胜》，见王碧滢、张勃标点：《燕京岁时记（外六种）》，北京出版社2018年版，第55—56页。

觉得她实在迷信可笑，我虽每年勉强给她写，但心中颇不以为然。但在自己哀乐中年之后，又感到自己当年也是非常幼稚可怜的了。古人云："生死亦大矣。"对于亲人的怀念，究竟用什么方式表示才好呢？[1]

如今，寒衣节时，北京街头依然可见祭奠烧纸的现象。当然，也有道观会于此日举办超度亡灵的活动。比如，北京白云观已经连续几年举办"寒衣节"超度法会。

---

[1] 邓云乡：《燕京乡土记（上册）》，河北教育出版社2004年版，第68页。

阴伏阳升淑气回：冬至日

冬至这一天，故宫的乾清宫有一个奇特的景象：冬至日正午是乾清宫"正大光明"牌匾以及下方5条金龙完全被阳光照亮的时分。据说，设计者根据北京四季的特点，进行了巧妙的设计——用大约柱高的1/3作为廊子的深度，这样可以使正向的房屋，夏天遮阴、冬日聚阳。冬至日，太阳直射南回归线，日影最长，阳光照射进房间最深，沥粉金龙、正大光明匾额因此熠熠生辉。

冰天雪地之中，北京迎来了旧时冬季最重要的一段时光。

一、冬至大如年

冬至，旧时曾在较长时期内作为岁末之月或岁首之月。从古代民间信仰来看，冬至时分，农事终结，万物俱寂，春日待启，大自然的一切都处于再次转生的微妙节点之上，人类应小心谨慎地度过。《周礼·春官》记载有"以冬日至，致天神人鬼"[①]的祭祀仪式，表达对于旧岁的纪念、对于新岁的祈盼。

明代，太祖朱元璋在位时，百废待举、政务繁忙，便规定一年只有元旦（今春节）、万寿节（皇帝的生日）和冬至放假。此外，归顺明朝的朝鲜也派使臣来过冬至节，被称为冬至使，一直沿袭至清代。由此看来，从上至下，冬至都不仅仅是一个节气这么简单，也就难怪民间会有"冬至大如年"的说法了。

> 维嘉靖（某）年，岁次（某）月（某）日嗣天子臣御名（朱厚熜，皇帝亲自书写）敢昭奏于皇天上帝，曰：时维冬至，六气资始，敬遵典礼，谨率臣僚，恭以玉帛牺齐粢盛庶品，备此禋燎，只祀于上帝。奉太祖开天行道肇纪立极大圣

---

① ［汉］郑玄：《周礼注疏》，见《钦定四库全书·经部·周礼注疏》（影印本）。

至神文义武俊德成功高皇帝配帝侑神，尚享。

以上是明嘉靖时期的一篇祭天祝文，体现的便是皇帝冬至祀天的敬意。清光绪三十四年（1908）冬至，光绪帝举行祀天之礼不久后崩逝，这是中国历史上的最后一次祀天之礼。礼莫重于祭，祭莫大于天。冬至祭天表达了为天下苍生祈求风调雨顺的愿望，也体现了对天和自然的尊崇敬畏之情。

皇室祭天，民众祭祖，冬至也是感怀祖德、祭祀祖先的日子。冬至祭祖的记载在汉代就已经有了，《四民月令》中记载"冬至之日，荐黍羔。先荐玄冥于井，以及祖祢"①，这就是说汉人在冬至日用黍和羔祭水神玄冥及祖先。《新唐书·礼乐志三》记载："祭寝者，春、秋以分，冬、夏以至日。若祭春分，则废元日。然元正，岁之始；冬至，阳之复，二节最重。祭不欲数，乃废春分，通为四。"②这段记载很清楚地说明，元日、夏至日、秋分日、冬至日为祭祖日。可见汉魏至隋唐，冬至祭祖已经成为民间节令习俗。宋代，冬至祭祖更是流行，《东京梦华录》载曰：

> 十一月冬至。京师最重此节，虽至贫者，一年之间，积累假借，至此日，更易新衣，备办饮食，享祀先祖。官放关扑，庆贺往来，一如年节。③

清代旗人会于冬至日五更时分，用矮桌供上"天地码儿"或牌位以及"祖宗杆子"，杀猪祭祀。后来，冬至祭祖习俗一直留存下来。

二、馄饨与饺子

关于冬至的吃食，民间有"冬至饺子夏至面"的说法，史籍却更

---

① ［东汉］崔寔：《四民月令》，见《四民月令辑释》，新华书店1981年版，第104页。
② ［宋］欧阳修：《新唐书》，见《钦定四库全书·史部·新唐书》（影印本）。
③ ［宋］孟元老撰，李士彪注：《东京梦华录》，山东友谊出版社2001年版，第96页。

常见"冬至馄饨夏至面"的记述。宋代以来，我国民间已有在冬至之日吃馄饨的饮食习俗。清代富察敦崇《燕京岁时记》中记载的京师民谚也是："冬至馄饨夏至面。"①清末民初徐珂编撰的《清稗类钞·饮食·馄饨》对这种冬至节令饮食描绘得更加详细：

> 馄饨，点心也，汉代已有之。以薄面为皮，有襞积，人呼之曰绉纱馄饨，取其形似也。中裹以馅，咸甜均有之。其熟之之法，则为蒸，为煮，为煎。②

对于冬至之日吃馄饨的原因，民间观念大致有3种说法：第一种说法认为，馄饨初为宋代祭祖的供品，馄饨是原始宗教中祖先崇拜在后世的演变。馄饨像鸡卵，鸡卵如混沌未开之象，人们于冬至之日吃馄饨乃是纪念远古混沌未开时，盘古氏开天辟地创造世界之功。"馄饨"二字，本是旁三点水，盖因做食物之名，又因祭祀祖先，也就由"混沌"改成食字为旁的"馄饨"了。第二种说法是，冬至之日为道教的元始天尊诞辰。道教认为，元始天尊的诞生象征混沌未分、道气未显的第一大世纪，故民间有吃馄饨的习俗。清代富察敦崇《燕京岁时记》称："夫馄饨之形有如鸡卵，颇似天地混沌之象，故于冬至日食之。"③实际上，"馄饨"与"混沌"谐音，故民间将馄饨引申为打破混沌，开辟天地。后世不再解释其原义，只流传所谓"冬至馄饨夏至面"的谚语，把它当成一种节令食物而已。第三种说法是，汉代时北方匈奴经常骚扰边疆，百姓不得安宁。当时匈奴部落中有浑氏和屯氏两个首领，十分凶残。百姓对他们恨之入骨，于是用肉馅包成角儿，取"浑"与"屯"之音，呼作"馄饨"。恨以食之，并求平息战

---

① ［清］富察敦崇：《燕京岁时记》，见王碧滢、张勃标点：《燕京岁时记（外六种）》，北京出版社2018年版，第111页。

② ［清］徐珂编撰：《清稗类钞》第8册，中华书局1986年版，第6402页。

③ ［清］富察敦崇：《燕京岁时记》，见王碧滢、张勃标点：《燕京岁时记（外六种）》，北京出版社2018年版，第111页。

乱，能过上太平日子。因最初制成馄饨是在冬至这一天，所以在冬至这天便有了家家户户吃馄饨的习俗。

冬至吃饺子是我国北方地区的传统习俗，俗语曰"冬至不端饺子碗，冻掉耳朵没人管"。民间传说，冬至吃饺子的习俗与医圣张仲景有关。据说张仲景在隆冬时节专门舍药为穷人治冻伤，他把羊肉、辣椒和祛寒的药材放在锅里，熬到火候时再把羊肉和药材捞出来切碎，用面皮包成耳朵样子的"娇耳"下锅煮熟，分给治病的穷人，这药就叫"祛寒娇耳汤"。人们吃后，顿觉全身温暖，两耳发热。从冬至起，张仲景天天舍药，一直舍到大年三十。乡亲们的耳朵都被他治好了，欢欢喜喜地过了个好年。从此以后，每到冬至，人们也模仿着做娇耳的食物，为了跟药方区别，就改称饺耳，后来人们就叫饺子了。天长日久便形成了习俗，每到冬至这天，家家都吃饺子。

三、居人雅有消寒兴

节气逢冬至，也正是人们日常生活里最为闲适与自在的时刻，三五成群、把酒言欢，更乃赏心乐事。

（一）九九消寒图

"数九"是我国北方特别是黄河中下游地区更为适用的一种节气计算方法，从冬至这天开始算起，进入"数九"（也称"交九"），以后每九天为一个单位，过了9个"九"，刚好81天，即为"出九"，此时正好春暖花开。从目前我国各地流传的数九歌来看，这个习俗基本是因黄河流域民众数着严冬腊月的日子过生活，慢慢等待来年开春进行耕作而盛行的：一九二九不出手。三九四九冰上走。五九六九沿河看柳。七九河开，八九燕来。九九加一九，犁牛遍地走。

冬至开始数九，数九歌诀流传于民众之口，描述的是冬日里的时季感受及农耕生活，而消寒图则是以图画或文字的形式标示着由冬向春的转换过程，主要为闺阁女子、文人雅士所习用。染梅与填字是描画消寒图的两种流行方式。

染梅是对一枝有81片花瓣的素梅的逐次涂染，每天染一瓣，染完所有花瓣便出九。这种梅花消寒图最早见于元代，杨允孚《滦京杂咏》有诗曰：

试数窗间九九图，馀寒消尽暖回初。

梅花点遍无余白，看到今朝是杏株。

冬至后，贴梅花一枝于窗间，佳人晓妆，日以胭脂涂一圈。八十一圈既足，变成杏花，即暖回矣。[1]

消寒图

这种图画版的九九消寒图又被称作"雅图"，明代刘侗、于奕正在《帝京景物略·春场》中也写道："日冬至，画素梅一枝，为瓣八十有一，日染一瓣，瓣尽而九九出，则春深矣，曰九九消寒图。"[2]还有与染梅类似的另一种涂圈方式：将宣纸等分为9格，每格墨印9个圆圈，从冬至日起每天填充一个圆圈，每天涂一圈，填充的方法根

---

① 赵杏根选：《历代风俗诗选》，岳麓书社1990年版，第99页。

② ［明］刘侗、于奕正著，孙小力校注：《帝京景物略》，上海古籍出版社2001年版，第105页。

据天气决定，填充规则通常为：上涂阴下涂晴，左风右雨雪当中，即阴天涂圈上半部，晴天涂下半部，刮风涂左半部，下雨涂右半部，下雪就涂在中间。

填字则是对9笔画且笔画中空的9个字进行涂描，这9个字多组成诗句，从冬至日起，每天依笔顺描画一笔，9天成一字，九九则诗句成，数九也完毕。《清稗类钞·时令类》有记：

> 宣宗御制词，有"亭前垂柳，珍重待春风"（注：均为繁体字）二句，句各九言，言各九画，其后双钩之，装潢成幅，曰九九消寒图，题"管城春色"四字于其端。南书房翰林日以"阴晴风雪"注之，自冬至始，日填一画，凡八十一日而毕事。[①]

在阳气上升的时节，人们涂染凌霜傲寒的梅花或是描摹召唤春意的垂柳，都表达着对于来年春天的盼望之情。但是，画九、写九实为高雅的娱乐方式，大抵和灯谜、酒令、对联等有着异曲同工之妙，后来便自然而然地成为文人墨客、闺阁女眷的冬日消遣之举。

（二）消寒会

入冬后天寒地冻、万里冰封，此时闲暇的时光颇多，旧时从冬至开始，贵族豪富、文人雅士们每逢"九"日一聚，或围炉宴饮，或鉴赏古玩，或分韵赋诗，谓之消寒会。清代，消寒会成为冬至之后文人雅士的重要活动，内容十分丰富。士大夫的消寒会一般都会有雅集随出。据《燕京杂记》或："冬月，士大夫约同人围炉饮酒，迭为宾主，谓之'消寒'。好事者联以九人，定以九日，取九九消寒之义。"[②]更有甚者，以9盘9碗为餐，饮酒时亦必以"九"或与"九"

---

① ［清］徐珂编撰：《清稗类钞（第1册）》，中华书局1986年版，第36页。
② ［清］阙名：《燕京杂记》，见《旧京遗事　旧京琐记　燕京杂记》，北京古籍出版社1986年版，第119页。

相关之事物为酒令。清代方濬颐《梦园丛说》也载：

> 冬则唐花尤盛。每当毡帘窒地，兽炭炽炉，暖室如春，浓香四溢，招三五良朋，作"消寒会"。煮卫河银鱼，烧膳房鹿尾，佐以涌金楼之佳酿，南烹北炙，杂然前陈，战拇飞花，觥筹交错，致足乐也。①

寒冬时节，围炉时还能赏花，自然是乐事。一般来说，鲜花应季而开，但是随着科学技术的进步，花农往往可以利用窖藏技术使花提前开放，即在温室培植鲜花。明代张萱《疑耀》中对于京师以地窖养花习俗有着较为具体的记述：

> 今京师风俗，入冬以地窖养花，其法自汉已有之。汉室大官园冬种葱韭菜茹，覆以屋房，昼夜贮煴火得温气，诸菜皆生。召信臣为少府，谓此皆不时之物，有伤于人，不宜以奉供养，奏罢之。但此法以养菜蔬，未尝养花木也。今内家十月即进牡丹，亦是此法，计其所费工耗每一枝至数十金，然在汉止言覆以屋房而已，今法皆掘坑堑以窖之。盖入冬土中气暖，其所养花木，借土气火气俱半也。②

北方天寒，农人所培植的唐花一般供新春之用，如《燕京岁时记》中记载：

> 凡卖花者，谓熏治之花为唐花。每至新年，互相馈赠。牡丹呈艳，金橘垂黄，满座芬芳，温香扑鼻，三春艳冶，尽

---

① ［清］方濬颐：《梦园丛说》，见清光绪刻本（影印本）。
② ［明］张萱：《疑耀》，见《钦定四库全书·子部·疑耀》（影印本）。

在一堂，故又谓之堂花也。[①]

冬日赏花、吃肉、饮酒、娱乐，算是闭塞的时间里人们欢愉的举动了，其中蕴含的多是对于过去的追忆和对于未来的向往，也更多地表明了人们在节气转换时段里的忐忑。直到近时，北京地区的某些人士仍保留着消寒的遗风。

四、凿冰、藏冰与冰嬉

冬至时节已经进入冰天雪地的日子，古代这个时候人们也开始凿冰、藏冰，留待酷暑之用，因为这时的冰块最坚硬，不易融化。据《周礼》记载，周王室为保证夏天有冰块使用，专门成立了相应的机构，负责人称为凌人。最初的时候，凿冰与藏冰耗费巨大，一般要经过开采、运输、保存等几个阶段，非一般人家能及。所以除少数极富之家，藏冰多为皇家或官府经营，称为官窖和府窖。

清初，官窖只有雪池冰窖（位于北海东门外）和德胜门冰窖两处，前者有6座窖，后者有8座窖。后来，又陆续建了海淀冰窖（位于海淀镇西栅栏迤北处），有2座窖，主要供圆明园以及颐和园用冰，民国时期改由民营，称同春冰窖；冰窖厂窖（位于前门外东珠市口），有2座窖，主要供天坛等祭祀坛庙用冰。[②]每年的伐冰、储冰工作均在冬至以后进行。在立冬时，先由工部知会步军统领衙门，在采冰河段下游闸口先放13块闸板蓄水，然后由兵丁乘小舟清除河水中的杂草污物，再提起下游闸口的闸板放去脏水，待水平后，再放闸板蓄水。这个前期工作，称为"涮河"。冬至后再过半个月，河面完全封冻，便开始伐冰。皇家藏冰，除了自用外，也会在三伏天的时候赐给大臣，算是官府礼节中极高的待遇，史称赐冰。很多文臣对此深感荣耀，留下了歌咏诗作。元代也有赐冰之事，萨都剌《上京杂咏》诗

---

① ［清］富察敦崇：《燕京岁时记》，见王碧滢、张勃标点：《燕京岁时记（外六种）》，北京出版社2018年版，第117页。

② 华孟阳、张洪杰编著：《老北京人的生活》，山东画报出版社2000年版，第207页。

云："上京六月凉如水，酒渴天厨更赐冰。"清代，朝廷会印发冰票给各官署，由工部负责，按数领取。但一般小官，是享受不到这种待遇的。

大约宋、明之际，私人经营性质的藏冰开始出现。到了清末，商业藏冰有了更大的发展，甚至出现了专门经营的"冰户"。据说，北京最早设窖储冰的人名叫方柏根，他在永定门外西护城河南岸买了6亩地，准备经营冰窖的业务。但是主管衙门并未批准其开业，他便贿赂肃王府总管，将自己的冰窖用府窖的名义"挂靠"在肃王府，所储之冰除无偿满足王府使用之外，每年还要交1000两白银。这使得京城有了第一家官办私营的冰窖，所谓的"民窖"由此逐渐放开经营。兴盛起来的冰窖业使得北京城里的贮冰量大增，时至夏季，沿街叫卖冰块、冷饮者比比皆是。清代富察敦崇《燕京岁时记》载："京师暑伏以后，则寒贱之子担冰吆卖，曰冰胡儿。"①说明由于冰窖的经营，清代时北京城里夏季的用冰已大为普及，成为平民百姓酷暑生活里不可缺少的部分。

除了商业活动，冰还给北京人带来了欢乐。寒冬时节，人们非常喜欢到冰面上玩耍，旧时称冰嬉。冰嬉也称冰戏，主要包括寒冬冰上的各种娱乐或是竞技活动，雏形当为古时冰天雪地里的交通方式，后来逐渐成为军事生活乃至休闲生活的主要活动，大约在元明时期初见规模，至清代则大盛。

（一）拉冰床

《酌中志》中曾有记载说："阳德门外，冬至河冻，可拉拖床，以木作平板，上加交床或藁荐，一人在前引绳，可拉二三人，行冰上如飞。"②明代宫词中也有关于冰嬉的描述：

---

① ［清］富察敦崇：《燕京岁时记》，见王碧滢、张勃标点：《燕京岁时记（外六种）》，北京出版社2018年版，第94页。

② ［明］刘若愚：《酌中志》卷20，北京古籍出版社1994年版，第183页。

琉璃新结御河水，一片光明镜面菱。

西苑雪晴来往便，胡床稳坐快云腾。

——（明）饶智元《明宫杂咏·熹宗》①

　　这里记述的是冰面活动的一种——拉冰床，或说是旧时的交通工具，俗称"冰排子"，形状如床，可在冰上行驶。清代潘荣陛《帝京岁时纪胜》十一月"冰床"条云："太液池之五龙亭，中海之水云榭前，寒冬冰冻，以木作床，下镶钢条，一人在前引绳，可坐三四人，行冰如飞，名曰拖床。"②据说，慈禧太后非常喜欢玩"拉冰床"的游戏，她坐在专门制作的轿中，太监和宫女拉着轿子在冰面上跑。辛亥革命前后，北京护城河水流量不足，冰床锐减乃至绝迹。后来，也是一些旅游点将其开发出来，用于开展冰上游乐活动。

冰上运输队

（二）跑冰鞋

　　滑冰也是人们喜欢的冰面活动。据满语字典《清语择钞》记载，公元1618年冬，努尔哈赤率部远征巴尔特虎部落时，驻守的墨根城被

　　①　傅华主编：《北京西城文化史》，北京燕山出版社2007年版，第170页。

　　②　［清］潘荣陛：《帝京岁时纪胜》，见王碧滢、张勃标点：《燕京岁时记（外六种）》，北京出版社2018年版，第58页。

敌兵围困，此时大雪封路，行军困难，要是等救兵赶来，早就被困死了。在这千钧一发的时刻，队长带领冰上特种队前去救援，他们穿上冰鞋，把火炮支在雪橇上，沿着封冻的河面风驰电掣，一日就滑行了七百多里，当火炮轰到敌营时，敌人乱作一团，以为神兵自天而降。满族入关之后，将冰嬉带入关内，并逐渐由一种军事训练发展成为举国上下都十分喜欢的娱乐活动。《日下旧闻考》载："（太液池）冬月则陈冰嬉，习劳行赏，以简武事而修国俗云。"[1]太液池就是现在北京的北海公园。按照清代的规定，每年冬天都要在这里检阅八旗溜冰，时称"春耕耤以劳农，冬冰嬉而阅伍"。记载清代中前期典章制度的《皇朝文献通考》对检阅准备工作有着详细的描述：

跑冰鞋

　　每岁十月，咨取八旗及前锋统领、护军统领等处，每旗照定数各挑选善走冰者二百名，内务府预备冰鞋、行头、弓箭、球架等项。至冬至后驾幸瀛台等处，陈设冰嬉及较射、天球等伎。[2]

　　自乾隆皇帝将冰嬉正式列入国家制度以后，接下来的嘉庆、道光、咸丰三朝，冰嬉都成为万人同赏、共享升平的社会活动。清代北京民间的冰嬉活动也很盛行，开展得最为广泛的应该是速度滑冰，清代满族诗人爱新觉罗·宝廷曾绘声绘色地描写过速度滑冰的形态：

---

① ［清］于敏中等编纂：《日下旧闻考》，北京古籍出版社1985年版，第2368页。
② 《钦定四库全书·史部·皇朝文献通考》（影印本）。

朔风卷地河水凝，新冰一片如砥平。

何人冒寒作冰嬉，炼铁贯韦当行滕。

铁若剑脊冰若镜，以履踏剑摩镜行。

其疾如矢矢逊疾，剑脊镜面刮有声。

左足未住右足进，迎前踵后相送迎。

有时故意作欹侧，凌虚取势斜燕轻。

飘然而行陡然止，操纵自我随纵横。

——（清）爱新觉罗·宝廷《都门岁暮竹枝词》[①]

这首竹枝词形象地描述了速度滑冰双脚交替滑行的姿态，并形容冰面上滑行的人们像燕子一样轻盈。那时不仅有速度滑冰，还有花样滑冰，每一种花样滑冰的姿势都有一个动听的名称，比如"金鸡独立""哪吒探海"等。清朝乾隆年间，张为邦和姚文瀚所作的《冰嬉图》即描绘了花样滑冰的表演，场面壮观。如今，每年冬天北京的北海公园都会上演八旗冰嬉表演，据说复原冰嬉的发起者毕业于北京体育大学，于2010年组建八旗冰嬉队，表演动作多来自《冰嬉图》。截至2021年，已有600人参加过演出，甚至吸引了来自意大利、韩国、法国等地的友人参与表演。

（三）冰球之类

除了滑冰之外，旧时民间也很盛行冰球运动，据清代潘荣陛《帝京岁时纪胜》一书所载：

金海冰上作蹴鞠之戏，每队数十人，各有统领，分位而立，以革为球，掷于空中，俟其将坠，群起而争之，以得者为胜。或此队之人将得，则彼队之人蹴之令远，欢腾驰逐，

---

① 潘超、丘良任、孙忠铨等主编：《中华竹枝词全编（一）》，北京出版社2007年版，第165页。

以便捷勇敢为能。①

蹵鞠即蹴鞠，冰上蹵鞠是将滑冰与蹴鞠相结合的竞技活动。参赛者一般分为两队，御前侍卫把一个球踢向两队中间，众人开始争抢，抢到球者再把球抛给自己的队友，抢球时可能手脚并用，既可以用手掷也可以用脚踢。清代康熙时江宁织造曹寅（《红楼梦》作者曹雪芹之祖父）也曾作有《冰上打球诗》。

与冰上蹴鞠名字类似而玩法完全不同的是冰蹴球，大概出自清乾隆年间一种叫作"踢盖火"的游戏。盖火，即是古代盖在炉口用来封住火焰的铁器，在娱乐设施并不发达的时间里也曾被当作玩具使用，清代李声振《百戏竹枝词》载：

> 蹋鞠场上浪荡争，一时捷足趁坚冰，铁球多似皮球踢，
> 何不金丸逐九陵。
> 蹋鞠，俗名踢球，置二铁丸，更相踏墩，以能互击为
> 胜，无赖戏也。

——（清）李声振《百戏竹枝词》②

冰蹴球的玩法大概与现在的冰壶运动相似，只不过是用脚踢而不是用手投掷。在一块长方形场地上，两端为双方队伍的发球区，中间圆圈是得分区，场地两边还画有蓝色的发球限制线，发球最远不能越过对面的限制线。比赛时，双方将球发向场地圆心，同时通过撞击和阻挡的方式，来达到让本方球占领圆心的目的。2017年5月，冰蹴球被正式列为北京市西城区非物质文化遗产项目。

清代，北京并没有正式的滑冰场。民国开始，出现了有人管理的

---

① ［清］潘荣陛：《帝京岁时纪胜》，见王碧滢、张勃标点：《燕京岁时记（外六种）》，北京出版社2018年版，第59页。
② 潘超、丘良任、孙忠铨等主编：《中华竹枝词全编（一）》，北京出版社2007年版，第246页。

正规冰场。20世纪30年代的时候，由于皇家园林变成了公园，园子里的湖面到了冬天也就成了冰场：

> 泅泳方过复溜冰，公园北海日繁兴。
> 一身衣履中人产，此是新朝好股肱。
>
> ——郑中炯《故都竹枝词》①

那时候，北京有三四个公园中有冰场：中南海新华门内的东湖上、北海漪澜堂前、北海五龙亭前、北海公园内的双虹榭前。这首竹枝词记的便是北海公园的溜冰场。一些原先经营棚铺的字号承办了溜冰场这项买卖，等湖水上冻后，在公园的管理下，他们便用杉篙、芦席围出冰场，并拉线装上电灯，白天晚上都可以玩。如今，北京拥有包括颐和园、什刹海、北海公园、紫竹院公园、玉渊潭公园、陶然亭公园在内的6家冰雪场，每个地方都各具特色，是北京人寒冬时节流连忘返的地方。

2015年7月31日，在国际奥委会第128次全会上，北京赢得了2022年第24届冬季奥林匹克运动会的举办权，这是中国历史上第一次举办冬季奥运会，也是对北京乃至中国历史及现存的冰雪运动具有里程碑意义的重要事件。2022年第24届冬奥会由北京、张家口共同主办，北京赛区将承担所有冰上项目的比赛，利用现有的水立方、国家体育馆、五棵松体育馆和首都体育馆，分别举办冰壶、冰球、短道速滑和花样滑冰的比赛，此外新建国家速滑馆，奥运之后将成为我国运动员冬奥会冰上项目永久性训练场地，而且其一万多平方米的全冰面将向公众开放，成为北京第一座全年不间断、向大众提供开放服务的冰上场馆。②

---

① 潘超、丘良任、孙忠铨等主编：《中华竹枝词全编（一）》，北京出版社2007年版，第137页。

② 《国家速滑馆冰面赛后将向公众开放》，载《北京青年报》2018年9月19日。

旧去新来气象兴：元旦

中国网2019年11月5日讯，由北京市演出有限责任公司出品并打造的"2020北京新年演出系列"新闻发布会在隆福文化中心举行。北京新年演出系列品牌全面升级，组成囊括交响、芭蕾、京剧、国乐、金曲、朗诵、儿童七场不同艺术类型的大型演出品牌，共筑"北京新年演出系列"品牌鼎盛的华丽篇章，充分彰显新中国成立70年以来在文化艺术上的辉煌成就与文化自信。

这是2020年北京公历元旦（或说新年）的演出安排，是现代社会里人们迎接新年的方式之一，彰显着北京节日文化的新气象。

一、你过你的年，我过我的年

传统节日文化源远流长，很多节日都在历史发展中发生了巨大的变化，元旦是其中非常典型的代表。许慎在《说文解字》中说："元，始也"，认为"元"表示"开始"的意思，"旦"的本义是指初升的太阳，因而"元旦"从字面上的意思就是太阳第一天升起，指新年第一天，即岁首。岁首在唐宋之前有很多别称，不仅称为元旦，比如宋代《太平御览·时序部》有"元日"条，其中多写"正月元日""正月朔旦""正月旦"等。作为新年首月首日的元日及其习俗基本围绕辞旧迎新展开。但由于早期朝代历法意义上的岁首时间并不一致，所以元日的时间也不固定。夏以正月为岁首，商以十二月为岁首，周以十一月为岁首，秦以十月为岁首并延续至汉代早期。后来，汉武帝时施行《太初历》，恢复为以夏历正月为岁首的习惯。从此，辞旧迎新的元日即为夏历正月初一。

"元旦"二字何时连为一词目前尚不明晰，一般认为首次将其放在一起使用的是南朝文史学家萧子云，其在诗作《介雅》中写有

"四季新元旦，万寿初春朝"之句，此后"元旦"作为专有名词表示新一年第一天的使用就逐渐多了起来，但也存在诸如"元辰""元春""元朔"等其他称呼。直至中华民国时期，随着历法的变更，元旦一词所指的历法时间发生了变化。1912年1月1日，中华民国南京临时政府成立，临时大总统孙中山随后通电各省："中华民国改用阳历，以黄帝纪元四千六百〇九年十一月十三日（即1912年1月1日）为中华民国元年元旦。"①由此，我国开始出现夏历与公历二元并存的局面，社会上也出现了两个新年，而原来指称夏历岁首的元旦开始用来指称公历新年的第一天。由于官方主张过公历新年，而民间更愿意遵循传统，于是出现了不同的人群过不同新年的现象。民国时期流传的一副对联对此进行了很好的揭示，所谓：

男女平权，公说公有理，婆说婆有理；
阳阴合历，你过你的年，我过我的年。②

1914年1月，民国政府（亦称北京政府）内务总长兼北京市政督办朱启钤审时度势，向袁世凯递交了一份《定四季节假呈》，提议保留四个传统节日：

窃自新邦肇造，阳历纪元，所以利国际之交通，定会计之年度，允宜垂为令甲，昭示来兹。但乘时右令，当循世界之大同，而通俗宜民，应从社会之习惯。故日本维新以来，改正历法，推行以渐，民间风俗所关悉属，因仍未改，春秋佳日，举国嬉嬉，或修袯禊，或隆报赛，岁时景物犹见唐风，良以征引故事，点缀承平，不但资生计之节宣，且助精神之活泼。我国旧俗每于四时令节，游观祈献，比户同风。

---

① 关于民国初改革历法的相关内容详见《朱启钤与春节》，聂舒元撰，载《黔史纵横》，贵州政协文史资料选辑，2005年，第268—271页。

② 转引自《历代名人楹联》，陈家铨选注，成都：巴蜀书社，1989年，第121页。

固作息之常情，亦张弛之至道。本部征采风俗，衡度民时，以为对于此类习惯，警察官吏未便加以干涉，即应明白规定，俾有率循。拟请定阴历元旦为春节，端午为夏节，中秋为秋节，冬至为冬节，凡我国民均得休息，在公人员亦准给假一日。本部为顺从民意起见，是否有当，理合呈请大总统鉴核施行。①

　　这篇呈文既提到了历法西化的便利性，也借用日本的案例说明了传统节日存在的合理性，且考虑到生活作息的张弛有度，提出了将传统节日元旦、端午、中秋、冬至分别改称春节、夏节、秋节和冬节并给予假期的建议。该建议得到袁世凯的批准后，春节就成了夏历新年（正月初一）的专有名称，而元旦更多指公历新年（1月1日）。但是由于生活习俗的惯性，仍有人将正月初一称为元旦。

　　　　己卯元旦即景
　　桃符彩焕庆元辰，晓日瞳瞳景色新。
　　半世光阴成旧迹，十年蓬荜置闲身。
　　　　　　　　——（民国）锦堂《厂甸竹枝词》②

　　这里的元旦即指正月初一。这样的情形持续了相当长的时间，近代思想家吴稚晖在他的《轰报新年杂话》一文中写道：

　　最倒霉是去年今日（十二月十七日），从法国船上了岸，急急忙忙，要上北京去看看第十二个民国元旦。……岂知阴水冷气，比我所住西河沿的集贤旅馆小客栈，还要阴沉。止

　　① 《民国贵州文献大系》（第3辑），贵州省文史研究馆编，贵州人民出版社，2011年，第40页。
　　② 潘超、丘良任、孙忠铨等主编：《中华竹枝词全编（一）》，北京：北京出版社，2007年，第16页。

在什么前门外，什么总统府前，有几十盏比蜡烛还暗的电灯。其余一品大百姓，还是做他的卖买，算没有那回事。朝晨几面干瘪的破旗，还是巡警老爷奉行故事，压着挂的。我想他们表示反对军阀么？这也是一义。可不料一到他们的夏历、便不同了。除夕通宵的灯火，元日琉璃厂的拥挤，简直暗示他们还为着老佛爷，抵制什么鬼民国屁民国罢了！然而真比到老佛爷时代，那种震而惊之，郑而重之，过着新年，他们鬼鬼祟祟，就出不出特别风头出来。所以变成了"武进唐驼"跌交，两头勿着实。民国新年也不成民国新年，清朝新年也不成清朝新年，所以老太爷要我说说新年，我便现身说法，止有两回新年，比较扬眉吐气一点，一回还是说我受恩深重的清朝新年。[1]

施行公历十余年后，公历元旦与夏历元旦各有各的过法，也彼此纠缠。但很显然的是，公历依然无法得到人们的青睐。1928年5月7日内政部呈国民政府文，认为除官厅照例表示遵行国历（即公历）外，一般社会几乎不知道国历为何事，所以决定废除旧历，普遍使用国历，并拟了八条办法，希望从根本上彻底改变两套历法的情况。其中，第二条办法是严禁私售日历、新旧历对照表、月份牌等。第三条办法是严令京内外各机关、各学校、各团体，除规定的节假外，一律不准循旧历之俗放假。第四条办法是通令各省区市妥定章则，将一切旧历年节之娱乐、赛会及习俗上点缀品、销售品一律加以指导改良，按照国历日期举行。然而，改革效果并不理想。1930年，政府重申"移置废历新年休假日期及各种礼仪点缀娱乐等于国历新年：（一）凡各地人民应将废历新年放假日数及废历新年前后所沿用之各种礼仪娱乐点缀，如贺年、团拜、祀祖、春宴、观灯、扎彩、贴春联等一律移

① ［清］吴稚晖：《轰报新年杂话》，《吴稚晖全集·杂著》，台北：九州出版社，1969年，第474页。

置于国历新年前后举行：（二）由党政机关积极施行并先期布告人民一体遵照办理，废历新年不许放假，亦不得假藉其他名义放假。"[1]南京国民政府的内政部和教育部提出了改革夏历节日的呈文，要求废止并将依附于夏历的节日，用公历加以规定，相关的节日内容则与公历所定节日相同，即公历1月1日为元旦、1月15日为元宵、3月3日为上巳、5月5日为端阳、7月7日为七夕、7月15日为中元、9月9日为重阳、12月8日为腊八等。这些约束都以废除夏历为目的，但事实上仍然没有太大的作用。

> 云封高岫护将军，霆击寒春灭下民。
> 到底不如租界好，打牌声里又新春。
> ——（近代）鲁迅《二十二年元旦》[2]

鲁迅先生的这首诗作于1933年1月26日，他在日记中写道："旧历申（当作酉）年元旦"，可见到此时"元旦"在人们的心目中仍然可以指称夏历的新年。

二、新年倒计时

1949年9月27日，中国人民政治协商会议第一届全体会议通过使用"公元纪年法"，将公历1月1日正式定名为元旦。从此开始，元旦和春节在人们的观念里的分野越来越明晰，元旦一般即是公历新年的第一天，而春节则是夏历新年的第一天。对此，高丙中教授认为：我国在步入现代民族国家的时候引出了一个日历年里有两个新年庆典的问题。新的公历元旦与废弃的夏历元旦（春节）一直处在现代与传统、西方与本土、官方与民间的文化纠葛之中。所以在学术表述中，

---

① 刘燿元、曾少俊编辑：《民国法规集刊》第19集，民智书局，1930年，第582页。
② 转引自《鲁迅散文诗歌精选集》，昆明：云南人民出版社，2013年，第168页。

元旦和春节总是被看作分开的甚至对立、冲突的两个节日。①

如今，延续了几千年的传统春节依然在北京人的日常生活中占据了重要的地位，而公历元旦这样的节日一般还是活跃在诸如单位、公司一类的场合，比如很多地方元旦这天都会在大门口挂起红灯笼，上书"元旦（或是新年）快乐"的字样。对此，高丙中教授也提出了自己的看法："从总体上说，我们的社会，尤其是城市社会，从元旦前后进入"过年"的状态，在春节假期进入过年的高峰，到元宵之后，'年'才算过完，进入平常状态。"②也就是说，其实无论公历元旦还是夏历春节，都处在人们过年的时间段落里，两者是互补的，而不是对立的。公历元旦和夏历春节是新年过渡礼仪的不同阶段。现在的北京，大多数人通常是先参加公历元旦的仪式活动，再进行夏历春节的仪式活动。从跨年开始到元宵节结束，这个时间节段都算是人们迎接新年的部分，只不过其中有几个较为高潮的节点而已。

伴随着元旦的影响力越来越大，元旦也形成了一些约定俗成的活动，其中最为盛行的便是新年倒计时。为了表达对于新一年的欢迎，世界上很多地方都有新年倒计时的公共活动。比如，公历12月31日这天的夜晚，英国伦敦的人们会聚集在大本钟周围，等待新年的钟响；俄罗斯莫斯科中心地克里姆林宫的红色广场上也聚集着很多迎接新年的人；德国柏林的勃兰登堡门附近几公里内都会变成新年派对会场；澳大利亚悉尼的哈巴大桥和歌剧院附近会举行世界闻名的跨年倒计时；美国纽约的时报广场的跨年夜也是热闹非凡。

作为中国的政治、文化中心，北京也于2012年12月31日启动了首届官方新年倒计时庆典活动，活动在天坛举办，采取3D灯光视频秀等高科技、环保手段，以天坛祈年殿为背景，通过3D投影把北京旅游元素呈现在全球公众的面前。"北京新年倒计时庆典有力地提升

① 高丙中：《作为一个过渡礼仪的两个庆典——对元旦与春节关系的表述》，载《中国人民大学学报》《中国人民大学学报》2007年第1期。

② 高丙中：《元旦与春节——作为过渡礼仪的两个庆典》，载《中国社会科学报》2007-2-6。

了城市形象，把北京推向全世界的视野，彰显北京迈向世界一流旅游城市的实力，展示北京作为文化之都的文化内涵和底蕴。"[1]此后，北京新年倒计时活动相继在颐和园、八达岭长城、奥林匹克公园（两届）、故宫太庙、奥林匹克森林公园、永定门和首钢园（两届）成功举办十届。2022年12月31日，第十一届北京新年倒计时活动"相约冬奥，再聚北京"在北京中轴线上的奥林匹克塔继续以光影秀方式呈现在世界面前，通过"线下+线上"的方式，"云"迎接2022的到来，同时向全世界发出新年的问候与冬奥的邀约。[2]

---

① 《2012中国城市旅游发展研究报告》课题组编著：《2012中国城市旅游发展研究报告》，北京：中国旅游出版社，2013年，第70页。

② 关于2022北京新年倒计时活动的报道，详见《北京奥林匹克塔倒计时光影秀迎新年》，《北京日报》2022-1-1，05版。

今朝佛粥交相馈：腊八节

腊八粥是用糯米、红糖和十八种干果掺在一起煮成的。干果里大的有红枣、桂圆、核桃、白果、杏仁、栗子、花生、葡萄干等，小的有各种豆子和芝麻之类，吃起来十分香甜可口。母亲每年都是煮一大锅，不但合家大小都吃到了，有多的还分送给邻居和亲友。

这是现代作家冰心笔下的腊八粥，她的母亲和外祖母皆于夏历十二月初八这天去世，她们煮粥都是为了纪念已故的母亲。

一、煮粥敬佛，施粥行善

冰心和她的母亲所沿袭的喝粥习惯，是腊八这天最普遍的习俗。临近腊八节的时候，北京各大传统老字号的腊八粥都供不应求。

在腊八这天一大早，雍和宫门前等着领粥的人如长龙一般，一般不到中午12点，粥就没了，民间有曰："雍和宫的腊八粥，过午不候。"雍和宫的腊八粥为何如此走俏？首先，腊八粥本身就是与佛教联系在一起的。据说，佛教创始人释迦牟尼苦行多年，饿得骨瘦如柴时遇见一个牧女，送他乳糜食用。他吃了乳糜后端坐在菩提树下入定，并于十二月初八日成道。佛教传入我国后，各地兴建寺院，煮粥敬佛的活动也随之盛行起来，尤其是到了腊月初八，各寺院都要诵经，并用香谷和果实等造粥供佛，名为腊八粥。由于粥来自佛门，因此腊八舍粥便有行善的深意。其次，雍和宫是清代皇家寺庙，内有两口大锅，据说每口锅可熬二三十石米。雍正皇帝曾经派人在雍和宫用大锅煮腊八粥，每年十二月初五六开煮，初八日进粥内廷，分送各王公大臣品尝。大概取福散众人、共享太平的意思。《光绪顺天府志》记云："腊八粥，一名八宝粥。每岁腊月八日，雍和宫熬粥，定制，派大臣监视，盖供上膳焉。其粥用粳米和糖而熬。民间每家煮之，或相馈遗。"①由此可知，雍和宫的腊八粥是满满的善意与福气。

据《新京报》报道，2019年1月13日（即腊八）凌晨4时许，雍和宫门外就已有市民等待。而据了解，雍和宫一周前开始筹备腊八粥用料，从腊月初七下午6时开始，数口大锅同时开始熬粥，直至腊八早上迎客。而这一年腊八节刚好赶上周末，往年早上9时开门，这一年提前了半小时，不到中午11时，舍粥活动就结束了。②

2019年，北京腊八施粥的寺庙比比皆是。比如，西城区火神庙南门、西城区什刹海广化寺斋堂、宣武门外教子胡同南端东侧法源寺内、石景山区八大处公园灵光寺、门头沟区的马鞍山麓戒台寺、门头沟区潭柘寺、海淀区凤凰岭路龙泉寺、海淀区苏家坨镇大觉寺等处都有腊八粥施放。

二、过了腊八就是年

除了与佛教结缘，我国民间也流传着属于自己的腊八粥传说：明太祖朱元璋小的时候家里很穷，便给财主放牛，有一天过桥时不慎让牛跌断了腿。财主很是生气，便把他关起来，不给饭吃。朱元璋饿得难受的时候忽然发现一个老鼠洞，里面有些零碎的米、豆和红枣，他就把这些东西合在一起煮了一锅粥。后来朱元璋当了皇帝，有一天又想起了这件事儿，便吩咐御厨熬了一锅各种粮豆混在一起的粥，而这一天正好是腊月初八，因此就叫腊八粥。其实，腊八粥在我国已有1000多年的历史，最早开始于宋代。据孟元老《东京梦华录》记载："初八日，街巷中有僧尼三五人，作队念佛……诸大寺作浴佛会，并送七宝五味粥与门徒，谓之'腊八粥'。都人是日各家亦以果子杂料煮粥而食也。"③吴自牧《梦粱录》也说道："此月八日，寺院谓之

---

① 《光绪顺天府志》，清光绪刊本（影印本）。

② 《新京报》2019年1月13日。

③ ［宋］孟元老撰，李士彪注：《东京梦华录》，山东友谊出版社2001年版，第106页。

'腊八'，大刹等寺，俱设五味粥，名曰'腊八粥'，亦名佛粥。"① 就此可知，朱元璋与腊八粥这样的民间传说只是附会而已。

元明清时期，关于北京腊八粥的记载很多。元代孙国敉《燕都游览志》云："十二月八日，赐百官粥，以米果杂成之。"② 明代刘侗、于奕正《帝京景物略》记载北京"是日，家效庵寺，豆果杂米为粥，供而朝食，曰腊八粥"③。而在清人著作中，关于腊八粥的记载就更多了。清代富察敦崇《燕京岁时记》云：

腊八粥

　　腊八粥者，用黄米、白米、江米、小米、菱角米、栗子、红豇豆、去皮枣泥等，合水煮熟，外用染红桃仁、杏仁、瓜子、花生、榛穰、松子，及白糖、红糖、琐琐葡萄，以作点染。切不可用莲子、扁豆、薏米、桂圆，用则伤味。每至腊七日，则剥果涤器，经夜经营，至天明时则粥熟矣。除祀先、供佛外，分馈亲友，不得过午。④

　　① ［宋］吴自牧：《梦粱录》，见《钦定四库全书·史部·梦粱录·卷一》（影印本）。
　　② ［清］于敏中等编纂：《日下旧闻考》，北京古籍出版社1985年版，第2365页。
　　③ ［明］刘侗、于奕正著，孙小力校注：《帝京景物略》，上海古籍出版社2001年版，第106页。
　　④ ［清］富察敦崇：《燕京岁时记》，见王碧滢、张勃标点：《燕京岁时记（外六种）》，北京出版社2018年版，第113页。

据研究，从明到清，腊八粥内容逐渐丰富，其"从侧面反映了清代经济、商业贸易的发展对人们消费欲望的刺激，而粥名最终定格为数字'八'则生动地体现了中国传统民间对'八'这个吉祥数字的偏爱以及传统民族文化的鲜明特色。"①老舍先生在《北京的春节》中也说："这不是粥，而是小型的农产展览会。"《红楼梦》的第十九回贾宝玉给林黛玉讲了一个故事，故事的开头部分便是扬州黛山林子洞里的一群耗子精，因为要熬腊八粥，众耗子各使其能，去山下庙里偷果品。邓云乡在讲述《红楼梦》里的腊八粥时，还特意说了贾宝玉讲的这个耗子精的故事：

　　　　这个故事一开头就充满了生活、风土气息，说得极为有趣。这一方面是曹雪芹的生花妙笔，一方面也是因为生活的情趣，惹人喜爱，因为腊八吃腊八粥，这本身就是一种古老而有情趣的风俗，作者所写，正是来源于真实的生活的。②

　　除去腊八粥，北京地区还有在腊八这天用醋泡大蒜的习俗，就叫腊八醋和腊八蒜。蒜最好选用紫皮蒜，蒜质较硬、蒜瓣小且均匀，容易泡透，腌制出的大蒜味道清香；醋最好选用米醋，色淡，泡过蒜色泽如初，橙黄翠绿，口感酸辣适度。腊八蒜一般腌制7天，但在15天左右腊八蒜的味道会更好，蒜的颜色也会变为翠绿色。因为蒜处在微酸的环境里，随着温度的变化，其生物本性也随之发生改变，所以会慢慢地变为翠绿色，成为春节期间人们饭桌上的必备作料。

　　关于腊八粥和腊八蒜，民间还有一个说法："腊八粥、腊八蒜，放账的送信儿，欠债的还钱。"因为蒜和算谐音，进入腊月，年关将

---

① 陈纹姗：《晚清北京岁时文献与岁时民俗》，见萧放、张勃等著：《城市·文本·生活：北京岁时文献与岁时节日研究》，中国社会科学出版社2017年版，第87页。

② 邓云乡：《红楼识小录》，河北教育出版社2004年版，第302页。

至，一年的债务也该清算了。但是债主又不好意思直接到人家里讨债，于是债主会送给欠债人一坛腊八蒜，欠债的收到了腊八蒜自然知道有人要来讨账了。[1]当然，腊八蒜其实主要还是为除夕晚上的饺子而准备的，自此人们开始进入忙年的节奏。

---

[1] 萧放:《春节》，上海三联书店2009年版。

爆竹千声岁又终：除夕

> 除夕黄昏时叫卖"荸荠"之声，过春节并不需要吃荸荠，取"荸荠"是"毕齐"的谐音，表示自己的年货已然毕齐。

这是作家翁偶虹先生《北京话旧》里面的文字，写的便是老北京除夕时分一项独特的习俗。在老北京，除夕黄昏时分非常清静，此时胡同里会突然传来"卖荸荠喽，卖荸荠喽"的叫喊声，各家大都招呼卖荸荠的："买点儿荸荠！"卖荸荠的也会问："年货都备齐了？"大人们回答："备齐啦！备齐啦！"然后彼此笑笑，算是提前拜年。

一、进了腊月就是年

除夕在旧时也称"除日""除夜""岁除"等，民间多称作"年三十"或"大年三十"。除夕在十二月最后一天，是人们辞旧迎新的临界点。人们常说：进了腊月就是年。事实上，旧时从进入腊月开始，人们对于年节来临的感受便一天比一天深。当然，这第一个高潮便是祭灶。

祭灶是在我国流行范围极广的传统年节习俗。旧时，差不多家家都设有灶王神位，有的只供奉灶王爷一人，有的则同时供奉灶王奶奶，表达着人们辟邪除灾、迎祥纳福的美好愿望。有人认为最早奉祀的灶神当是火神炎帝或火官祝融，《淮南子·氾论训》说："故炎帝于火，而死为灶。"[1]孔颖达为《礼记·礼器》"夫奥者，老妇之祭也"一句作疏曰："颛顼氏有子曰黎，为祝融，祀以为灶神。"[2]

---

[1] ［西汉］刘安：《淮南鸿烈》，崇文书局（影印本）。

[2] 《礼记》，见陈戌国校注：《礼记校注》，岳麓书社2004年版，第169页。

后来，灶神成为一个容貌姣美的男性形象，《庄子·达生》借齐国方士皇子告敖的口说："灶有髻。"晋司马彪注："灶神，其状如美女，着赤衣，名髻也。"汉代以后，灶神司功过，《后汉书》记载南阳（今河南境内）阴子方以黄羊祭灶，从而受了灶神的祝福，从此发迹。到了魏晋时代，灶神开始与道教相关，并有了灶王爷会上天向玉皇大帝告状的民间传说。《抱朴子·微旨》已记载在月晦之夜，灶神会上天白人罪状。月晦就是指夏历每月最后一天，可见当时灶王爷回去告状的频率比后来高很多。晋代的《风土记》也有记载说吴地腊月廿四日祭祀灶王爷，因为害怕灶神上天后，说些不利于自家的话，吴人会用酒祭祀，称为"醉司命"。宋代之后，祭灶便开始使用一种称为"胶牙饧"的糖，用意或是让灶神上天后说些甜言蜜语，或是要让灶神的齿牙被糖黏住，说不出话来。北方常见的灶糖，就是所谓的"糖瓜"。从汉代至宋代，灶神从主饮食之事的神转变成为家庭守护神。宋代范成大有一首《祭灶词》生动地描绘了当时人们祭灶的情形：

　　　　古传腊月二十四，灶君朝天欲言事。云车风马小留连，家有杯盘丰典祀。猪头烂热双鱼鲜，豆沙甘松粉饵团。男儿酌献女儿避，酹酒烧钱灶君喜。婢子斗争君莫闻，猫犬角秽君莫嗔；送君醉饱登天门，杓长杓短勿复云，乞取利市归来分。①

　　这首词将民间祭灶的情形交代得十分清楚，其中提到了"女儿避"。也就是说，至少在南宋，祭灶时已经有性别的要求了，而到了明代，对祭灶的要求更严，明代刘侗、于奕正《帝京景物略》中记

---

① ［清］褚人获辑撰：《丙寅秋日坚瓠集补集》，浙江人民出版社1986年版，第47—48页。

曰："今男子祭，禁不令妇女见之。"[①]民间传说，月亮属阴，灶君属阳，故"男不祭月，女不祭灶"。也有人认为，月神是女性神嫦娥，而灶神是炎帝或祝融等男性神，根据旧时"男女授受不亲"的传统观念，所以有了以上规矩。

清代宫廷和民间都十分重视祭灶，据传嘉庆帝曾在上谕中称洋教之所以为邪说，概因其"不祀祖先、不供门灶"，足见祭灶之重要性。清代潘荣陛《帝京岁时纪胜》描绘腊月二十三日祭灶时写道："更尽时，家家祀灶，院内立杆，悬挂天灯。祭品则羹汤灶饭、糖瓜糖饼，饲神马以香糟炒豆水盂。"[②]清代富察敦崇《燕京岁时记》又称"二十三日祭灶，古用黄羊，近闻内廷尚用之，民间不见用也"[③]。这当是对阴子方故事的继承。据内务府奏案可知，清宫此日在坤宁宫祀灶，供品包括关东糖、黄羊等品，届时皇帝、皇后亲至坤宁宫灶君神位前行礼。后来，鲁迅与周作人也曾经写过关于黄羊祭灶的诗句。鲁迅《庚子送灶即事》："只鸡胶牙糖，典衣供瓣香。家中无长物，岂独少黄羊。"[④]据周作人日记："夜送灶，大哥作一绝送之，余和一首。"诗云："角黍杂狼糖，一尊腊酒香。返嗤求富者，岁岁供黄羊。"[⑤]两兄弟对于祭灶的记忆十分生动。

祭灶之后，除尘去灰，辞旧迎新。扫尘，原是古代驱除病疫的一种宗教仪式，后来演变成了年底的大扫除，同样寄托了人们岁末年初辟邪除灾、迎祥纳福的美好愿望。宋代吴自牧《梦粱录·除夜》中记曰："十二月尽，俗云'月穷岁尽之日'，谓之'除夜'。

① ［明］刘侗、于奕正著，孙小力校注：《帝京景物略》，上海古籍出版社2001年版，第106页。

② ［清］潘荣陛：《帝京岁时纪胜》，见王碧滢、张勃标点：《燕京岁时记（外六种）》，北京出版社2018年版，第61页。

③ ［清］富察敦崇：《燕京岁时记》，见王碧滢、张勃标点：《燕京岁时记（外六种）》，北京出版社2018年版，第116页。

④ 鲁迅先生纪念委员会编：《鲁迅全集（8）》，新疆人民出版社1995年版，第499页。

⑤ 杨志珉、宋红芳编著：《周作人诗词解析》，吉林文史出版社1999年版，第10页。

士庶家不论大小家，俱洒扫尘扫门闾，去尘秽，净庭户。"①清代顾禄《清嘉录》中曰："腊将残，择宪书（指历本）宜扫舍宇日，去庭户尘秽，或有在二十三日、二十四日及二十七日者，俗呼'打埃尘'。"②由此可见，从宋代一直到清代，腊月月末这段时间是人们打扫卫生的时间。究其原因，当是"尘"与"陈"谐音，月末扫尘不仅能使居室环境焕然一新，更有辞旧迎新的含义，其用意是把一切晦气统统扫出门。金受申曾记述道：

> 年来棚壁积有尘垢、塔灰，在新年将到时，必要打扫一下。北京扫房多半在腊月二十四日，但也有时改个日子，一般老太太们必要查查历书，一有"土王用事"，以后就不能扫舍了，所以必要提前一些。③

除尘之后，准备门庭的装饰物就开始提上日程了。春节时，人们要准备的装饰物一般有春联、福字和门神等。

春联，也被称为门对，是对联的一种，因为在春节时张贴，所以叫春联。据说春联最早起源于古时的桃符，据《后汉书·礼仪志》载，桃符长六寸，宽三寸，桃木板上书降鬼大神"神荼""郁垒"的名字。在古代神话里，东海度朔山有棵大桃树，下面有两位神仙，就是神荼和郁垒。这两位神仙能辟百鬼，所以老百姓便认为桃木能够帮助他们驱鬼。后来，人们将桃木制成两块木板，左边一块绘上神荼的像，右边一块绘上郁垒的像，便是桃符，每逢过年的时候，将这两块桃符放在家门口两边，用来驱鬼辟邪。对此，清代富察敦崇《燕京岁时记》也有记载："春联者，即桃符也。"④清代皇宫也贴

---

① ［宋］吴自牧：《梦粱录》，见《钦定四库全书·史部·梦粱录·卷一》（影印本）。

② ［清］顾禄：《清嘉录》，王迈校点，江苏古籍出版社1999年版，第212页。

③ 金受申：《老北京的生活》，北京出版社1989年版，第247页。

④ ［清］富察敦崇：《燕京岁时记》，见王碧滢、张勃标点：《燕京岁时记（外六种）》，北京出版社2018年版，第116页。

春联，但与民间用红色不同，清宫春联很多是用墨笔写在白绢上，再制作好边框，挂于宫殿朱红的柱子上。选用白色底，一方面，与满族尚白有关；另一方面，也与皇宫门、窗、楹柱都是红色的特殊环境有关。宫中春联不长期悬挂，多在腊月二十六悬挂，来年二月初三撤除。

新春伊始，人们总有许多希冀通过春联表达出来。北京的胡同每到春节，春联便成为街头一景，充分表现出浓郁的节日气氛。随着时代的不同，春联所表现的内容与思想也有很大不同。旧时，京师各官住宅大门岁首的春联，一般都写："圣恩天广大，文治日光华。"清代朱彝尊于某年的除夕在其宅门上贴出春联："且将酩酊酬佳节，未有涓埃答圣朝。"民国初年，京城百姓撰写了不少庆贺共和、开辟新天的春联，如"日月昭明歌复旦，星云虬缦仰重华"等等。中华人民共和国成立后，胡同民居也有了反映社会时势变化的新式春联，比如"绿树千门丽日，红旗万里东风"等等。进入21世纪以来，更是出现了大量歌颂祖国、歌颂党和表现生活富裕美满的春联，比如"神州美景千年盛，华夏春光百载新"等等。

装饰门庭的时候，并不是所有的地方都会贴上长条的春联，有些地方如屋门、墙壁、门楣上会贴上一些大大小小的"福"字。有的人家还将"福"字倒过来贴，意思就是"福"到了！关于这个倒贴"福"的习俗，老北京还有两个传说。

第一个传说跟恭王府有关。清咸丰年间的一个除夕，恭王府大管家为讨主子欢心，写了几个斗大的"福"字，叫人贴于库房和王府的大门上。有一家丁因目不识丁，将大门上的"福"字贴倒了。为此，恭亲王的福晋十分气恼，欲鞭罚惩戒。幸好大管家是个能说善辩之人，他怕福晋怪罪下来连累自身，慌忙跪倒陈述："奴才常听人说，恭亲王寿高福大、造化大，如今大福真的倒（到）了，乃吉祥之兆。"恭亲王福晋一听，便转怒为喜。

第二个传说跟慈禧太后有关。清光绪某年腊月二十四，慈禧太后传旨，叫翰林院的翰林写些庆贺春节的对联和"福"字。太后从中挑

恭王府

了些让大总管李莲英带着太监到宫内各处去张贴。谁知惹出了风波。有个太监不识字，把一个"福"字贴倒了，当晚谁也没有发现。第二天，太后出来欣赏对联和"福"字，正巧看到，刚要发怒，脑子转得快的李莲英急忙上前说："老佛爷请息怒，这是奴才有意把它倒着贴的。这'福'字倒贴，'福'倒了就是福到了，不是大吉大利吗？"慈禧听后，也转怒为喜。

挂千是老北京百姓家过年的点缀物。每逢年节的喜庆日子，很多人家都要在街门、屋门等处贴挂尺寸不同、颜色各异的剪纸作品。除宅院外，庙宇一般贴黄挂千，遇有丧事的人家贴蓝挂千。[1]

除了装饰门庭外，为了迎接春节，各种准备工作都提上了日程，旧时人们称为"忙年"，北方地区民间还有一种忙年歌（也称作过年谣），即是通过童谣的方式描绘了各地忙年的习俗活动。北京地区的忙年歌是这样的：

小孩，小孩，你别馋，过了腊八就是年。

---

① 华孟阳、张洪杰编著：《老北京人的生活》，山东画报出版社2000年版，第5页。

腊八粥，没几天，哩哩啦啦二十三。

二十三，糖瓜粘；二十四，扫房日；

二十五，磨豆腐；二十六，买块肉；

二十七，杀公鸡；二十八，把面发；

二十九，蒸馒头；三十晚上坐一宿，大年初一扭一扭。①

进了腊月，满族人大部分人家都要杀猪，为过年包饺子、做菜准备肉料，民间谓之杀年猪。旧时，杀年猪在满族人家算是一件大事，因为一般人家每年也就是一两次。每个村屯里都有擅长杀猪的人，由他们"掌刀"，不仅干得干净麻利，而且不浪费有用的东西。杀年猪是为过年做准备，所以大部分肉是按血脖、里脊、硬肋、后鞧等部分分解成块和灌制的血肠、粉肠等一起，放进大缸里贮藏备用。由于民间有正月初一到初五不能动刀的习俗，一般在除夕前就把这几天要用的肉料按用途切好剁好，放在缸内的盆碗里，到用时拿出来解冻一下就可以加工了。②

二、相守夜欢哗

一直忙活到年根底下，便迎来了除夕——大年的高潮时分。旧时的帝都，无论宫内宫外，除夕都会守夜，迎接新的一春。

邓云乡先生曾从声音的角度生动地描绘了老北京除夕夜晚守岁的画面：

其一是爆竹声。……天一擦黑，东一声、西一响的早就放起来了。……待到午夜，"噼啪"之声，渐繁渐密，震耳欲聋，这象征千家万户迎神接"祖"之时到了。一年便到了

---

① 政协北京市昌平区委员会文史资料委员会编：《昌平文史资料（第七辑）》，中国文史出版社2007年版，第312页。

② 关于满族杀年猪的描述，参见怀柔区非物质文化遗产保护工作办公室编：《北京市非物质文化遗产普查项目汇编（怀柔卷）下》，2006年，第481页。

这个抓也抓不住的最后时刻了。

二是剁饺子馅的声音和切菜的声音。……大年初一的"煮饽饽"却总是要在三十晚上包出来，这时家家的砧板都在噔噔噔地忙着剁肉、切菜。饺子有净肉馅，有猪肉白菜馅，有羊肉萝卜馅，也还有不少初一吃素的，要包香油、豆腐干、干菠菜馅，因而刁砧之声，也就彻夜不停了。

三是结账的算盘声。旧式买卖，要在年三十作出决算，开出"清单"，因此三十晚上又是大小买卖最紧张的结账时刻，这时如到大街上走一转，在路上所有铺子传出的"噼噼啪啪"算盘声和报账声，抑扬顿挫，彻夜不停，直到五更接神为止。①

邓云乡称之为"三十晚上协奏曲"，读来颇有一番身临其境的感觉。民间要守岁，还要"踩岁"，即家家户户在庭院内的行走之处撒上芝麻秸，踩上去噼啪作响，谓之"踩岁"，寓意"岁岁平安""芝麻开花节节高"等。

在紫禁城内，为了制造新年特有的气氛，各香炉里会燃上松柏枝，飘散出一种特别的清香，宫中称此为"煴岁"，明代《帝京景物略》已有相关加载，清代以后仍延续。此外，皇帝点燃名香，举行封笔典礼，向所用御笔致敬。封笔后，皇帝先在乾清宫举行家宴，与皇后、贵妃、皇子皇孙们吃团圆饭。然后赴保和殿，赐宴年终来朝的蒙古藩王、贝勒，并赐给他们装有玉石八宝、金银八宝及元宝的大小荷包。清宫除夕大宴见于《清宫内务府档案》和《养吉斋丛录》。此种大宴，每年必办一次，大宴的程序是冷膳—热膳—奶茶—转宴—酒宴—果茶—赐食，体现出满族的饮食习俗和帝王之家的森严等级。

---

① 邓云乡：《燕京乡土记（上册）》，河北教育出版社2004年版，第3—5页。

（一）年夜饭

老百姓家中的除夕晚宴则有着自己的套路，北京民俗作家常人春回忆北京除夕晚上的家宴时，提到了这种"传统的固定套子"：

一、冷荤：有冷炖猪、羊肉，因汤已凝固，谓之"肉冻儿"。冷炖鲤鱼、鲫鱼，谓之"鱼冻儿"。冷炖鸡，即之"鸡冻儿"。

二、大件：扣肉、米粉肉、红烧肘条、红白丸子、四喜丸子，事前做好，随吃随蒸。

三、清口菜：年禧吃的油腻过大，容易倒胃，所以佐以爽口菜，可以增进食欲，如用蔓菁、大红袍萝卜做成的"辣菜"，在汤里点上香油。一吃辣味钻鼻子眼儿。还有糖辣白菜、芥末墩儿等。

四、咸菜：为了易于保存，多炒出一些咸菜，如肉丁炒咸黄瓜丁、肉丝炒酱瓜丝、肉丝炒干佛手等。

主食以水饺为多，一般有羊肉白菜、猪肉青韭，讲究的有三鲜馅。吃羊肉白菜、猪肉白菜的饺子，还要蘸腊八醋、就腊八蒜，这是老北京特有的风味。

除夕晚上这顿家宴人要齐，以取团圆之意。菜饭要尽量丰富些，让人有充实感，预示来年丰衣足食。席间要多说彼此祝愿的吉祥话，来个皆大欢喜。这顿饭可以慢慢吃，有的人家从掌灯时分一直吃到深夜。[1]

团圆不仅仅包括生者，也包括逝去的人。民间观念认为，祖灵能凭借超自然的力量保佑后代子孙繁荣昌盛，后代子孙要想得祖灵的保佑，就必须奉行祭祀。这样一来，除清明、中元之外，除夕祭祖自然

---

[1] 　常人春：《老北京的风俗》，燕山出版社1990年版，第128—129页。

成为必不可少的内容。似乎除夕
的团圆，不仅包括活着的家人，
也包括死去的祖先。而且当人们
还未入座时，祖先们的饭已经备
好，那菜肴的丰盛，也往往超
过生人。《红楼梦》第五十三回
"宁国府除夕祭宗祀"便描绘了
贾府除夕祭祖的情景。

除夕家宴上少不得的食物必
然是饺子。如前所述，不仅除夕
夜晚要吃，初一、初二、初三、
初五都要吃饺子。如今，除夕的
年夜饭依然是重头戏。当然，现
在人们年夜饭也有了多种选择。

祖宗牌位

在家吃年夜饭仍是很多人的首选，认为这样的年夜饭更有年味儿。自
然也有很多人愿意选在饭店，因为方便、省事。据《新京报》记者调
查，北京多家老字号饭店预订年夜饭的生意十分火爆，多一般在头一
年"十一"结束后就开始接受预订了。近年来，网络预订年夜饭半成
品和私厨服务逐渐兴起。记者在电商平台输入关键词"年夜饭"，搜
索出众多售卖年夜饭半成品的商户，从单品到套餐都有。手机应用市
场内，还有多款提供北京私厨预订服务的App。[①]

（二）压岁钱

除夕夜，长辈还会给孩子准备压岁钱。据清代富察敦崇《燕京岁
时记》记载，压岁钱一是"以彩绳穿钱，编作龙形，置于床脚，谓之

---

① 倪兆中、刘名洋：《年夜饭花样翻新 多家老字号饭后难订位置》，见http: //
finance.ifeng.com/c/7k261N9GaFG。

压岁钱"，而"尊长赐小儿者，亦谓之压岁钱"①。明清时期通常用流通的银钱作压岁钱。这种压岁钱，有直接给予晚辈的，有的是在晚辈睡下后，放置其床脚或枕边。

旧时，压岁钱是用来厌胜驱邪帮助人们过年的，后来压伏邪祟的信仰逐渐被爱意的表示所取代。压岁钱本来是祝福的意义，但用流通的纸钱给小儿压岁，这就给孩子带来了自主消费的愉悦，这种情形恐怕是明清以后才有的新现象，它开启了压岁钱由信仰功能向节日经济功能转变的趋势。民国以后，各钱铺年终特别开红纸零票，以备人们于压岁钱支用。当时还流行用红纸包一百文铜圆，寓"长命百岁"之意；给已成年的晚辈压岁钱，红纸包的是一枚大洋，象征"财源茂盛""一本万利"。使用现代纸钞票后，家长们则喜欢选用号码相连的新钞票，预兆着后代"连连发财""连连高升"。

如今，随着人们生活水平的提高，长辈们给孩子的压岁钱红包也在慢慢增加。据《北京晚报》记者调查，北京普通家庭近年来的压岁红包视亲戚关系远近多在500～3000元不等。由此，每个孩子过年也能积攒一笔不小的收入，这也引起了人们对于压岁钱用处的讨论，是在社会发展过程中习俗传承遇到的新问题。②

按传统习惯，年夜饭后依然不能就寝，这段时间通常为自由娱乐时间，其意义有二：对于年长的人有珍惜光阴的意思，而对于年轻人，有为父母延寿的意思。为了守岁，除夕夜必须搞些娱乐活动，其中包括打麻将、纸牌等。而近些年来，从吃年夜饭开始，人们团坐在一起共同观看春节联欢晚会也成为新兴的守岁形式。1983年，春节联欢晚会正式开办，2014年被定位为国家项目，晚会涵盖小品、歌曲、歌舞、杂技、魔术、戏曲、相声等多种艺术形式，于每年除夕晚8点在中央广播电视总台综合频道、综艺频道等现场直播，一般于正

---

① ［清］富察敦崇：《燕京岁时记》，见王碧滢、张勃标点：《燕京岁时记（外六种）》，北京出版社2018年版，第118页。

② 安然：《"压岁钱归谁"碰到新难题 "先帮你收着"还管用吗？》，载《北京晚报》2019年2月11日。

月初一凌晨结束，陪伴人们度过了辞旧迎新的重要时刻。

三、"响炮"与"高升"

刚刚提到，旧时除夕夜晚，人们还要燃放爆竹、烟花以示庆祝，辞旧迎新。按照民间说法，赶走年兽是人们燃放爆竹的初衷。唐宋时期，燃放爆竹过年已经十分流行。北宋以后，随着火药的发明和广泛应用，爆竹的花样越来越多。根据明代沈榜《宛署杂记》记载，有声的爆竹称"响炮"；高起的爆竹称"起火"；高起又带响声的爆竹称"三级浪"。又据清代《燕京岁时记》记载，制作花炮的手工作坊称为"花炮棚子"，制作的种类有"二踢脚""飞天十响""旗火"等等。

> 通宵爆竹一声声，烟火由来盛帝京。
> 宝炬银花喧夜半，六街歌管乐长平。
>
> ——（清）谢文翘《都门新年词》[1]

明清之际，燃放爆竹辞旧迎新在宫廷与民间都十分盛行。台北故宫博物院藏有清代丁观鹏《太平春市图》卷，其中便有一着褐色衣衫的货郎摆地摊售卖各色爆竹的场景，地摊上花炮成捆，各色各样。

据金受申先生回忆，民国时有一种独特的花炮很是奇妙：

> 袁项城（世凯）和徐东海（世昌）做大总统的时代，总统府燃放花炮，由庶务司陆蘅浦二兄向各庄订购。有一种特别炮打灯，第一响打入天空后，现出一寿星造像，须眉皆见，寿星下落，离地丈许，由寿星头上再发一响，打入天空，再现出一跏座老僧，徐徐下落，发第三响，出现时装美

---

① 潘超、丘良任、孙忠铨等主编：《中华竹枝词全编（一）》，北京出版社2007年版，第218页。

人，手撑洋伞，如仙女凌云，冉冉没于南海水上，真奇妙不可思议。①

这里描写的炮打灯，由"二梯子"（俗称"二踢脚"，又名"双响"）衍生而成。

此外，除夕放爆竹还跟接神有关。清代百一居士的《壶天录》里写到北京除夕的故事，载有某孝廉的除夕自撰联语：

> 放千枝爆竹，把穷鬼轰开，数年来，被者小奴才，扰累俺一双空手。
>
> 烧三炷高香，将财神请进，从今后，愿你老夫子，保佑我十万腰缠。②

但是，由于爆竹燃放时具有一定的危险系数，而且很容易引发火灾，人们认识到其缺陷，便开始控制爆竹的燃放。民国年间，国民政府就曾禁放爆竹，但未能奏效，林语堂等人公开反对。他曾在《新年恭喜》一文中说道："人若除夕之夜不敢放炮，怕入监牢，还养什么浩然之气？"③林语堂认为："新年应当为儿童的节日，为我们恢复赤子之心的时期"④，而这不顾禁令的观念是他"性灵"的一种表现，由此也可以知道燃放爆竹对于人们过年的意义。

后来，随着爆竹过度燃放污染环境、影响空气质量，禁放指令开始重启。从1993年开始，北京实施禁放规定，却难以禁住人们对烟花爆竹的渴望。2005年，《北京市烟花爆竹安全管理规定》开始实施，规定五环路以内的地区为限制燃放地区，除夕、正月初一两天可

---

① 金受申：《老北京的生活》，北京出版社1989年版，第3页。
② 何如：《京派的起源》，见陈子展著，康凌编：《蘐庐絮语》，海豚出版社2012年版，第144页。
③ 林语堂：《披荆集 行素集》，东北师范大学出版社1994年版，第251页。
④ 林语堂：《披荆集 行素集》，东北师范大学出版社1994年版，第250页。

全天燃放，正月初二至十五每天7点至24点可燃放。2013年，开始进入过渡阶段：一方面，允许卖烟花爆竹，设置销售点；另一方面，发布了烟花爆竹燃放气象指数，以提醒民众天气条件是否适宜燃放。2017年，北京市第十四届人民代表大会常务委员会第四十二次会议表决通过了《关于修改〈北京市烟花爆竹安全管理规定〉的决定》，北京市五环路以内全面禁放烟花爆竹。2019年，北京城市中心不再设置烟花爆竹零售点。

社会在发展，习俗也在变化，新的社会条件对我们传统的生活方式提出了一些新的挑战，比如生态环境的变化就在一定程度上要求我们做出一些相应的改变，因此在尊重传统文化表现形式和人民生活仪式感的前提下，本着对节庆生活负责也对生态环境负责的态度，诸如燃放鞭炮之类的习俗应该能够找到更为合适的途径有条件地存在，帮助人们释放节日感情、烘托欢乐氛围。

后 记

　　粽叶飘香，石榴花红，正是端午时节。《北京节日文化》的书稿基本完成，心中的一块石头总算落了地。

　　节日是关于时间的文化和生活。但节日又离不开空间。俗话说："十里不同风，百里不同俗。"不同的地方有不同的风土与人文环境，因而会产生出不同的节日，同一个节日，亦会在不同的地方有不同的表现，节日的地方特性是节日离不开空间的一个意思。节日离不开空间的另一个意思是，当节日是人们的生活时，无论个体还是群体，都要在特定的场所过节，无论这个场所是家，是公园，抑或是别的什么地方，场所不仅给人提供了过节必需的空间，也在一定程度上决定了节日生活的性质与功能。《北京节日文化》力求在写时间时关注空间，不仅揭示北京节日文化之不同于其他地方节日文化的特性，也想反映北京居民如何在文化场所中营造自己的节日生活，而这些场所也因节日生活的存在而被塑造。

　　节日是流动的传统，今天北京的节日绝大多数是传承下来的，但在新的环境中出现了许多新变化。我们希望在书写传承的逻辑中反映这些新变化。借此我们可以对中华文化的历久弥新有更深刻的体会。

　　兼顾时间与空间、文化与生活、传承与新变，是写作本书的诉求。

　　在答应写作本书后，我拟定了本书的写作提纲，邀请山东社会科学院文化研究所郑艳一起合作。这是我与郑艳的第二次合作，愉快而默契。我承担了绪论与夏季节日篇和秋季节日篇（除中元节外）的任务，郑艳则负责春季节日篇、冬季节日篇和中元节的写作。

感谢刘铁梁教授、万建中教授、萧放教授在审阅书稿时提出的意见和建议，感谢市社科联刘亦文先生和王玮先生在书稿写作过程中给予的帮助和不断提醒，感谢北京联合大学应用文理学院院长、北京学研究基地主任张宝秀教授给予的大力支持。

北京联合大学北京学研究基地

张勃

2019年6月9日于小月河畔